Ludger Pries

Transnationalisierung

Ludger Pries

Transnationalisierung

Theorie und Empirie
grenzüberschreitender
Vergesellschaftung

VS VERLAG

Bibliografische Information der Deutschen Nationalbibliothek
Die Deutsche Nationalbibliothek verzeichnet diese Publikation in der
Deutschen Nationalbibliografie; detaillierte bibliografische Daten sind im Internet über
<http://dnb.d-nb.de> abrufbar.

1. Auflage 2010

Alle Rechte vorbehalten
© VS Verlag für Sozialwissenschaften | Springer Fachmedien Wiesbaden GmbH 2010

Lektorat: Frank Engelhardt

VS Verlag für Sozialwissenschaften ist eine Marke von Springer Fachmedien.
Springer Fachmedien ist Teil der Fachverlagsgruppe Springer Science+Business Media.
www.vs-verlag.de

Umschlaggestaltung: KünkelLopka Medienentwicklung, Heidelberg
Gedruckt auf säurefreiem und chlorfrei gebleichtem Papier
Printed in Germany

ISBN 978-3-531-17512-6

Inhalt

Vorwort 7

A **Einführung und Grundlegung** 9
1 Transnationalisierung – Modebegriff oder seriöses
   Forschungsprogramm? 9
   1.1 Begriffsverwirrungen und Definitionsvorschläge 11
   1.2 Methodologischer Nationalismus und Internationalisierungstypen 17
   1.3 Analyse-, Bezugs- und Erhebungseinheiten 24
   1.4 Transnationale Beziehungen, Netzwerke und Sozialräume 28

B **Alltägliche Lebenswelten** 33
2 Transnationale Familien und Migration 35
   2.1 Drei notwendige Perspektivenerweiterungen 36
   2.2 Familien in Migration – Migration in Familien 39
   2.3 Folgewirkungen familiärer Migration 44

3 Altern in transnationalen Netzwerken 48
   3.1 Arbeitsmigranten und Altern ‚zwischen den Welten‘ 49
   3.2 Altern und Pendeln Deutscher im (Un-)Ruhestand 55

4 Transnationale Zugehörigkeiten und Migrantentypen 57
   4.1 Vier Idealtypen grenzüberschreitender Wanderung 58
   4.2 Transmigranten und ihre sozial-räumliche Inkorporation 62
   4.3 Transmigranten und andere Typen von ‚Fremden‘ 69

C **Transnationalisierung und Organisationen** 73

5 Euro-Betriebsräte als transnationale Organisationen 74
   5.1 EBRs als Ausdruck europäischer Supranationalisierung 75
   5.2 EBRs als grenzüberschreitende Organisationen 79
   5.3 Der transnationale EBR von General Motors 84

6 Grenzüberschreitende Migrantenorganisationen 92
  6.1 Forschung zu Migrantenorganisationen 93
  6.2 Migrantenverbände als komplexe Organisationen 95
  6.3 Migrantenverbände zwischen Ankunfts- und Herkunftsland.............99
  6.4 Studien zu transnationalen Migrantenorganisationen........................101

7 Die Vereinten Nationen als transnationale Organisation? 109
  7.1 Die VN und andere grenzüberschreitende Organisationen 109
  7.2 ILO-Mindeststandards und internationale Governance-Textur.........113

D Soziale Institutionen 119

8 Transnationalisierung von Arbeitsmärkten 120
  8.1 Internationalisierung der Erwerbsmobilitätsmuster.........................121
  8.2 Integration von Arbeitsmarkt- und Migrationssoziologie..................127

9 Transnationalisierung sozialer Ungleichheit 131
  9.1 Transnationale Migration und soziale Ungleichheit.........................134
  9.2 Transnationalisierung und Ungleichheitsforschung........................143

E Schlussfolgerungen..147

10 Für eine differenzierte Sozialraumtheorie 149
  10.1 International vergleichende und Weltgesellschafts-Perspektive.........150
  10.2 Die Raumbindung des Sozialen: Sozialräume 152
  10.3 Mikro-, meso- und makroanalytische Sozialraumtypen....................160
  10.4 Transnationalisierung von Sozialräumen 169

11 Literatur..171

Vorwort

Die Begriffe *transnational* und *Transnationalisierung* haben sich seit etwas mehr als einem Jahrzehnt in den Sozialwissenschaften immer mehr verbreitet. Sie drohen zu viel gebrauchten aber wenig aussagekräftigen Modebegriffen zu werden. Ist ‚transnational' gleichbedeutend mit ‚grenzüberschreitend'? Oder wird mit den Termini ‚transnationale Sozialräume' und Transnationalismus ein bestimmtes und durchaus seriöses Forschungsprogramm bezeichnet?

Vor dem Hintergrund eigener langjähriger theoretischer und empirischer Studien zum Thema wird in den folgenden Kapiteln gezeigt, dass sich die Art und Weise zwischenmenschlichen Zusammenlebens, die Vergesellschaftung der Menschen, immer stärker transnationalisiert. Damit wird Transnationalisierung eine wichtige Form von grenzüberschreitender Vergesellschaftung, die unser 21. Jahrhundert sehr stark bestimmen wird. Anhand konkreter Beispiele wird dies im Folgenden in jeweils drei Kapiteln auf den drei Ebenen von alltäglichen Lebenswelten, von Organisationen und von gesellschaftlichen Institutionen gezeigt. Am Beginn und am Ende des Buches werden diese neun Teile jeweils eingerahmt durch konzeptionelle Überlegungen zur Transnationalisierung als Forschungsprogramm und zur Neufassung unseres Verständnisses von Sozialräumen.

Das Buch stützt sich in verschiedenen Textteilen auf bereits veröffentlichte Arbeiten, die für diese Ausgabe stark überarbeitet und gekürzt wurden.[1] Ursprüngliche Textteile des Kapitels 3 wurden von Patricia Pielage mit verfasst. Ich danke meinen Mitarbeitern Markus Hertwig, Barbara Laubenthal, Patricia Pielage, Kerstin Rosenow, Martin Seeliger und Katharina Westerholt für hilfreiche Kommentare und Vorschläge.

---

[1] Kapitel 1 vgl. Pries 2008c, Kapitel 2 vgl. Pries 2010a, Kapitel 3 vgl. Pielage/Pries 2010, Kapitel 4 vgl. Pries 2008a und 2010b, Kapitel 5 vgl. Hauser-Ditz et al. 2010, Kapitel 6 vgl. Pries 2010c, Kapitel 7 vgl. Pries 2008e, Kapitel 8 vgl. Pries 2010d, Kapitel 9 vgl. Pries 2008a, Kapitel 10 vgl. 2008b.

A Einführung und Grundlegung

1 Transnationalisierung – Modebegriff oder seriöses Forschungsprogramm?

Seit den 1990er Jahren sind die Begriffe Transnationalisierung, transnationale Migration, transnationale Unternehmen, transnationale soziale Ungleichheit oder transnationale Vergesellschaftung[1] auch in Deutschland in der wissenschaftlichen und gesellschaftlichen Debatte zunehmend in Gebrauch. Damit werden ganz allgemein Phänomene und Entwicklungen beschrieben, die die Grenzen von Nationalstaaten überschreiten, also trans-national sind, und die sich ‚irgendwie‘ von anderen Erscheinungen und Wandlungstendenzen, wie z. B. der Globalisierung oder dem Kosmopolitismus unterscheiden. Was aber ist genau der Unterschied zwischen Globalisierung und Transnationalisierung? Und: Herrscht hierüber wenigstens unter den Wissenschaftlern Einigkeit? Oder sind die Inhalte der Begriffe transnational, Transnationalismus und Transnationalisierung weitgehend umstritten? Sollen hiermit vor allem neue empirische Erscheinungen grenzüberschreitender Lebenszusammenhänge beschrieben werden? Handelt es sich um ein neues anspruchsvolles Forschungsprogramm oder gar um eine neue Sozialtheorie?

In diesem Buch werden Antworten auf diese und viele weitere Fragen angeboten. Dabei wird zwischen einem sehr weiten Gebrauch der Begriffe transnational und Transnationalisierung und einer eher engen Konzeptdefinition unterschieden. Häufig werden alltagssprachlich mit transnational alle Erscheinungen bezeichnet, die grenzüberschreitend sind. Gegenüber einer solchen sehr weiten Fassung wird Transnationalismus hier als ein Forschungsprogramm vorgestellt, welches wichtige Tendenzen des gegenwärtigen gesellschaftlichen Wandels zu verstehen

---

[1] Der Begriff Vergesellschaftung bezieht sich hier allgemein auf die Formen und Mechanismen, die das Zusammenleben der Menschen prägen. Bei Max Weber (1972: 21 ff.) wurde dieser Begriff in Fortführung der von Ferdinand Tönnies (1887) eingeführten Unterscheidung von Gemeinschaft und Gesellschaft benutzt, um den dynamischen Charakter der ‚Gesellung‘, des Zusammenkommens und Zusammenlebens der Menschen zu betonen. Während bei Weber Vergesellschaftung in starker Entgegensetzung zur Vergemeinschaftung behandelt wird, versteht Georg Simmel (1908: 19) Vergesellschaftung umfassender als „die, in unzähligen verschiedenen Arten sich verwirklichende Form, in der die Individuen auf Grund jener – sinnlichen oder idealen, momentanen oder dauernden, bewußten oder unbewußten, kausal treibenden oder teleologisch ziehenden – Interessen zu einer Einheit zusammenwachsen". Die Untersuchung der Formen der Vergesellschaftung als der Wechselwirkungen zwischen den Menschen (ebd.: 20 ff.) steht für Simmel im Mittelpunkt der Soziologie.

und zu erklären trachtet (vgl. ähnlich Khagram/Levitt 2008). Mit diesem Forschungsprogramm soll vor allem der in den Sozialwissenschaften sehr verbreitete
Methodologische Nationalismus überwunden werden. Dieser betrachtete die Nationalgesellschaften und Nationalstaaten als gleichsam natürliche Bezugseinheiten
für die Untersuchung der menschlichen Lebenszusammenhänge. Der Transnationalismus im hier verstandenen engeren Sinne dagegen betrachtet vor allem solche
Sozialphänomene und sozialen Beziehungen, die sich über mehrere lokale Einheiten in unterschiedlichen Nationalgesellschaften hinaus erstrecken, die relativ
dauerhaft sind und vergleichsweise dichte Interaktionen beinhalten.

Hierbei kann es sich um Familienverbände oder um andere soziale Netzwerke handeln, um Unternehmen oder um Nicht-Regierungsorganisationen (NGOs),
um neue soziale Normenmuster und Verhaltensweisen oder um komplexe soziale
Institutionen wie z. B. pluri-lokale Arbeitsmärkte zwischen hoch industrialisierten
und weniger industrialisierten Regionen verschiedener Länder. Während mit dem
Konzept der Globalisierung häufig die Vorstellung verbunden wird, die räumlichen
Bindungen und nationalstaatlichen ‚Einfriedungen‘ des Zusammenlebens der Menschen verlören immer mehr an Bedeutung, geht der Transnationalismus von einer
fortdauernden Prägekraft von Raumbezügen und von Nationalgesellschaften aus:
Transnationales ist eben nicht ‚De-lokalisiertes‘ oder das Ergebnis der ‚Auflösung‘ von Nationalgesellschaften, sondern ein in dieser Art und diesem Umfang
historisch neuer Vergesellschaftungsmodus *über* die Grenzen von – weiterhin
bestehenden und bedeutsamen – nationalen Gesellschaften hinweg.

Die Entwicklung von Transnationalismus im hier verstandenen Sinne eines
spezifischen Forschungsprogramms steht vor mindestens drei großen Herausforderungen. Zunächst müssen die Begriffe transnational und Transnationalisierung gegenüber anderen Begriffen abgegrenzt werden, die manchmal ähnlich
oder in gleichen Zusammenhängen Verwendung finden. Hierzu gehören etwa
die Konzepte der Globalisierung, der Glokalisierung und des Kosmopolitismus
(Abschnitt 1.1). Zweitens ergibt sich das Problem, dass in transnationalen Studien
weder der Nationalstaat und die Nationalgesellschaft noch die Weltgesellschaft
als Ganzes einfach als die relevanten Bezugseinheiten der Forschung *vorausgesetzt* werden können. Wie unterscheiden sich also transnationale Studien von
international vergleichenden Studien und von Studien zur Weltgesellschaft? Ganz
offensichtlich ist das Verhältnis von Bezugs-, Erhebungs- und Analyseeinheiten
beim Transnationalismus anders gestaltet als in den traditionellen Forschungskon-
texten etwa der international vergleichenden oder der allgemeinen Globalisierungsforschung (Abschnitt 1.2).

Ein drittes bisher nur ansatzweise gelöstes Problem besteht darin, dass der
tatsächliche Grad von transnationalen Beziehungen und transnationalen Sozialräumen im Verhältnis zu anderen raum-zeitlichen Sozialeinheiten empirisch
erforscht und expliziter bestimmt werden muss. Nicht selten werden von den Be-

fürwortern des Transnationalismus-Forschungsprogramms *alle* nur denkbaren grenzüberschreitenden Erscheinungen und Tendenzen der Transnationalisierung subsumiert. Hieraus ergibt sich die Gefahr, dass Transnationalisierung – ähnlich wie Globalisierung zwei Jahrzehnte früher – zu einem neuen *Catch-all*-Begriff ausgeweitet wird und seine unterscheidende und benennende Kraft einbüßt. Umgekehrt relativieren die Gegner des Transnationalismus häufig die relevanten transnationalen Phänomene und Befunde mit dem Hinweis darauf, dass es diese schon seit sehr langer Zeit, sogar seit den Zeiten *vor* dem Aufkommen der modernen Nationalstaaten und Nationalgesellschaften gäbe und dass Transnationalisierung also überhaupt nichts Neues sei. Was aber ist ein angemessener Weg zwischen der Skylla, überall neue transnationale Erscheinungen zu erblicken, und der Charybdis, alle grenzüberschreitenden Phänomene als bereits seit langem bekannt und nicht neu zu deklarieren (Abschnitt 1.3)?

1.1 *Begriffsverwirrungen und Definitionsvorschläge*

Die Begriffe transnational und Transnationalisierung haben seit den1990er Jahren eine beachtliche Karriere erfahren. Seit dem letzten Viertel des 20. Jahrhunderts war die Rede von der Globalisierung in aller Munde. Ähnlich wie dem Terminus Globalisierung erging es auch dem Konzept des Transnationalen und der Transnationalisierung: Je häufiger davon die Rede war, desto unklarer wurden die damit gemeinten Inhalte. Einige Autoren verstanden bzw. verstehen unter Transnationalisierung eine Art ‚Globalisierung von unten' (Guarnizo/Smith 2002). Für andere Autoren bezeichnen transnational und Transnationalisierung schlicht im ursprünglichen etymologischen Bedeutungsgehalt des Wortes alles, was die Grenzen von Nationalstaaten und Nationalgesellschaften überschreitet. In einer so weiten Begriffsbestimmung wäre transnational die Oberkategorie und wären Begriffe wie international, supranational oder global bestimmte Ausformungen von solchen grenzüberschreitenden – transnationalen – Phänomenen.

Transnationalisierung und transnational werden hier *nicht* in dieser sehr weiten Konnotation verwendet. Soweit es um die Adressierung aller Phänomene geht, die die Grenzen des Nationalen überschreiten, lägen sowohl im wissenschaftlichen wie im Alltagsgebrauch die Termini ‚international' oder einfach ‚grenzüberschreitend' wohl näher. Soll vor allem auf eine (behauptete) tendenzielle ‚De-Nationalisierung' und ‚Enträumlichung' aller sozialen Beziehungen und Verhältnisse abgestellt werden, würden sich eher Begriffe wie Globalisierung, Virtualisierung oder ‚Verflüssigung' anbieten. Autoren wie Castells (1996–98) oder Urry (2001) benutzen Konzepte wie ‚die Netzwerkgesellschaft' oder ‚die Räume des Fließenden' (spaces of flows), um – vor allem unter Hinweis auf die wachsende Bedeutung des Internets und anderer moderner Informations- und Kommunikationstechno-

logien – auf die (behauptete) Entmaterialisierung und Enträumlichung alles Sozialen hinzuweisen. *Transnationalisierung* und *transnational* werden hier explizit
nicht in einem sehr weiten Verständnis zur Benennung aller nationalgesellschaftlichen Grenzen überschreitenden Phänomene benutzt. Vielmehr ist hiermit eine
sehr spezifische Form, ein bestimmter Idealtypus der Internationalisierung von
Vergesellschaftungsbezügen gemeint, der in seinen unterschiedlichen Aspekten
in den folgenden Kapiteln ausführlicher behandelt wird.[2]

Wenn die Begriffe *Transnationalisierung* und *transnational* nicht in einem
sehr weiten (und eher unverbindlichen) Sinne der Grenzüberschreitung und Verflüssigung verwendet werden, könnte eingewendet werden, dass sie logisch in
sich widersprüchlich seien: Einerseits kann von Transnationalität oder Transnationalisierung nur solange und dann die Rede sein, wenn (noch) Nationen, Nationalstaaten und Nationalgesellschaften bestehen – Transnationales als Nationen
überschreitendes bzw. übergreifendes kann nur so lange existieren, wie es Nationen
als Bezugspunkte des zu Bezeichnenden gibt. Wenn man nun davon ausgeht, dass
sich mit der zunehmenden Internationalisierung und Globalisierung die Bedeutung
nationaler Grenzen oder gar von geographisch-räumlichen Bezügen überhaupt
immer weiter relativiert, dann schwindet mit den Nationen auch der Ankerpunkt
für das durch sie bezeichnete: das Transnationale. Dieser Einwand gegen das
Konzept des Transnationalismus ist also grundsätzlicher Natur: Wie kann angesichts von Phänomenen und Prozessen, die eben nicht mehr nationalgesellschaftlich
eingefasst sind, deren Charakterisierung auf dem Bezugsbegriff der Nation und
des Nationalen aufbauen? Warum wird das Nationale als Bezugsgröße im Begriff
trans*national* bemüht, um etwas sich über die Nationalstaaten und die Nationalgesellschaften hinweg Aufspannendes zu charakterisieren?

Tatsächlich wird der Terminus ‚international' z. B. im Konzept der ‚Internationalen Beziehungen'[3] verwendet, um die *zwischen* den souveränen Nationalstaaten
und ihren Gesellschaften bestehenden Austauschprozesse, Übereinkommen, historischen Bezüge etc. zu beschreiben. So spricht man von internationalen Verträgen,
von internationalem Warenhandel oder internationalem Wissenschaftler- oder
Schüleraustausch. Gerade um soziale Phänomene zu bezeichnen, die sich jenseits
der Grenzen von Nationalstaaten konstituieren und die eben nicht mehr durch
Nationalgesellschaften als Bezugseinheiten eingefasst sind, so könnte argumentiert werden, sollten Begriffe genutzt werden, die nicht mehr selbst den Kern des

---

[2] Zum Konzept der Idealtypenbildung in der Soziologie vgl. Pries 1997a; zu einem Vorschlag von insgesamt sieben Idealtypen der Internationalisierung von Vergesellschaftungsbezügen vgl. Pries 2005.
[3] Sprachlich genauer wäre hier vielleicht der Ausdruck internationale Beziehungen (vgl. Pries 2005),
aber in den Politikwissenschaften ebenso wie im Alltagssprachgebrauch ist *internationale Beziehungen* zur Bezeichnung der zwischen souveränen Nationalstaaten und im Rahmen des Völkerrechts
regulierter Verhältnisse fest etabliert (Schirm 2007).

Nationalen – wie in den Termini trans*national* und Trans*nationalisierung* – in sich trügen. Warum spricht man nicht einfach von grenzüberschreitenden Beziehungen, von makroregionalen oder kontinentalen Beziehungen, von nicht-nationalen Kulturräumen oder von ‚zivilisatorischen Komplexen‘ (Nelson 1974)?

Angesichts solcher Fragen wird das Konzept des Transnationalismus hier einerseits gegen eine allzu weite und unspezifische Verwendung und andererseits gegen prinzipielle Einwände einer ihm inhärenten logischen Widersprüchlichkeit begründet. Mit den Begriffen transnational und Transnationalisierung werden hier *grenzüberschreitende Phänomene* verstanden, *die – lokal verankert in verschiedenen Nationalgesellschaften – relativ dauerhafte und dichte soziale Beziehungen, soziale Netzwerke oder Sozialräume konstituieren.* Wenn z. B. ein Teil einer Familie, deren ‚Heimat‘ bzw. geographischer Hauptbezugspunkt Diyarbakir oder Istanbul in der Türkei ist, sich für sehr lange Zeit oder sogar dauerhaft in Mülheim oder Stuttgart ansiedelt und zwischen den beiden mehr oder weniger gleichmäßig auf unterschiedliche Orte in der Türkei und in Deutschland verteilten Familienteilen weiterhin recht intensive Kontakte und Austauschbeziehungen bestehen, so könnte man von einer *transnationalen Familie* sprechen. Die transnationalen Kontakte könnten etwa aus regelmäßigen Telefongesprächen, wechselseitigen finanziellen Hilfsleistungen, gemeinsamen Feierlichkeiten zu wichtigen Geburtstagen in dem einen oder dem anderen Land oder aus Absprachen über die Hilfe bei der Ausbildungs- oder Arbeitssuche in den jeweils anderen Orten bestehen.

Diese gegenwärtigen Formen grenzüberschreitender Sozialbeziehungen haben eine neue historische Qualität aufgrund ihrer Häufigkeit und Dichte. Sie unterscheiden sich deshalb von den historischen Vorläufern wie z. B. den grenzüberschreitenden Familienbanden und Kontakten italienischer oder deutscher Auswanderer im 19. Jahrhundert, die nach Brasilien oder in die USA zogen. Diese hinterließen immer Verwandte oder Familienmitglieder, mit denen sie auch nach der Ankunft im neuen Land über Briefwechsel oder gelegentliche Besuche einen Kontakt aufrecht erhielten. Aber das hauptsächliche Leben spielte sich auf beiden Seiten, in Italien bzw. Deutschland und in Brasilien bzw. den USA für die Menschen an jeweils *einem* Ort ab, dort, wo sie gerade lebten. Die grenzüberschreitenden Sozialkontakte hatten eher sporadischen Charakter. In Nostalgie erinnerten sich die ‚*Aus*gewanderten‘ an ihre alte Heimat; mit Fernweh dachten die ‚Daheimgebliebenen‘ zuweilen an das gute Leben ihrer ausgewanderten Angehörigen. Denn die ‚*Aus*gewanderten‘ schilderten meistens die Bedingungen in ihrem Ankunftsland sehr positiv – auch wenn die tatsächlichen Erfahrungen mit viel Schmerz, Leid, Heimweh, Erniedrigung, Unwägbarkeiten und neuen Unsicherheiten verbunden waren. Allein schon, um die Zurückgebliebenen nicht zu beunruhigen und die eigenen Lebens- und Migrationsentscheidungen nicht als völlig falsch darzustellen, wurde das eigene Schicksal als positiv vermittelt. Die Annahmen und Erwartungen des Großteils der Migranten und auch der Nicht-Migranten – ebenso wie

der entsprechenden wissenschaftlichen Migrationsforschung – waren, dass sich
die Sozialkontakte zwischen dem Herkunfts- und dem Ankunftsland auf längere Sicht weiter ‚ausdünnen' und irgendwann eventuell ganz versiegen würden.[4]
Man würde sich an das Herkunftsland mit Wehmut über das Zurückgelassene
und Zufriedenheit über das inzwischen Erreichte erinnern, als Teil der eigenen
Familiengeschichte würden Italien und Deutschland für die neuen Brasilianer
und US-Bürger ein Teil der eigenen Familiengeschichte sein, aber nicht mehr das
Alltagsleben und die eigene Identität wesentlich mitbestimmen.

Ganz anders verhält es sich bei einem transnationalen deutsch-türkischen
Familienverbund im 21. Jahrhundert. Aufgrund neuer Technologien treffen sich
die Mitglieder des großverwandtschaftlichen Zusammenhangs mit großer Regelmäßigkeit direkt und persönlich, z. B. auf Urlaubs- und Verwandtschaftsbesuchen.
Gleichzeitig tauschen sie sich regelmäßig in Echtzeit mithilfe moderner Kommunikationsmedien über ihre alltägliche Lebenswelt aus. Vor allem die jüngeren Familienmitglieder treffen sich – unabhängig von ihrem gegenwärtigen tatsächlichen
Wohnort – vielleicht täglich in einem sozialen Netzwerk (wie Facebook oder
StudiVZ) oder skypen regelmäßig abends mehrmals in der Woche miteinander.
Die älteren Mitglieder dieser transnationalen Familie pendeln z. B. als Rentner
vielleicht zwei bis dreimal Mal im Jahr zwischen Orten in Deutschland und der
Türkei hin und her, übernehmen die Versorgung und Pflege von Kranken oder
Kindern und erscheinen zu den wichtigen familiären Festanlässen. Die Familienmitglieder mittleren Alters fahren zumindest einmal im Jahr zu Besuch oder für
bedeutende Familienanlässe (Hochzeiten, Beerdigungen) in die Orte, in denen
andere Teile des Familienverbandes leben. Auf diese Weise sind die an zwei oder
fünf oder zehn verschiedenen Orten in der Türkei und in Deutschland lebenden
Familienmitglieder in einer Art und Weise unmittelbar miteinander verbunden,
die sich eventuell kaum von der Dynamik eines Familienverbandes unterscheidet, dessen Personen über Generationen in nur einer Nationalgesellschaft verteilt
leben. Vergleichsweise preiswerte grenzüberschreitende Transportmöglichkeiten
sowie die hohe Qualität und wirtschaftliche Verfügbarkeit moderner Informations- und Kommunikationstechnologien relativieren die Bedeutung der absoluten
geographischen Raumdistanz zwischen Teilen sozialer Gruppen ganz erheblich.

---

[4] Aus Gründen der Lesbarkeit wird hier und im Folgenden die grammatisch männliche Form verwendet, auch wenn Männer und Frauen gemeint sind. Wenn im Folgenden von ‚Migranten' die Rede ist,
sind damit vereinfachend alle gemeint, die entweder selbst migriert sind und/oder nicht die deutsche
Staatsangehörigkeit besitzen und/oder einen Migrationshintergrund aufweisen. Für eine genaue Definition des Terminus Migrationshintergrund (vgl. Statistisches Bundesamt (2008: 309–316). Wenn im
folgenden von ‚Ausländern' die Rede ist, sind damit in Anlehnung an amtliche Statistiken Personen
gemeint, die keine deutsche Staatsangehörigkeit besitzen – auch wenn es mehr als fragwürdig ist,
Menschen, die seit Jahrzehnten in Deutschland leben oder sogar in Deutschland geboren sind, als
‚Ausländer' zu bezeichnen.

Auf diese Weise können extrem dichte soziale Interaktionsbeziehungen zwischen Menschen in unterschiedlichen Ländern über sehr lange Zeiträume (fort)bestehen. Die Intensität dieser Austauschbeziehungen über große Entfernungen und Nationalgesellschaften hinweg kann viel stärker ausgeprägt sein, als die Stärke der Sozialkontakte etwa in dem Wohnviertel oder der Stadt, in der die Mitglieder einer solchen transnationalen Familie jeweils leben.

An diesem Beispiel wird deutlich, dass transnationale Phänomene, in diesem Fall transnationale Familienzusammenhänge, sich pluri-lokal über verschiedene Nationalgesellschaften hinweg aufspannen, aber eben nicht gleichzusetzen sind mit bi-nationalen Phänomenen im Sinne der Zusammenfassung aller möglichen gesellschaftlichen Beziehungen zwischen zwei kompletten Nationalgesellschaften. Transnationale Beziehungen bedeuten also nicht das Verschmelzen oder Zusammenfügen ganzer Nationalgesellschaften, sondern intensivste Sozialkontakte zwischen Akteuren und Akteursgruppen, die über verschiedene Orte in mehreren Nationalstaaten hinweg verstreut leben. Durch den Intensitätsgrad der Austauschbeziehungen konstituieren sich neue transnationale Sozialeinheiten, die für die alltägliche Lebenspraxis, das Normen- und Wertesystem, die Arbeitsmarkt- und Berufsstrategien, die politischen Einstellungen und Aktivitäten oder die persönlichen Liebes- und Freundschaftsbeziehungen – kurzum: für alle soziologisch und sozialwissenschaftlich relevanten Aspekte des Lebens – von unmittelbarem Gewicht sind. Insofern kann man von in dieser Intensität und Häufigkeit *neuen sozialen Wirklichkeiten sprechen, die sich über nationalstaatliche Grenzen hinweg aufspannen.* Neu sind diese transnationalen Beziehungen und Sozialräume, insofern sie im Vergleich zu den historischen Vorläufern vergangener Wanderungsbewegungen und grenzüberschreitender Kontakte auf einem Quantensprung hinsichtlich der Intensivierung, Beschleunigung, Veralltäglichung und ‚technischen Unterfütterung‘ von Vergesellschaftung über nationalgesellschaftliche Grenzen hinweg beruhen.

Gleichzeitig ist wichtig zu betonen, dass hiermit die Bedeutung von Nationalstaaten und Nationalgesellschaften nicht notwendigerweise relativiert oder unterminiert wird. Es existieren weiterhin nationalgesellschaftliche bzw. nationalstaatliche Geschichten, Sprachen, Mythen und Symbole, kulturelle Traditionen und Besonderheiten sowie spezifische Institutionen und Selbstvergewisserungen der Menschen, die sich an diesen nationalgesellschaftlichen ‚Einheiten‘ orientieren. Die Betonung der weiterhin großen Bedeutung von nationalstaatlich verfassten Gesellschaften unterscheidet die Konzepte des Transnationalismus von den Vorstellungen einer fortschreitenden Globalisierung oder ‚Kosmopolitanisierung‘ der Welt. Die nationalgesellschaftliche Einfassung von Sozialbezügen wie z. B. Familien, Erziehungssystemen, medialer Berichterstattung oder politischer Willensbildung muss nicht aufgegeben werden, damit transnationale Phänomene gestärkt werden können. Zwischen Nationalgesellschaften und transnationalen

Sozialräumen besteht kein Verhältnis des wechselseitigen Ausschlusses, sondern eines der möglichen Symbiose.

Dies hängt eng damit zusammen, dass diejenigen, die in transnationalen Bezügen leben, dies nicht notwendig als innere Zerrissenheit oder Gespaltenheit, als vorübergehende Entscheidungssituation oder ‚anormale' Wurzellosigkeit erleben müssen. Über Jahrtausende fühlten sich die Menschen vorwiegend ihrem eigenen lokalen Sippenverband verbunden; nur über diesen besaßen sie Kenntnisse aus direkter Anschauung. Weite Reisen oder das Kennenlernen völlig anderer Sozialzusammenhänge war nur kleinen Gruppen von Händlern, politischen Führern, religiösen Missionierern und Weisen bzw. Wissenschaftlern vorbehalten. Nach dem Ausgang des Mittelalters entwickelten sich die Nationalstaaten und Nationalgesellschaften zu den dominanten Bezugseinheiten der menschlichen Selbstverortung. Im 21. Jahrhundert tritt nun eine neue Qualität wesentlich komplexerer Sozialbezüge im menschlichen Zusammenleben ein. So strahlen Ereignisse (wie z. B. Finanzkrisen, Umweltkatastrophen, Sportereignisse, Modetrends etc.), die sich auf der einen Seite des Globus ereignen, in sehr direkter Weise in ihren tatsächlichen Fernwirkungen und in den subjektiven Wahrnehmungen auf alle anderen Teile der Welt aus. Die Raumbezüge von Arbeit, Freundschaften, Freizeit oder Gesundheitsversorgung werden immer komplexer (vgl. die nachfolgenden Kapitel).

Wenn hier von transnationalen Beziehungen und Transnationalisierung gesprochen wird, so sind damit immer gesellschaftliche Phänomene als Ganzes gemeint, d. h. ökonomische, politische, soziale, kulturelle, technische und ökologische Aspekte des sozialen Lebens insgesamt. Diese breite gesellschaftliche Sichtweise auf transnationale Beziehungen unterscheidet Transnationalismus als Forschungsprogramm von vielen Perspektiven auf Globalisierung, die im Wesentlichen ökonomische Prozesse in den Blick nahmen. So wurde und wird unter Globalisierung nicht selten vorwiegend oder ausschließlich der Aspekt weltweiter organisierter Finanzströme oder Warengüterbewegungen verstanden. Diese Fokussierung des Globalisierungsbegriffs und der Globalisierungsforschung auf wirtschaftliche Aspekte ist sicherlich nicht zufällig, sondern der Tatsache geschuldet, dass die anderen Aspekte des gesellschaftlichen Lebens, wie z. B. die zwischenmenschlichen Sozialbeziehungen, die Ausprägungen kulturellen Lebens oder die Organisierung politischer Auseinandersetzungen und Entscheidungsprozesse nur selten wirklich global ausgeprägt sind. Als kulturelle Globalisierung ließe sich evtl. noch die sogenannte ‚McDonaldisierung' bestimmter Konsumgewohnheiten benennen. Coca Cola, ein Hamburger oder die Edelsteine von Swarovski sollen nach dem Willen ihrer Produzenten und Kunden überall auf der Welt in gleicher Erscheinung, mit gleicher Qualität und Inhalten in Erscheinung treten und vertrieben werden. Aber schon hier wird deutlich, dass es sich nur in sehr begrenztem Umfang um kulturelle *Globalisierung* handelt, weil der Konsum eines Hamburgers in einer McDonald-Filiale an den verschiedenen Orten der Welt völlig unterschiedliche symbolische

Bedeutungen, wirtschaftliche Verhältnisse und Kundenpräferenzen widerspiegelt. So sind etwa in den USA McDonald-Filialen eher der Sammelpunkt einkommensschwacher Bevölkerungsgruppen, während in Ländern wie China oder Mexiko der Konsum eines Hamburgers eher eine gewisse ökonomische Besserstellung und kulturelle Distinktion zu den traditionellen Konsumgewohnheiten markieren soll. Es kann hinreichend belegt werden, dass die wissenschaftliche Forschung zur Transnationalisierung sich tatsächlich auf einen sehr breiten Rahmen aller möglichen sozialen Erscheinungen und auch wissenschaftlichen Disziplinen bezieht (vgl. Pries 2008, Kapitel 6).

1.2 Methodologischer Nationalismus und Internationalisierungstypen

Die modernen Sozialwissenschaften und auch die Soziologie entstanden mit der bürgerlich-kapitalistischen Industriegesellschaft, die überall nationalstaatlich eingefasst war. Entsprechend wurde die nationale Gesellschaft als die *gleichsam natürliche Bezugseinheit* für soziologische Analysen gesetzt. Der Referenzrahmen etwa der Systemtheorie von Talcott Parsons ist die moderne bürgerliche Gesellschaft, deren Stabilität und Reproduktion durch das funktionale Zusammenwirken der unterschiedlichsten Subsysteme als Analyseeinheiten gewährleistet wird und die – zumeist implizit – als Nationalgesellschaft und Nationalstaat gedacht wird. Auch ein Blick in die Wörterbücher und Standardwerke etwa zur Analyse sozialer Ungleichheit zeigt, dass moderne Theorien sozialer Klassen und Schichten im Wesentlichen auf die Bezugseinheit ‚Nationalgesellschaften' fixiert waren. Nur wenige Sozialwissenschaftler bezogen ihre Analysen systematisch auf andere Bezugseinheiten, etwa auf die Welt als Ganzes. Immanuel Wallerstein (1986) ging davon aus, dass seit dem späten Mittelalter das moderne kapitalistische Weltsystem nur als globale Einheit analysiert werden könne. Die feudalen Reiche, Stadtgesellschaften und anderen formal souveränen Territorialeinheiten sowie später die Nationalstaaten und nationalen Volkswirtschaften seien die eigentlichen Subsysteme innerhalb dieses Funktionsgefüges ‚kapitalistisches Weltsystem'. Auch Sklair (1995) betont, dass die Analyse sozialer Klassen und Klassenbeziehungen die gesamte Welt als Bezugsrahmen nehmen müsste.

Letztlich wurden solche Ansätze im Kern der sozialwissenschaftlichen Forschung aber niemals ähnlich ernst genommen wie die vielfältigen Forschungen im Rahmen des methodologischen Nationalismus. Diesem lag ein eindeutiges Credo für die nationalstaatlich verfasste Nationalgesellschaft als Bezugseinheit soziologischer Theorie und Empirie zugrunde (Wimmer/Glick Schiller 2002). Diese Bezugseinheit wurde in der Regel auch durch Hinweis auf ihre geographisch-flächenräumliche Extension und Begrenzung definiert. So heißt es etwa in dem von Karl-Heinz Hillmann verfassten Eintrag im Soziologie-Lexikon unter dem

Stichwort Gesellschaft: „Als soziologischer Grundbegriff bezeichnet G. [Gesellschaft, L. P.] die umfassende Ganzheit eines dauerhaft geordneten, strukturierten
Zusammenlebens von Menschen *innerhalb eines bestimmten räumlichen Bereichs.*"
(Reinhold 2000: 215, Hervorhebung: L. P.) Ähnlich wird auch in angelsächsischen
Nachschlagewerken und Lexika bei der Definition des Gesellschaftsbegriffs der
Flächenraum eines Territoriums als Bezugseinheit angegeben: „society, generally,
a group of people who share a common culture, *occupy a particular territorial
area,* and feel themselves to constitute a unified and distinct entity." (Oxford Dictionary of Sociology, 1998, p. 625, Hervorhebung: L. P.) und „Society: 1. the totality
of human relationships. 2. any self-perpetuating human grouping *occupying a
relatively bounded territory,* having its own more or less distinctive CULTURE
and INSTITUTIONS, for example, a particular people such as the Nuer or a long- or
well-established NATION-STATE, such as the United States or Britain." (Harper
Collins Dictionary of Sociology, 1991, p. 467, Hervorhebung kursiv: L. P.).

Auch wenn der Gesellschaftsbegriff zur generellen Kennzeichnung einer
historischen Entwicklungsepoche oder eines spezifischen Vergesellschaftungstyps
verwendet wird (wie etwa in den Konzepten der ‚bürgerlichen Gesellschaft', der
‚industriell-kapitalistischen Gesellschaft', der Erlebnis- oder der Wissensgesellschaft), so bleibt der Methodologische Nationalismus zur Kennzeichnung und
Analyse konkreter Gesellschaften als Bezugseinheiten weitgehend erhalten, wie
das folgende Zitat von Daniel Bell zeigt: „Ich lebe in der amerikanischen Gesellschaft, andere Menschen leben in anderen nationalen Gesellschaften, einige
Menschen in Stammesgesellschaften. Um über Gesellschaft reden zu können,
muß man den Ausdruck spezifizieren. Im westlichen Teil der Welt haben wir es
mit einer größtenteils kapitalistischen Gesellschaft zu tun. (…) Wir wissen heute,
daß Demokratie ein authentisches und autonomes Faktum ist, in bezug auf das
Trachten und die Sehnsüchte der Menschen und in bezug auf die Art zu leben.
Wir leben also mehr oder weniger in einer demokratischen, kapitalistischen Gesellschaft." (Bell 1999: 73).

Vereinfachend kann man sagen, dass sich in den letzten zwei- bis dreihundert Jahren in Europa der *soziale Raum* der alltagsweltlichen Lebenspraxis, der
verdichteten sozialen ‚Verflechtungszusammenhänge' (Elias 1986) und der das
menschliche Leben strukturierenden sozialen Institutionen in der Wahrnehmung
der Menschen und in der sozialwissenschaftlichen Theorie immer stärker mit dem
eingrenzbaren und zusammenhängenden *geographischen Raum* von Nationen
verschränkte.[5] Auf diese Weise entstanden (die Bilder von) Nationalstaaten und

---

[5] Diese Kennzeichnung der Ära des vorherrschenden methodologischen Nationalismus bleibt notwendigerweise grob, sie soll vor allem dazu dienen, die neuen Herausforderungen des 21. Jahrhunderts
zu kennzeichnen. Es kann deshalb hier nicht näher darauf eingegangen werden, dass natürlich die
Konzepte von Nationalstaaten und Nationalgesellschaften historisch sehr unterschiedlich entstanden

Nationalgesellschaften als doppelt exklusiv ineinander verschachtelte Flächen- und Sozialräume, die als Container-Gesellschaften (Pries 1997b; 1999a) bezeichnet werden können: In einer flächenräumlichen Extension (einem nationalstaatlichen Territorium) gibt es eine und nur genau eine sozialräumliche Extension (eine Nationalgesellschaft). Umgekehrt entspricht und benötigt jede sozialräumliche Extension (jede Nationalgesellschaft) eine und genau eine uni-lokale und zusammenhängende Flächenextension (einen Nationalstaat). Die Tatsache sozialräumlicher ethnischer oder sprachlich-kultureller Pluralität im gleichen Nationalstaat als Flächenraum wurde geleugnet, mit fanatischem „Nationalismus" (wohlinteressierter sozialer und/oder ethnischer Gruppen) bekämpft und/oder als ein vorübergehendes Phänomen auf dem Weg zur ‚modernen, über generell geteilte Wertvorstellungen integrierten Nationalgesellschaft' interpretiert. Umgekehrt wurde auch die flächenräumliche Pluralität von Sozialräumen (etwa der jüdischen Diaspora oder von Logenverbindungen) als transitorisch und/oder als problematisch bis destabilisierend im Hinblick auf ‚gesellschaftliche Integration' angesehen.

Mit der Verstärkung der Globalisierungsdiskussionen und -forschung geriet der Methodologische Nationalismus seit dem letzten Viertel des 20. Jahrhunderts zunehmend in Kritik. Dabei wurde der nationalgesellschaftliche Bezugsrahmen soziologischer Analyse nicht selten einfach auf die Weltebene erweitert. So konstituiert zum Beispiel Luhmann (1984) die Weltgesellschaft zur Bezugseinheit soziologischer Analysen, weil für ihn die kommunikative Erreichbarkeit in der modernen Gesellschaft weltweit gegeben sei: „Selbstverständlich bleibt Gesellschaft trotz, ja dank ihrer Selbstgeschlossenheit System in einer Umwelt. Sie ist ein System mit Grenzen. Diese Grenzen sind durch die Gesellschaft selbst konstituiert. Sie trennen Kommunikation von allen nichtkommunikativen Sachverhalten und Ereignisse, sind also weder territorial noch an Personengruppen fixierbar. […] und als Resultat von Evolution gibt es dann schließlich nur noch eine Gesellschaft: die Weltgesellschaft, die alle Kommunikationen und nichts anderes in sich einschließt und dadurch völlig eindeutige Grenzen hat" (ebd.: 557).[6]

Neben der bei Luhmann eher analytischen Begründungen dafür, die Bezugseinheit der soziologischen Gesellschaftsanalyse auf die Ebene der ganzen

---

(z.B. in England, Frankreich und Deutschland) und dass es ebenso – zumindest in der Selbstwahrnehmung erheblicher Teile der entsprechenden Bevölkerungen – Vielvölker- und Mehrnationen-Staaten (z.B. Belgien oder Kanada) geben kann wie Nationen, die sich über mehrere Nationalstaaten hinweg erstrecken (z.B. das Baskenland oder Kurdistan). All diese Differenzierungen ändern wenig an der Tatsache, dass die nationalstaatlich verfasste Nationalgesellschaft zur vorherrschenden kognitiven und normativen Bezugseinheit sozialwissenschaftlicher Analyse avancierte – empirische Abweichungen von diesem Deutungsschema wurden als Sonderfälle behandelt.

[6] Dass sich an diesen Grundbestimmungen nichts Wesentliches geändert hat, zeigt sich auch bei. Luhmann (1997: 27f. sowie 806ff.) und den hierauf bezogenen Besprechungen in der Soziologischen Revue, Jg. 21/Heft 2.

Welt auszudehnen, gibt es auch eher empirisch, ausgehend von einer Gegenwarts-
analyse fundierte Plädoyers gegen den methodologischen Nationalismus: „Die
Weltgesellschaft ist die Summe aller sozialen Beziehungen auf der Weltkugel.
Sie hat kein Zentrum und wird von niemandem kontrolliert. Wenn wir dieses
abstrakte Gebilde eine globale Gesellschaft nennen, verschiebt sich die Bedeutung ein wenig. Eine globale Gesellschaft ist nämlich auf einer weltweiten Basis
organisiert." (Albrow 1999: 44).

Bei den bisher vorgestellten Kritiken am methodologischen Nationalismus
wurde – eher analytisch oder eher empirisch – vorgebracht, dass der Nationalstaat
und die Nationalgesellschaft nicht mehr die angemessenen Bezugseinheiten sozialwissenschaftlicher Forschung seien und durch die größere Bezugseinheit der
Welt bzw. des gesamten Globus ersetzt werden müssten. In den Worten von Bell
(1987: 13): „Der Nationalstaat wird zu klein für die großen Probleme des Lebens
und zu groß für die kleinen Probleme des Lebens." Diese Kritik am methodologischen Nationalismus ist zweifelsohne berechtigt, sie reicht aber bei weitem
nicht aus, um die komplexen Dynamiken der Internationalisierung von Vergesellschaftung zu erfassen. Wenn man den Wandel des Verhältnisses von Sozial- und
Flächenräumen sowie das jeweils zugrunde liegende (substantielle oder relationale)
Raumkonzept berücksichtigt, lassen sich idealtypisch sieben verschiedene Formen
einer solchen Internationalisierung unterscheiden.

Wenn sich die Beziehungen zwischen nationalgesellschaftlichen Container-
räumen intensivieren (ohne dass sich die Grenzen der nationalen Container auflösen), so kann man vom Idealtypus einer *Inter-Nationalisierung* sprechen. Die
UNO, die OECD, der Internationale Weltwährungsfonds (IWF) und die Weltbank
sind z. B. Organisationen, die auf Kooperationsverträgen zwischen völkerrechtlich
souveränen Nationalstaaten begründet sind. Der grenzüberschreitende Austausch
zwischen Wissenschaftlern wird unter anderem durch internationale Verbände
(z. B. die International Sociological Association) organisiert, die aus Verträgen
zwischen unabhängigen Nationalverbänden (z. B. der Deutschen Gesellschaft für
Soziologie, der American Sociological Association etc.) hervorgegangen sind. Eine
Intensivierung der Austauschbeziehungen zwischen solchen nationalstaatlich oder
nationalgesellschaftlich verfassten Organisationen wird sinnvollerweise nicht als
Globalisierung, sondern als Inter-Nationalisierung bezeichnet.

Dehnt sich der geographische und sozialräumliche Bezugshorizont von der
nationalen Ebene einfach nur auf eine supranationale Ebene aus, so kann man
vom Idealtypus der *Supra-Nationalisierung* sprechen. Dies gilt z. B. in besonderem Maße für die Europäische Union. Während im Rat der Europäischen Union
(EU-Ministerrat) die nationalen Regierungen mit den jeweils thematisch zustän-
digen Ministern vertreten sind (und es sich somit um inter-nationale Beziehungen handelt), sind das Europäische Parlament und die Europäische Kommission
genuin supranationale Einrichtungen. Das ehemals nur nationalstaatliche Konsti-

tutionsprinzip der territorialen Souveränität und Zuständigkeit wird hier von der nationalen auf die europäische Ebene ‚gehoben'. Wie die Finanzkrise einiger EU-Mitgliedsstaaten im Jahre 2010 sehr deutlich zeigte, besteht ein geradezu struktureller Sog, wichtige Regulierungsthemen von der nationalen auf die supranationale europäische Ebene zu verschieben oder zumindest die EU in stärkerem Ausmaß an Regulierungen zu beteiligen.

Wenn sich die supranationale Ausweitung der flächen- und sozialräumlichen Bezugseinheit nicht auf eine bestimmte Region wie Europa beschränkt, sondern auf die gesamte Welt bezieht, so wird dieser Idealtypus von Internationalisierung sinnvollerweise *Globalisierung* genannt. Die Vorstellungen von Globalisierung bewegen sich in aller Regel in den traditionellen Bahnen des methodologischen Nationalismus, insofern sie von einem Gleichklang, einem Zusammenfallen der Bezugseinheit von sozialräumlichen Beziehungen und von deren geographisch-flächenräumlicher Ausdehnung ausgehen. Nach der gleichen Methode, nach der die nationalstaatlich verfassten Nationalgesellschaften separiert bzw. konstruiert wurden, wird hierbei die Weltgesellschaft oder die ‚globale Gesellschaft' (Albrow 1999: 44) als der maßgebliche sozialräumliche Verflechtungszusammenhang angesehen, dem der Globus als flächenräumliche Bezugseinheit entspricht. Auch der Idealtypus der *Globalisierung* folgt dem Gedankenbild der doppelt exklusiven Verschachtelung von Flächenraum und Sozialraum: Beide Aspekte der Bezugseinheit soziologischer Analyse werden von dem nationalstaatlichen Territorium und der Nationalgesellschaft auf das (gegenwärtig) maximal denkbare geographische Ausmaß (den gesamten Globus) und deren sozialräumlicher Entsprechung (der Welt- oder globalen Gesellschaft) ausgedehnt.

Während die drei bisher vorgestellten Idealtypen alle ‚ein positives Vorzeichen' vor den Prozess der Internationalisierung von Vergesellschaftung machten, also von einer tendenziellen Ausweitung und Verstärkung dieser Internationalisierung ausgingen, zeigen vielfältige Beispiele, gerade nach dem Zerfall der Sowjetunion, dass Internationalisierungstendenzen auch durch *Re-Nationalisierung* zurückgeschraubt werden können. Der Zerfall der ehemaligen Sowjetunion oder Jugoslawiens sind eindrückliche Beispiele dafür, dass nationalstaatlich verfasste Gemeinwesen, die sich als (sowjetische oder jugoslawische, vielleicht auch als pluri-ethnische oder Vielvölker-) Gesellschaften bezeichneten und als solche von außen wahrgenommen wurden, nicht unbedingt in intensivere (internationale) Beziehungen zu anderen nationalen Einheiten treten oder in größeren (supranationalen oder globalen) Bezugseinheiten aufgehen müssen, sondern dass sie sich auch in kleinere flächen- und sozialräumliche Bezugseinheiten auflösen können. Diesem Idealtypus einer *Re-Nationalisierung* entsprechen auch regionalistische Bewegungen innerhalb bestehender nationalstaatlich-gesellschaftlicher ‚Container', die eine eigenständige territorial-sozialräumliche Bezugseinheit für sich reklamieren. Beispiele für solche re-nationalisierenden Tendenzen gibt es im

Baskenland, in Katalonien, zwischen den Wallonen und Flamen in Belgien, Tirol oder auch in Taiwan.

Diese Tendenzen einer Re-Nationalisierung sind offensichtlich auch im 21. Jahrhundert und bei gleichzeitig zunehmender Supra-Nationalisierung und Globalisierung zu beobachten. Dies zeigt, dass die unterschiedlichen Formen der Internationalisierung durchaus kein Nullsummenspiel ergeben, sondern dass sich offensichtlich die flächenräumlichen und sozialräumlichen Bezugseinheiten weiter ausdifferenzieren und sich komplexere Kombinationsmöglichkeiten eröffnen. Dies gilt besonders für die im Folgenden vorzustellenden drei Idealtypen der Internationalisierung. Während den bisher behandelten vier Idealtypen ein essentialistisches oder absolutes Raumkonzept – mit der korrespondierenden Vorstellung einer doppelt exklusiven Verschachtelung von Flächenraum und Sozialraum – zugrunde lag, basieren die folgenden drei Internationalisierungstypen auf einer relationalen Raumvorstellung.[7] In der Perspektive eines relationalen oder relativistischen Raumkonzeptes müssen sich Flächenräume und Sozialräume nicht unbedingt in einer doppelten Ausschließlichkeit ineinander schachteln – vielmehr kann sich ein Sozialraum über mehrere Flächenräume hinweg erstrecken oder es können in einem Flächenraum mehrere Sozialräume ‚aufgeschichtet' sein. Als Internationalisierungsformen lassen sich in diesem Zusammenhang z. B. die Glokalisierung, die Diaspora-Internationalisierung und die Transnationalisierung nennen.

Glokalisierung bezieht sich als eine idealtypische Form von Internationalisierung auf die Herstellung bzw. Stärkung der Wechselbeziehungen zwischen lokalen und globalen Wirkungsfaktoren und Sozialräumen als Bezugseinheiten. Die globale Medienpräsenz z. B. des Nachrichtensenders CNN und dessen durchaus lokalen Produktionsvoraussetzungen sowie lokal differenzierten Einflüsse sind ebenso ein Beispiel für Glokalisierungsprozesse wie die Diffusion der globalen Internettechnologie als Artefaktesystem und deren lokal oder auch nationalstaatlich sehr unterschiedlichen Nutzungsformen sowie Wirkungen. Der von Robertson (1994) geprägte Begriff *Glokalisierung* hebt auf die Dialektik zwischen Globalisierung und Lokalisierung ab: Globale Tendenzen und Prozesse sind verknüpft mit und bezogen auf lokale Konzentrationen von Macht, Technologie, Wissen, Geld und anderen Ressourcen und Ereignisse. Wer Globalisierung nur als Prozess des tendenziellen Bedeutungsverlustes von Flächenräumen und von flächenräumlichen Grenzen überhaupt auffasst, der ignoriert die zunehmenden Bestrebungen, neue Mechanismen von Inklusion und Exklusion auf den verschiedensten territorialen Ebenen zu etablieren, oder er leugnet die lokal durchaus sehr unterschiedlich spürbaren Effekte von Globalisierungsprozessen.

---

[7] Zu den Raumkonzepten in der Soziologie vgl. Pries (1999b).

Während bei der Glokalisierung das Verhältnis und die Beziehungen zwischen globalen und lokalen Bezugseinheiten im Mittelpunkt stehen, bezeichnet *Diaspora-Internationalisierung* die Ausbreitung und Intensivierung der Bezüge zwischen einem ‚Mutterland' und entsprechenden peripheren Flächen- und Sozialräumen. *Diaspora-Internationalisierung* bezieht sich also auf die Ausweitung und Intensivierung von Vergesellschaftung zwischen einem definierenden identitätsbildenden Zentrum und den entsprechenden abhängigen Dependancen als Diasporen. Das historische Beispiel für eine *Diaspora-Internationalisierung* ist natürlich die Erfahrung des Judentums von Vertreibung und Verfolgung über viele Plätze und Nationen seit 2000 Jahren und bis hin zum Völkermord durch den deutschen Nationalsozialismus. Wo immer sich jüdische Menschen, Gruppen und Gemeinden zusammenfinden, spielt die Berufung auf Israel als das geheiligte Land der Verheißung eine einheitsstiftende Rolle (Cohen 1997). In einem erweiterten und allgemeineren Sinne kann man als Diaspora auch das Verhältnis etwa von diplomatischen Korps zu ihrem jeweiligen Herkunftsland verstehen. Diplomatische Vertretungen verdanken ihre Existenz qua Definition dem Rückbezug auf das Heimatland, in dessen Auftrag und Mission sie tätig werden. Die Berufung auf eine Einheit stiftende ‚Heimat' trägt diesen Idealtypus der Diaspora-Internationalisierung. Dabei muss diese ‚Heimat' durchaus nicht unbedingt eine nationalstaatlich verfasste Gesellschaft sein. Die Missionierungsdependancen der katholischen Kirche zunächst in Europa und dann in der ganzen Welt sind ebenso ein Beispiel für *Diaspora-Internationalisierung* wie die Ausbreitung von auf politischer Verfolgung beruhenden Diasporen. In diesen Fällen lässt sich ein klares Zentrum ausmachen, in dem sich die Ressourcen von Macht und Identitätsproduktion konzentrieren (z. B. Rom für die katholische Kirche, Chile als Bezugsland für dessen politische Flüchtlinge nach dem gewaltsamen Sturz der Allende-Regierung im Jahre 1973) und um welches herum sich verstreute Dependancen oder Diasporen anordnen (in den Beispielfällen die Missionsstationen der Kirche und die lokalen bzw. nationalen Gruppen von Exilchilenen, die sich in vielen europäischen Ländern bildeten).

Der letzte und in diesem Buch im Mittelpunkt stehende Idealtypus von Internationalisierung ist die *Transnationalisierung*. Sie unterscheidet sich von der zuvor behandelten Diaspora-Internationalisierung dadurch, dass es hier keine eindeutige ‚Heimat' gibt, sondern die sozial-räumliche Bezugseinheit ein Verflechtungszusammenhang aus unterschiedlichen und mehr oder weniger gleich ‚gewichtigen' Lokalitäten ist, welches sich über mehrere Nationalgesellschaften hinweg aufspannt. Transnationale Sozialräume können im Rahmen internationaler Migrationsprozesse, aber auch aus anderen Formen internationaler Profit- oder Non-Profit-Organisationen entstehen. So kann z. B. ein transnationales Unternehmen mit dezentraler Struktur und starker Koordination aus einem vordem zentralistischen globalen Unternehmen hervorgehen oder eine Nicht-Regierungs-

Organisation kann sich aus einer internationalen sozialen Bewegung zu einer transnationalen Organisation verfestigen.

Betrachtet man die Internationalisierung von Vergesellschaftungsprozessen als mehrdimensionales und Mehrebenenmodell, so zeigen sich vielfältige und häufig auch widersprüchliche Muster grenzüberschreitender Verflechtungsbeziehungen. Supranationale, globale, inter-nationale, re-nationalisierte, glokale, diasporische und transnationale Beziehungen bestehen nebeneinander und sind ineinander verwoben. Transnationale Finanzkapitalbewegungen werden von globalen Nachrichtenereignissen beeinflusst; nationale Staatsfinanzen in Ländern wie Moldawien oder Mexiko hängen stark mit transnationalen Geldrücküberweisungen von Millionen von Arbeitsmigranten zusammen; inter-nationale Außenhandelsbilanzen werden von globalen, glokalen und transnationalen Wirtschaftsbeziehungen geprägt; Re-Nationalisierung führt zu einer Erhöhung der auf der globalen Bühne (z. B. bei den Vereinten Nationen) registrierten souveränen Staatsakteure (von etwa 150 auf 200 Nationalstaaten im letzten halben Jahrhundert). Diese Differenzierung zwischen verschiedenen Idealtypen der Internationalisierung und die komplexen Beziehungen können fundiert werden, wenn man expliziter das Verhältnis zwischen den entsprechenden Analyse-, Bezugs- und Erhebungseinheiten betrachtet.

1.3 Analyse-, Bezugs- und Erhebungseinheiten

Im vorhergehenden Abschnitt wurde der Methodologische Nationalismus als problematisch beurteilt, weil er die nationalstaatlich verfasste Gesellschaft als die *unhinterfragte* Bezugseinheit soziologischer Theorie und Empirie unkritisch voraussetzt. Dies – so wurde ebenfalls argumentiert – bedeutet aber nicht, dass Nationalgesellschaften keine für viele analytische Fragestellungen und zum Beispiel auch für inter-national vergleichende Forschungen angemessene Bezugseinheit mehr darstellen. Der hier vertretene soziologische Ansatz einer Internationalisierung und hier besonders einer Transnationalisierung von Vergesellschaftungsbezügen geht davon aus, dass nationalstaatliche und nationalgesellschaftliche Bezüge des Sozialen auch weiterhin von großer Bedeutung sind und sich nicht einfach in die „Globalisierung des Nichts" (Ritzer 2005) auflösen. Die nationale Ebene von Vergesellschaftung muss aber explizit und systematisch in einen erweiterten Bezugsrahmen der ‚Raumbezüge des Sozialen' integriert werden.

Die Besonderheiten des hier vertretenen Transnationalisierungsansatzes treten klarer hervor, wenn man systematisch zwischen den drei Aspekten der jeweiligen Bezugseinheiten, Analyseeinheiten und Erhebungseinheiten soziologischer Forschung differenziert. Der Begriff *Analyseeinheit* gibt die theoretisch-analytisch konstruierte Einheit an, über die wissenschaftliche Aussagen gemacht werden sollen (z. B. familiäre Rollenverteilung, soziale Klassenzusammensetzung). Mit der *Bezugseinheit* wird die räumlich-zeitliche Entität bezeichnet, die die Reichweite der Untersuchung und der wissenschaftlichen Aussagen absteckt (z. B. Städte und Gemeinden, Länder oder Kontinente, Zeiträume in Tagen, Jahren oder Jahrhunderten). Die *Erhebungseinheit* gibt die (kleinste) empirisch-operative Messeinheit an, auf die sich die Datenerhebung bzw. empirische Analyse bezieht (bei Meinungsumfragen z. B. in der Regel Personen).[8]

Man kann sich ein (fiktives) Forschungsvorhaben zum Thema ‚Die beruflichen Lebensstrategien von in der Türkei geborenen Migrantinnen in Deutschland im Jahre 2010' vorstellen. In diesem Beispiel ist die raum-zeitliche *Bezugseinheit* durch den Ausdruck ‚in Deutschland im Jahre 2010' angegeben. Die soziologisch-konzeptionell konstruierte *Analyseeinheit*, über die wissenschaftlich überprüfbare Ausführungen entwickelt werden sollen, ist durch den Ausdruck ‚berufliche Lebensstrategien' repräsentiert (dies kann sich z. B. je nach Erkenntnisinteressen auf die fachlich-inhaltlichen Arbeitsaspekte, auf die angestrebten sozialen Status- und Einkommenspositionen, auf die zeitlichen Erwartungen oder auf die zukünftigen Arbeits- und Lebensorte beziehen). Schließlich sind durch den Ausdruck ‚in der Türkei geborene Migrantinnen' die *Erhebungseinheiten* der Untersuchung angegeben: Es sollen Daten nur von solchen Menschen erhoben werden, die die Bedingung erfüllen, in der Türkei geboren zu sein und im Jahre 2010 in Deutschland dauerhaft zu leben.[9]

Für den hier interessierenden Zusammenhang sind vor allem die Abgrenzung und das Verständnis der *Bezugseinheiten* von Bedeutung. Denn diese Bezugseinheiten wurden und werden traditionell als mehr oder weniger unstrittig durch

---

[8] Im Hinblick auf die Erhebungseinheit wird, vor allem in der quantitativen und auf Stichprobenziehungen ausgerichteten Forschung noch zwischen Auswahl-, Analyse- und Erhebungseinheit differenziert: „Auswahleinheit: jene Personen, Kollektive, Objekte, Situationen, Verhaltensweisen, die die Basis für die Stichprobenziehung darstellen, aus denen die Stichprobe sich durch Auswahl konstituiert." (Reinold 2000: 43). Hier wird der Ausdruck Erhebungseinheit gewählt und nicht weiter ausdifferenziert, weil in der Transnationalisierungsforschung – wie weiter unten erläutert wird – keine repräsentativen Befragungen innerhalb einer ex ante definierbaren Auswahlpopulation durchgeführt werden (können).

[9] Nicht angegeben ist in diesem Forschungstitel, wie und aus welcher Entität bzw. welchen Entitäten diese Erhebungseinheiten ‚in der Türkei geborene Migrantinnen' ausgewählt werden sollen. Diese *Auswahleinheiten* könnten z. B. vorhandene Datenbestände wie das Sozio-ökonomische Panel (SOEP) oder der Mikrozensus sein (wobei beide Datenquellen sehr unterschiedliche Operationalisierungen des Begriffs ‚Migrantin' vornehmen: Während das SOEP Migrantinnen und Migranten über den Status ‚Ausländer' definiert, differenziert der Mikrozensus seit 2005 auch nach Menschen mit deutscher Staatsangehörigkeit, die selbst oder deren Eltern in einem anderen Land geboren sind und die eine andere Staatsangehörigkeit besaßen). Weitere Auswahleinheiten könnten aber auch etwa alle 13. Klassen der Gesamtschulen und Gymnasien in den Städten X, Y und Z oder die Frauenfußballmannschaften der 2. Bundesliga sein. Die mit den Erhebungs- bzw. Auswahleinheiten verbundenen methodischen Probleme können hier nicht vertieft werden, vgl. z. B. weitergehend Diekmann 2007.

Raum- und Zeitangaben definiert, wobei in der Logik des methodologischen Nationalismus die nationalstaatlichen Vergesellschaftungsbezüge von geographisch-räumlich eindeutig eingefassten Nationalgesellschaften als gegeben vorausgesetzt werden. Wenn man z. b. soziale Ungleichheits- oder Klassenstrukturen analysieren und vergleichen will, so geschieht dies in der Regel im Rahmen von nationalen Containergesellschaften. So können z. b. die Formen und Spannen der Aufwärtsmobilität oder die ‚Vererbung‘ der elterlichen Klassenlage durch das Schulsystem in den USA und Deutschland oder in den OECD-Staaten verglichen werden. Als *Bezugseinheiten* für solche Analysen und Vergleiche sind hier gleichsam naturwüchsig Nationalgesellschaften gesetzt. Auch in dem fiktiven Forschungstitel ‚Die beruflichen Lebensstrategien von in der Türkei geborenen Migrantinnen in Deutschland im Jahre 2010‘ wird als räumliche Bezugseinheit Deutschland und als zeitliche Bezugseinheit das Jahr 2010 definiert.

Ein solches Vorgehen ist im Rahmen des methodologischen Nationalismus unproblematisch und nicht weiter zu begründen. Unter den Bedingungen einer zunehmenden Internationalisierung von Vergesellschaftung allerdings wird gerade die geographisch-räumliche Ausdehnung und Form der *Bezugseinheiten* zu einer kritischen und begründungspflichtigen Größe. Denn es muss unter Hinweis auf die wissenschaftlichen Erkenntnisinteressen und die dementsprechenden theoretisch-analytischen Analyseeinheiten – hier in den Beispielen also ‚soziale Ungleichheits- und Klassenstrukturen‘ oder ‚berufliche Lebensstrategien‘ – gezeigt werden, warum Nationalstaaten die angemessenen geographisch-räumlichen und Nationalgesellschaften die angemessenen sozial-räumlichen Bezugseinheiten sind. Dies dürfte immer dann problematisch werden, wenn sich die zu untersuchenden Phänomene nicht mehr vollständig oder umstandslos durch einen solchen methodologischen Nationalismus angemessen ‚sortieren‘ lassen. Dies ist z. B. dann der Fall, wenn sich berufliche Lebensstrategien auf mehrere Länder beziehen (etwa: „ich möchte in Land X eine Zusatzausbildung absolvieren, dann in Land Y eine Zeitlang erwerbstätig sein und später in Land Z eine eigene Beratung aufbauen“).

Auf der Basis der Unterscheidung von Analyse, Bezugs- und Erhebungseinheiten lassen sich explizit drei verschiedene Typen von grenzüberschreitender Forschung ausmachen: international vergleichende Forschung, Weltsystem- oder Weltgesellschaftsforschung und Transnationalisierungsforschung. Die Tabelle 1 fasst wichtige Unterschiede zwischen diesen drei Ansätzen für das Thema soziale Ungleichheitsforschung zusammen. Dabei wurden jeweils nur die bisher dominanten bzw. klassischen Themen der drei Ansätze erfasst. Grundsätzlich gilt, dass in Bezug auf die *Analyseeinheiten* die Themen der sozialen Klassen, Lebensstile, Chancencluster etc., die als etablierte Konzepte der nationalgesellschaftlich orientierten Ungleichheitsforschung gelten, auch in der Weltsystem- und in der transnationalen Ungleichheitsforschung Anwendung finden können. Auch für die *Erhebungseinheiten* gilt, dass alle in Tabelle 1 genannten Gegenstände grundsätzlich für alle drei Ansätze internationaler Ungleichheitsforschung genutzt werden können. Konkret-historisch aber haben letztere jeweils sehr spezifische Schwerpunkte ausgebildet. Dabei haben sich praktisch die entsprechenden Arbeiten in der Weltsystemforschung eher auf Fragen der Zentrum-Peripherie-Verhältnisse in Bezug auf Machtgruppen und Eliten und auf den Versuch der Identifikation internationaler Klassen konzentriert. Für die Transnationalisierungsforschung als relativ junges Untersuchungsprogramm wurden bisher allerdings keine ausdifferenzierten Untersuchungen zu sozialen Ungleichheitsstrukturen innerhalb transnationaler Sozialräume durchgeführt. Hier bezogen sich die Analyseeinheiten bisher vor allem auf Lebensläufe, Identitäten und Familiennetzwerke.

Tabelle 1   Vergleich von drei Ansätzen internationaler Forschung

	Internationaler Vergleich	Weltsystemforschung	Transnationalisierungsforschung
Bezugseinheit	Nationalgesellschaften	Weltsystem/Weltgesellschaft	Transnationale Sozialräume
Analyseeinheit	Soziale Klassen und Schichten; Lebensstile	Zentren-Peripherien von Macht u. Reichtum; Internationale Klassen	Lebensläufe/Identitäten/Familiennetzwerke
Erhebungseinheit	Individuen/Haushalte in Nationalgesellschaften	Handelsströme Unternehmen Finanzkapital etc.	Individuen/Haushalte in transnationalen Sozialräumen

Prinzipielle Unterschiede zwischen den drei Ansätzen bestehen dagegen hinsichtlich der jeweiligen *Bezugseinheiten*. Hier sind zwischen international vergleichender, Weltsystem- und Transnationalisierungsforschung jeweils divergierende Bezugseinheiten gegeben, die sich nicht beliebig austauschen lassen. Vielmehr definieren sich die drei Konzepte internationaler Ungleichheitsforschung gerade dadurch, dass sie *völlig verschiedene Bezugseinheiten* haben. Für die überwiegend am methodologischen Nationalismus ausgerichtete international vergleichende Forschung werden die nationalgesellschaftlichen Container als die relevanten Bezugsgrößen gesetzt. In der Weltsystemforschung wird dieser geographischräumliche Bezug einfach auf den gesamten Globus ausgedehnt – und damit ein flächenräumliches Abgrenzungsproblem per Definition einfach ausgeschlossen. In der Transnationalisierungsforschung müssen die flächen- und sozialräumlichen Bezugseinheiten *ex ante* konstruiert werden. Dies setzt die Transnationalisierungsforschung immer wieder dem Tautologieverdacht aus: Transnationale Sozialräume werden einerseits als gegebene Bezugseinheiten unterstellt, andererseits dient die entsprechende Forschung vielfach dazu, ihr Vorhandensein im Sinne von Analyse-einheiten nachzuweisen.

Einerseits ist dieser Tautologievorwurf nicht ganz unbegründet, weil in vielen Pionierstudien tatsächlich eine Trennung zwischen Bezugs-, Analyse und Erhe-bungseinheiten weder explizit noch implizit vorgenommen wurde. Vielmehr kon-zentrierten sich diese Untersuchungen zunächst darauf, transnationale Netzwerke und Sozialräume als ernst zu nehmendes soziales Phänomen ‚wissenschaftstaug-lich' zu machen. Gegenwärtig lassen sich wesentlich differenziertere konzeptio-nelle Diskussionen und empirische Untersuchungen beobachten (vgl. die Beiträge in Pries 2008). Andererseits muss sich auch die traditionelle, national- oder welt-gesellschaftlich orientierte Ungleichheitsforschung die Frage stellen, ob nicht auch ihre Bezugseinheiten als sozial konstruierte im Zeitalter der Internationalisierung von Vergesellschaftung zunehmend begründungspflichtig werden. Dies führt zu epistemologischen Problemen, die im abschließenden Abschnitt wieder aufge-nommen werden sollen.

Weitgehend unstrittig dürfte die Feststellung sein, dass die in der Tradition des methodologischen Nationalismus ausgerichtete Forschung ihren Internationali-sierungsbezug im Wesentlichen durch die Methode des internationalen Vergleichs herstellt. Schon diese Tradition der international vergleichenden Forschung ist mit einer Vielzahl methodologischer Probleme behaftet (vgl. Kohn 1987; Gold-thorpe 1997; Ebbinghaus 1996). Die Weltgesellschaftsforschung entledigt sich dieser Art von Problemen durch ex-ante-Definitionen, stößt dafür aber in Bezug auf die Bestimmung ihrer Analyse und Erhebungseinheiten auf ganz erhebliche Schwierigkeiten (vgl. z. B. Held et al. 1999).

Letztlich gelten aber für alle drei Typen von Bezugseinheiten sozialer Un-gleichheitsforschung (Nationalgesellschaft, Weltgesellschaft, transnationaler Sozial-raum) abgewandelt die gleichen Anforderungen, die John Stuart Mill (1843) bereits in Bezug auf die vergleichende Methode als methodologisches Erkenntnisprinzip der Suche nach Gemeinsamkeiten und nach Unterschieden formulierte. Danach sind die Bezugseinheiten für wissenschaftliche Analysen und Vergleiche so zu wählen, dass zwei Bedingungen erfüllt sind. Erstens müssen die Gemeinsamkei-ten der Erhebungseinheiten in Bezug auf die Analyseeinheiten innerhalb gleicher Bezugseinheiten beträchtlich bzw. größer sein als zwischen alternativen Bezugs-einheiten. Zweitens müssen die Unterschiede der Erhebungseinheiten in Bezug auf die Analyseeinheiten zwischen verschiedenen Bezugseinheiten beträchtlich bzw. größer sein als die entsprechenden Unterschiede innerhalb gleicher Bezugseinheiten.

1.4 Transnationale Beziehungen, Netzwerke und Sozialräume

Wenn hier von transnationalen Phänomenen und von Transnationalisierung gesprochen wird, so kann sich dies auf sehr unterschiedliche Intensitätsgrade der Sozialbezüge beziehen. Ganz grob werden hier idealtypisch drei Ebenen transnationaler Sachverhalte als Analyseeinheiten unterschieden: transnationale Beziehungen, transnationale Netzwerke und transnationale Sozialräume. Diese unterscheiden sich nach dem Grad der Dauerhaftigkeit, Häufigkeit und Bedeutung der transnationalen Austauschprozesse für die Lebenszusammenhänge der Menschen. *Transnationale Beziehungen* können sich z. B. auf internetbasierte ‚Communities‘ mit bestimmten Musikpräferenzen (z. B. Latin-Funk oder Zydeko) oder auf die mehr oder weniger regelmäßigen Kommunikationskontakte zwischen Absolventen einer internationalen Elite-Universität oder eines Fortbildungskurses in Davos oder Fontainebleau gründen. In diesem Falle findet ein durch technische Artefaktesysteme (moderne Kommunikationsmedien), durch Nutzung geteilter Symbole (Berufung auf die Symbole der Elite-Universität, regelmäßige Erwähnung des gemeinsame Erfahrungen stiftenden Ortes der Fortbildung) und durch gemeinsame soziale Praxis (regelmäßige aktive Beteiligung an entsprechenden Foren) strukturierter, aber eher sporadischer Austausch zwischen mehreren Akteuren statt, ohne dass diesem ein organisierendes Zentrum oder eine feste Organisation zugrunde liegen muss. Die ‚Dichte‘ dieser transnationalen Beziehungen ist vergleichsweise gering, und auf die alltäglichen Lebensvollzüge der Beteiligten ergeben sich nur geringe Einflüsse. Ähnlich können auch die Sozialbeziehungen zwischen Teilen eines auf mehrere Länder verteilten Großfamilienverbandes eher sporadischer Natur sein.

Wenn die Austauschbeziehungen intensiver sind und sich mehr oder weniger verbindliche grenzüberschreitende Interaktionsverhältnisse entwickeln, so kann man von *transnationalen Netzwerken* sprechen. Diese können sich z. B. als Alumni-Netzwerke mit eigenem Internetportal oder als aktive virtuelle Gemeinde etablieren. In transnationalen Netzwerken stabilisieren sich auch eigenständige grenzüberschreitende Symbolsysteme, die sich von den Symbolsystemen an den verschiedenen Orten der Netzwerkteilnehmer unterscheiden. So können sich etwa eigenständige Sprachelemente oder ‚hybride‘ Musikstile oder Gruppenidentitäten herausbilden, die ihre neue Qualität aufgrund der grenzüberschreitenden Sozialbezüge gewinnen. Beispiele sind transnationale Frauenorganisationen, die sich pluri-lokal für die wirtschaftlichen und familienbezogenen Interessen mexikanischer Wanderarbeiterinnen einsetzen (Goldring 2001) und transnationale Gangs wie die Latin Kings oder die Maras, die teilweise sehr rigide grenzüberschreitende Symbol- und Normensysteme sowie Befehlsstrukturen haben, ohne dass ein klares organisierendes Zentrum zu identifizieren wäre (Diaz 2009; Becerill 2009). In all diesen Fällen spielen die grenzüberschreitenden sozialen Austauschbeziehungen und entsprechende Symbolsysteme (wie etwa Embleme, Begrüßungsformeln, Gründungsdeklarationen mit entsprechenden Wertesystemen) eine entscheidende Rolle. Für die Mitglieder solcher transnationalen Netzwerke sind die jeweils lokalen Sozialräume von ausschlaggebender Bedeutung, allerdings haben auch die transnationalen Bezüge hier ein wesentlich größeres Gewicht als im ersten Falle transnationaler Beziehungen: Die transnationalen Netzwerke beeinflussen in großem Maße oder strukturieren gar die lokalen alltäglichen Lebenswelten der beteiligten Akteure. So können über transnationale Netzwerke z. B. kollektive Aktionen (Protestaktionen gegen Umweltverschmutzung oder Kinderarbeit, Solidaritätsaktionen für Streikende oder Unterschriftensammlungen gegen Menschenrechtsverletzungen, aber auch kriminelle Aktionen wie Menschenverschleppung oder terroristische Aktionen) pluri-lokal und zeitgleich organisiert werden.

Als *transnationale Sozialräume* werden grenzüberschreitende soziale Verflechtungen bezeichnet, in denen die entsprechenden sozialen Praktiken, die Symbolsysteme und auch die Artefaktesysteme insgesamt eine so große Intensität entwickelt haben, dass sie zur hauptsächlichen sozial-räumlichen Bezugseinheit der alltäglichen Lebenswelt geworden sind. Ein Familienverbund kann z. B. einen entsprechenden transnationalen Sozialraum begründen, wenn dessen Mitglieder geographisch relativ gleichmäßig auf verschiedene Orte in verschiedenen Nationalgesellschaften verteilt sind, sie aber gleichzeitig über ihre soziale Praxis, im Gebrauch spezifischer Symbolsysteme (z. B. Sprache, wichtige Festtage und Ereignisse, Rituale, Musik, Nachrichten) und in der geteilten Nutzung von Artefakten (Kommunikationstechnologien, Ernährung) genauso viele (oder gar mehr) Gemeinsamkeiten untereinander teilen, wie dies jeweils an den verschiedenen Orten mit anderen Akteuren und Sozialgruppen der Fall ist. Wenn z. B. die Kommunikation über ein wichtiges familiäres Ereignis (Krankheit, Geburt eines Kindes, neue Arbeitsstelle) zwischen Familienangehörigen in Essen-Katernberg und in Istanbul genauso intensiv ist wie zwischen denen in Essen-Katernberg und Essen-Frillendorf und wenn für die Festlegung eines Hochzeits- oder Tauftermins in Essen-Katernberg die zeitlichen Möglichkeiten der in Istanbul lebenden Familienmitglieder ebenso ernst genommen werden wie diejenigen der im Ruhrgebiet lebenden Angehörigen, so sind dies starke Indikatoren für einen transnationalen Sozialraum.

Die Unterscheidung der Idealtypen transnationaler Beziehungen, transnationaler Netzwerke und transnationaler Sozialräume kann die Gefahr vermindern, das Transnationalismus-Konzept zu einem neuen *Catch-all*-Ansatz zu machen, bei dem alle grenzüberschreitenden Phänomene in einen ‚großen Topf der Transnationalisierung' geworfen werden, dabei aber die spezifische Qualität der jeweiligen transnationalen Sozialbezüge aus dem Blick gerät. So haben mehrere Autoren (z. B. Morawska 1998; Smith 1997) darauf hingewiesen, dass transnationale Beziehungen auch im 19. Jahrhundert etwa bei den großen Auswanderungswellen von Europa nach Amerika bedeutsam waren. Eine solche Perspektive wird auch von keinem der Transnationalismus-Forscher ernsthaft in Frage gestellt. Was letztere aber eint ist die Annahme, dass aufgrund verschiedener ökonomischer (z. B. Internationalisierung von Kapital- und Wertschöpfungsströmen), technischer (z. B. Internet, schnelle und preiswerte Transporttechniken), kultureller (z. B. zunehmende Verbreitung von Informationen, Bildern, Normen) und sozialer (z. B. dauerhaftere und intensivere Sozialbeziehungen auch über sehr große Distanzen hinweg) Veränderungen das Ausmaß und die Tiefe transnationaler Sozialbezüge in den letzten Jahrzehnten ganz erheblich zugenommen hat.

Diese Ausdifferenzierung und Komplexitätssteigerung der grenzüberschreitenden sozialen Verflechtungsmuster wird nicht ,aufgeschlossen', wenn man den methodologischen Nationalismus durch einen ,methodologischen Kosmopolitismus' ersetzt, wie dies Beck (2004) in Anlehnung an Wimmer/Glick-Schiller (2002) vorgeschlagen hat. Aufgabe eines solchen methodologischen Kosmopolitismus solle sein, „die Zunahme der Interdependenz sozialer Akteure über nationale Grenzen hinweg" (ebd.: 30) zu beobachten. Die internationale Diskussion zur Dynamik der Internationalisierung von Vergesellschaftungsprozessen ist – wie hier angedeutet wurde – wesentlich weiterentwickelt, als das durch ein Gegensatzpaar ,methodologischer Nationalismus versus methodologischer Kosmopolitismus' angemessen ausgedrückt würde. Noch radikaler hat Urry (2001) gefordert, den Blick auf das „Soziale als Gesellschaft" zu ersetzen durch eine Betrachtung des „Sozialen als Mobilität" (Urry 2001:2). Nach Urry erfordert die heutige ,post-gesellschaftliche' Situation die Entwicklung einer Soziologie, die „um Netzwerke, Mobilität und horizontale Bewegungsströme organisiert ist und die auf Metaphern aufbaut, die auf Bewegung, Mobilität und kontingente Ordnungsemergenz ausgerichtet sind anstatt auf Statik, Struktur und soziale Ordnung" (Urry 2001:18). Auch wenn Urrys Plädoyer für eine dynamische Betrachtung wichtig ist, es besteht hier leicht die Gefahr, ,das Kind mit dem Bade auszuschütten', wenn eine völlige ,Enträumlichung', ,Entgesellschaftlichung' oder ,De-Nationalisierung'und damit letztlich die Aufgabe klarer Bezugseinheiten der sozialwissenschaftlichen Forschung angestrebt würde.

Die folgenden Kapitel sollen vielmehr zeigen, dass eine systematische Orientierung an explizierten flächen- und sozialräumlichen Ebenen des Sozialen das Verständnis von Internationalisierungsprozessen allgemein und besonders von Transnationalisierung verbessern kann.

B Alltägliche Lebenswelten

Während der 1980er und 1990er Jahre wurde die Zunahme grenzüberschreitender Vergesellschaftung vor allem als ökonomische Globalisierung wahrgenommen und diskutiert. Im Kreuzfeuer der Diskussion standen dabei häufig die internationalen Konzerne. Einerseits wurden diese kritisiert, weil sie ihre Produktionsstätten über den gesamten Globus verschieben würden allein unter dem Gesichtspunkt, die Möglichkeiten zur Profitmaximierung zu verbessern. Andererseits wurden grenzüberschreitend agierende Unternehmen von vielen Menschen und Politikern als sehr positiv bewertet, weil sie gerade für ein rohstoffarmes Land wie Deutschland durch Export und ausländische Produktion hochqualitativer Waren Arbeitsplätze und Reichtum sicherten. Die Globalisierung wurde vorwiegend als wirtschaftliche Vergesellschaftung, vorangetrieben durch große internationale Unternehmen, thematisiert.

Erst mit der Transnationalisierungsforschung wurde die Perspektive mehr auf die ‚Globalisierung von unten' (Smith/Guarnizo 1998), auf die zunehmend grenzüberschreitend ausgerichteten Lebensstrategien und alltäglichen Lebenswelten der Menschen gerichtet. In diesem Teil werden verschiedene Aspekte der Transnationalisierung dieser alltäglichen Lebenswelten behandelt. Damit ist die mikro-soziologische Ebene des Alltagshandelns der ‚einfachen' Menschen angesprochen. Das Konzept der alltäglichen Lebenswelt wurde vor allem von Alfred Schütz entwickelt und verweist auf eine spezifische Zugangsweise zu den Prozessen der Vergemeinschaftung und Vergesellschaftung:[1] „Die Wissenschaften, die menschliches Handeln und Denken deuten und erklären wollen, müssen mit einer Beschreibung der Grundstrukturen der vorwissenschaftlichen, für den [...] Menschen selbstverständlichen Wirklichkeit beginnen. Diese Wirklichkeit ist die alltägliche Lebenswelt" (Schütz/Luckmann 1979: 25).

Diese Lebenswelt ist nach Schütz konstituiert durch das gesellschaftlich generierte Wissen, das die Menschen von ihrer Umwelt besitzen. Lebensweltliche Handlungssituationen erhalten für die Menschen erst dadurch einen Sinnzusammenhang, dass sie diese mit ihren angesammelten und kontextbedeutsamen Wissensbeständen vergleichen und als ‚vertraut, als ‚typisch' oder als ‚atypisch' auslegen. Das menschliche Handeln in der Natur- und der Sozialwelt ist immer

---

[1] Hier werden die Begriffe Vergemeinschaftung und Vergesellschaftung zunächst nebeneinander gestellt, eine ausführlichere Behandlung beider Konzepte findet im Kapitel 10 im Zusammenhang des Sozialraum-Konzepts statt.

auf geteilte und als reziprok angenommene Orientierungsstandards und ‚Typiken'
angewiesen, die die Lebenswelt als strukturierte und nicht beliebige oder unbe-
rechenbare erscheinen lassen.

Im Sinne von Alfred Schütz begründen die soziale Umwelt und die soziale
Mitwelt die intersubjektiv geteilte und als fraglos gegeben vorausgesetzte alltägliche Lebenswelt.[2] Alle Menschen erwerben im Rahmen ihrer lebensgeschicht-
lichen Entwicklung und Sozialisation die notwendigen Wissensvorräte, um sich in
dieser alltäglichen Lebenswelt zu orientieren und sie zu meistern. Entscheidend ist
nun in unserem Zusammenhang, dass diese alltägliche Lebenswelt für sehr viele
Menschen in den letzten Jahrzehnten eine geradezu revolutionäre Veränderung
durchgemacht hat. Es ist hier nicht der Raum, diese sozialen Wandlungsprozesse näher zu behandeln. Hervorzuheben ist hier der Einzug neuer Informations-,
Kommunikations- und Transporttechniken in den Alltag. Für viele Menschen
erschwingliche grenzüberschreitende Telefongespräche, Handys, preiswerte Flug-
verbindungen und vor allem das Internet mit allen seinen Facetten sind allesamt
Entwicklungen der letzten zwei Jahrzehnte.

Aufgrund vielfältiger und sich häufig wechselseitig verstärkender Faktoren
(wirtschaftliche Globalisierung plus Kommunikationstechnologien plus globale
mediale Berichterstattung etc.) haben sich die von den Menschen wahrgenommenen Bezugsräume erheblich erweitert und ausdifferenziert. Die alltägliche
Lebenswelt der meisten Menschen ist heute viel weniger nur auf einen lokal sehr
engen Bezugsraum begrenzt. Für immer mehr Menschen treten geographisch weit
entfernte Plätze in den direkten Aufmerksamkeitsfokus. Dies kann seine Ursachen
darin haben, dass unmittelbar Bekannte oder Verwandte dorthin migriert sind,
dass man selbst von einem besseren Leben an einem anderen Ort träumt, dass
man den sozialen Ungerechtigkeiten oder der Umweltzerstörung in einem anderen
Teil der Welt nicht tatenlos zusehen möchte oder dass die eigene Erwerbstätigkeit
einen in ein anderes Land bringt. Diese Transnationalisierung der alltäglichen
Lebenswelten bedeutet keinesfalls eine ‚De-Lokalisierung' oder eine ‚Enträumlichung', sondern vielmehr eine Pluri-lokalisierung im Sinne der Aufteilung der
alltäglichen Lebensvollzüge auf Plätze in mehreren Nationalgesellschaften. Das
folgende Kapitel 2 wird dies am Beispiel transnationaler Familienbezüge verdeutlichen. Im Kapitel 3 wird dann das zunehmend wichtiger werdende Thema
der transnationalen Lebensweltbezüge im Alter behandelt. Schließlich wird am

---

[2] Als soziale Umwelt bezeichnet Schütz (1993) die unmittelbare raum-zeitliche Koexistenz mit anderen
Menschen und die Teilhabe an deren Bewusstseinserlebnissen; unter sozialer Mitwelt versteht er „andere soziale Sphären, solche, von denen ich aktuell Erfahrung habe, weil sie ehedem meine Umwelt
waren und ich sie immer wieder (zumindest prinzipiell) zu meiner Umwelt machen *kann*, ferner
solche, die zwar niemals zu meiner Umwelt gehört haben, von denen ich daher keine Erfahrung habe,
die aber Gegenstand meiner möglichen Erfahrung sind (ebd.: 202). Vgl. ausführlicher Abschnitt 10.3.

Beispiel der Identitätsbezüge gezeigt, dass diese sich zunehmend auf sehr verschiedene geographisch-räumliche und sozialräumliche Ebenen beziehen und ausdifferenzieren (Kapitel 4).

2 Transnationale Familien und Migration

Die Transnationalisierung alltäglicher Lebenswelten ist wohl am besten für den Bereich der Familien von Migranten erforscht. Allerdings steht, wenn das Verhältnis von Familie und Migration behandelt wird, meistens die Bedeutung der Familie für den Integrationsprozess im Ankunftsland im Vordergrund. Entsprechend wird dann die Bedeutung der Familie und ihrer Zusammensetzung (nach Merkmalen wie Geschlecht, Anzahl der Familienmitglieder, ethnische Herkunft, Verhältnis der Migrationsgenerationen etc.) für die Dynamik der Integration oder Assimilation in der Ankunftsgesellschaft thematisiert. Tatsächlich ist dies ein relevantes Themengebiet, weil Integrations- bzw. Assimilationsprozesse vorwiegend nicht individuell, sondern kollektiv und hierbei vor allem in der alltäglichen Lebenswelt von Familien ausgestaltet werden.

Allerdings wird bei dieser Betrachtungsweise die Familie meistens sehr selektiv und nur partiell wahrgenommen. Denn es gerät bei dieser Betrachtung von ‚Familie – Migration – Integration im Ankunftsland' ja nur derjenige Teil eines größeren Familienverbundes betrachtet, der sich im Ankunftsland der Migration befindet. Immer aber bleiben auch im Herkunftsland wichtige familiäre Bezüge und Kontakte bestehen. Die Geldrücküberweisungen von Arbeitsmigranten in ihre Herkunftsländer und Familien sind ein guter Beleg für diese weiterhin fortdauernden grenzüberschreitenden Familienbindungen. Migrantenfamilien sollten deshalb nicht nur als *unabhängige* Variable für Integrationsprozesse betrachtet werden unter der Fragestellung: Wie tragen die Familien zur Integration von Migranten bei? Vielmehr ist auch umgekehrt zu fragen, in welcher Weise Migrantenfamilien von – in der Regel ungleichzeitig verlaufenden – Integrationsprozessen ihrer Mitglieder verändert und herausgefordert werden. Dabei ist systematisch zu berücksichtigen, dass Familienstrukturen von Migranten – sobald sie nicht mehr nur auf eine Zwei-Generationen-Kernfamilie bezogen sind – eigentlich immer grenzüberschreitend und eben nicht nur funktional im Hinblick auf Eingliederungsprozesse in einem Land zu untersuchen sind. Leider liegen bis heute für eine wirklich umfassende und auch grenzüberschreitende Entwicklungsverläufe im Längsschnitt aufnehmende Betrachtung noch keine angemessenen Daten vor.[3]

---

[3] Das Sozio-ökonomische Panel bietet einige Daten, allerdings erlaubt es Aussagen nur für Ausländer und Deutsche, wobei wichtige Gruppen von Menschen mit Migrationshintergrund nicht systematisch berücksichtigt werden können (vgl. http://www.diw.de/soep (letzter Zugriff: 09 6.2010)).

Entsprechend wird in wissenschaftlichen Studien vergleichsweise selten nach der familiären Situation von Migranten in ihren Herkunftsländern gefragt. Seit den 1990er Jahren hat das Thema der Geldrücküberweisungen an die Haushalte von Migranten in ihren Herkunftsländern wieder größere Beachtung gefunden. Dieses Interesse war vor allem von dem Gesichtspunkt geleitet, dass die sogenannten *remittances* unter Umständen nicht nur zur unmittelbaren Daseinsvorsorge der Familien dienen, sondern auch einen erheblichen Beitrag zur nachhaltigen wirtschaftlichen Entwicklung in den Herkunftsländern insgesamt leisten könnten. Viele Regierungen in den Herkunfts- und in den Ankunftsländern sowie die internationalen Entwicklungsorganisationen setzten große Hoffnungen auf die positiven Wirkungen dieser Geldrücküberweisungen (z. B. World Bank 2006). Allerdings ist die enorme Wachstumsdynamik der *remittances* mit der Finanz- und Wirtschaftskrise im Jahre 2008 zumindest vorläufig abgebrochen (Barajas et al. 2010). Generell hat sich vielfach Ernüchterung breit gemacht, denn die Geldrücküberweisungen gingen fast ausschließlich in den unmittelbaren Haushaltskonsum der im Herkunftsland zurückgebliebenen Familienmitglieder. Gerade dies belegt die transnationalen Familienbezüge sehr deutlich: Diejenigen, die im Herkunftsland Geldüberweisungen erhalten, und diejenigen, die als Migranten diese *remittances* aus dem Ankunftsland senden, sind über verwandtschaftliche Beziehungen direkt, dauerhaft und regelmäßig grenzüberschreitend miteinander verbunden und nehmen sich als Teil einer pluri-lokalen Großfamilie wahr.

Sowohl die Themenstellung ‚Migrantenfamilien und Integration‘, als auch die Fragestellung ‚Migrantenfamilien und Geldrücküberweisungen‘ machen allerdings nur einen Teil der für das Verhältnis von Familien und Migration insgesamt relevanten Problemstellungen aus. Im Folgenden geht es vorrangig um familiäre Migration als solche, d. h. um die *Bedeutung von Familienzusammenhängen für das Migrationsgeschehen selbst.* Dazu werden zunächst einige notwendige Erweiterungen der wissenschaftlichen Betrachtung des Verhältnisses von Familie und Migration vorgeschlagen (Abschnitt 1). Anschließend wird das Ausmaß unterschiedlicher Typen von familiärer Migration vorgestellt und diskutiert (Abschnitt 2). Schließlich werden die Folgen der familiären Migration für die Herkunfts- und die Ankunftsländer sowie die betroffenen sozialen Gruppen besprochen (Abschnitt 3).

2.1 Drei notwendige Perspektivenerweiterungen

Für eine Erweiterung der vorherrschenden Thematisierung, wie sie oben skizziert wurde, erscheinen drei Aspekte bedeutsam, die im Folgenden zunächst als recht allgemeine Perspektivenerweiterung kurz dargestellt werden sollen (vgl. auch Pflegerl/Trnka 2005): Familien sind erstens selbst als Netzwerke der Migration zu betrachten; für Migrationsprozesse sind zweitens die Großfamilien und die weiteren Verwandtschaftsbeziehungen und nicht nur die Kleinfamilie in den Blick zu nehmen; es sind schließlich für Migrationsanalysen nicht nur eine oder zwei, sondern möglichst drei, vier oder noch mehr Generation zu betrachten.

Familien als Migrationsnetzwerke
Ein erster Gesichtspunkt betrifft die Tatsache, dass Migration in aller Regel in familiären Netzwerkstrukturen entschieden und organisiert wird. Die skizzierte Fokussierung auf das Verhältnis von Migrantenfamilien und Integration betrachtet in der Regel nur den Teil oder Ausschnitt der Lebenswirklichkeit von Migrantenfamilien, der sich auf die Ankunftsregion bezieht. Es wird dann häufig nach der Funktion von Familien für die Eingliederungsdynamik gefragt, wobei letztere als unilineare und in festen Sequenzmustern erfolgend angenommen wird.[4] Die Perspektive auf die Herkunftsfamilie und die Bedeutung von Geldrücküberweisungen für deren wirtschaftliche Stabilität wiederum betrachtet ebenfalls nur einen Teil der migrantischen Familienstrukturen. Familien und die Familie als soziale Institution und Lebensform sind aber nicht nur für die Frage der Integrationsprozesse im Ankunftsland und der Überlebensstrategien im Herkunftsland von großer Bedeutung.

Internationale Migration selbst als eine relativ dauerhafte Veränderung des Lebensmittelpunktes über nationalstaatliche Grenzen hinweg ist in aller Regel als familiäre Migration strukturiert. Die Entscheidung zur Migration, die für Migrationsprozesse notwendige Informationsbeschaffung, die Versorgung mit Geldmitteln und Kontakten sowie die Organisation von Unterkunft, Arbeit und Sozialkontakten in der Ankunftsregion erfolgen meistens nicht rein individuell oder durch professionalisierte Dienstleistungsorganisationen, sondern primär im Rahmen familiärer Netzwerke. Neben der Betrachtung von ‚Familie vor der Migration‘ und ‚Familie nach der Migration‘ ist also das Thema ‚Familie für die und in der Migration‘ von herausragender, aber meistens in der Forschung und politischen Diskussion weniger beachteten Bedeutung.

Großfamilie und Verwandtschaft statt Kleinfamilie
Eine zweite Erweiterung, die bei dem Thema ‚Migration und Familie‘ wichtig ist, bezieht sich auf das Verständnis und den Umfang von Familie selbst. Für internationale Migrationsprozesse spielen die großfamilialen Strukturen und die weiteren verwandtschaftlichen und gemeindebasierten sozialen Netzwerkbeziehungen eine herausragende Rolle. Viele Untersuchungen, die sich dem Thema ‚Familie und Integration‘ widmen, übertragen die in den Ländern des Nordens vorherrschende Perspektive auf die Zwei-Generationen-Kleinfamilie auch auf die

---

[4] Vgl. Hamburger/Hummrich (2007); zur Kritik hieran vgl. Pries (2006).

Migrantenfamilien.[5] Wir wissen heute aber, dass diese Blickverengung auf den
Eltern-Kinder-Familienkontext der Wirklichkeit weder in den Ankunfts- oder
Herkunftsländern, noch in dem grenzüberschreitenden Migrationsprozess selbst
gerecht wird. Die vorherrschende Betrachtung von Migrantenfamilien wird durch
das Bild einer Ansammlung von Magnetsteinchen recht gut widergegeben, wobei
die Familienmitglieder sukzessive, gleichsam Steinchen für Steinchen für immer
aus der Herkunftsregion in die Ankunftsregion wechseln. Nach dieser Sichtweise
werden die Bindungen in der Herkunftsregion immer schwächer und die neuen
‚Andockungen' an andere Magnetsteine in der Ankunftsgesellschaft immer stärker.
Diesen Prozess nennt man dann Integration oder Assimilation (vgl. Nauck 1985,
z. B. S. 13; 200 ff.; wesentlich differenzierter Nauck 2005: 114 ff.).

Für sehr viele Auswanderer um die Wende vom 19. zum 20. Jahrhundert – z. B.
aus Europa nach Nord- oder Südamerika – beschreibt ein solches Modell auch
durchaus zutreffend die Dynamik von Migration und Integration. Nach einigen
Generationen der erfolgreichen Ansiedlung in der ‚Neuen Welt' wurden die Fami-
lienbande in das Herkunftsland, die in der Regel ja nur über Briefkontakte und
sehr sporadische Besuche aufrecht erhalten werden konnten, immer schwächer. Im
21. Jahrhundert verlieren allerdings – vor allem aufgrund der modernen Transport-
und Kommunikationstechniken (zunächst immer schnellere Schiffe, dann Flugzeuge, Telefon und Internet) – immer weniger Migrantenfamilien ihre Bindungen
in der Herkunftsgesellschaft so, wie man Magnetsteinchen auseinander trennt.

Vielmehr kommt das Bild eines komplexen und tausendfach neu verknoteten
Fischernetzes der Lebenswirklichkeit von Migrantenfamilien näher, wobei die
Knoten die Familienmitglieder und die Fäden die jeweiligen sozialen Beziehungen repräsentieren. Wenn sich einige Knoten einer solchen Netzwerkstruktur aus
einem Land in ein anderes begeben, so bringt dies zwar vielfältige Verwerfungen
in den weit darüber hinausreichenden verwandtschaftlichen Strukturen mit sich –
grenzüberschreitende Netzwerkkontakte können aber über viele Generationen
als sehr aktive, vielfältige und in beide Richtungen zwischen Herkunfts- und
Ankunftsländern (und auch Drittländern!) starke Beziehungen fortbestehen. Familiäre Migration muss also in größeren verwandtschaftlichen und sozialen Netzwerkstrukturen gedacht werden.

Mehrgenerationenperspektive statt Querschnittsbetrachtung
Dies schließt drittens einen weiteren wichtigen Gesichtspunkt ein, nämlich die
Betrachtung familiärer Migration über viele Generationen hinweg. Sehr häufig
wird die Perspektive auf Migrantenfamilien als Eltern-Kinder-Einheiten mit der

---

[5] Vielfach ist auch für die Länder des Nordens eine verkürzte Sicht auf die Zwei-Generationenhaus-
halte unzureichend, da auch hier großfamiliale Betreuungs-, Pflege- und Hilfsnetzwerke von sehr
großer Bedeutung sind, vgl. Bertram 2002.

Vorstellung verbunden, dass familiäre Migration mit einem dauerhaften Abschied von den Vorfahrengenerationen verbunden sei, die im Herkunftsland verbleiben. Spätestens für die zweite oder dritte Kindergeneration der Migrantenfamilie wird dann eine dauerhafte Assimilation oder Integration in die Ankunftsgesellschaft und ein ‚Kappen' oder ‚Einschlafen' der grenzüberschreitenden verwandtschaftlichen Beziehungen angenommen.

Tatsächlich finden sich aber in durchaus beachtlichem Ausmaße auch völlig andere Bewegungsmuster. Großeltern werden zur Pflege zu einem wesentlich späteren Zeitpunkt in das Ankunftsland der Migrantenfamilie nachgeholt oder die zweite Migrantengeneration verlegt nach Abschluss ihres aktiven Erwerbslebens ihren Wohnsitz wieder dauerhaft in die Herkunftsregion zurück, um sich um Eltern- bzw. Großelterngenerationen zu kümmern. Oder Kinder der Nachkommen der zweiten oder dritten Generation gehen zum Studium oder zur Erwerbssuche in das Herkunftsland der Eltern bzw. Großeltern zurück. Was in der Mikroperspektive auf zwei oder max. drei Generationen als ein deutlich gerichtetes Integrations- oder Assimilationsmuster von Migrantenfamilien bzw. einer Migrantenfamilie erscheinen mag, kann sich in der weiteren Betrachtung von mindestens vier oder fünf Generationen durchaus als wesentlich komplexer und nicht so eindeutig gerichtetes Migrationsgeschehen erweisen.

Nach diesem allgemeinen Plädoyer für Perspektivenerweiterungen werden im Folgenden zunächst der Umfang und die Formen familiärer Migration behandelt, um danach die Auswirkungen dieser Prozesse von ‚Familien in Migration' auf die Herkunfts- und Ankunftsgesellschaften sowie für die darüber hinausweisenden transnationalen Sozialräume zu diskutieren.

2.2 Familien in Migration – Migration in Familien

„Für eine lange Zeit war die Familie die vergessene Form der Migration."[6] Internationale Migrationsprozesse wurden und werden vorwiegend als Bewegungen von Individuen über nationalstaatliche Grenzen hinweg untersucht. Berücksichtigt man, dass sehr viele Migrationstheorien auf der Grundlage ökonomischer Betrachtungsweisen entwickelt wurden, so ist dieser Umstand nicht verwunderlich. Denn die meisten ökonomischen Theorien basieren auf einem Menschenbild des *homo oeconomicus* und modellieren individuelle Entscheidungen. Die Dominanz individualistischer Erklärungsansätze wird auch verständlich angesichts der Tatsache, dass der allergrößte Teil der weltweiten internationalen Migranten – je nach Definition etwa drei Viertel bis vier Fünftel – Arbeitsmigrantinnen und Arbeits-

---

[6] IOM (2008: 153); Übersetzung dieses und aller folgenden Zitate durch den Autor.

migranten sind. Diese wandern tatsächlich häufig zunächst allein für befristete Arbeitsaufenthalte in ein anderes Land mit der Absicht, später in ihr Herkunftsland zurückzukehren oder aber die Familie nachzuholen.

Auch wenn also ein Großteil der internationalen Migration oberflächlich betrachtet individuell erfolgt, so ist aus soziologischer Perspektive doch immer wieder darauf hingewiesen worden, dass die Entscheidungen zur Wanderung meistens kollektiv und im Familienverband getroffen werden und dass grenzüberschreitende Migration in ihrer Dynamik in engem Zusammenhang mit Familienzyklen (Geburt von Kindern, Versorgung der Elterngeneration, Einkommensgenerierung etc.) analysiert werden muss.[7] In einer wesentlich erweiterten Perspektive wird die Migrantenfamilie heute „als fließend und ständig neu zusammengesetzt und ausgehandelt, als über Raum und Zeit sich anpassende" verstanden (IOM 2008: 154).[8] Bei genauerer Betrachtung unterstützen die Zahlen zum internationalen Migrationsgeschehen diese Sichtweise.

Von den insgesamt etwa 200 Millionen internationalen Migranten (also den Menschen, die zu Beginn des 21. Jahrhunderts nicht in dem Land ihren Wohnsitz hatten, in dem sie geboren wurden, vgl. Global Commission on International Migration 2005: 1), ist nur eine Minderheit *nicht* im Rahmen familiärer Zusammenhänge gewandert (vgl. die Tabelle 2 weiter unten). Solche individuelle Arbeitsmigration kommt vor allem dort vor, wo – wie etwa im Zusammenhang von ‚Gastarbeiter'-Migration oder von zirkulärer Migration – befristete Arbeitsaufenthalte ohne längerfristige Verwurzelung in der Ankunftsregion von den Migrierenden gewünscht bzw. von der Ankunftsregion erwartet werden. Dies war etwa bei der traditionellen Gastarbeitsmigration in Deutschland und ist heute noch im Nahen Osten oder in südostasiatischen Ländern der Fall. Aber der allergrößte Teil selbst solcher befristeter und restringierter individuellen Wanderungsbewegungen erfolgt im Rahmen von familiären Reproduktionsstrategien. Vor allem dort, wo Länder aktiv qualifizierte Arbeitskräfte anwerben, wird die Mitwanderung von ‚begleitenden Familienmitgliedern' ausdrücklich geduldet. Dies gilt auch für die Auslandsentsen-

---

[7] Vgl. in klassischer Weise schon Thomas/Znaniecki (1958); neuerdings Boyd (1989); Nauck/Settles (2001); die ‚neue Ökonomie der Arbeitsmigration' betont die familiären Haushaltsstrategien als Referenzrahemn für Migrationsentscheidungen (Stark 1991).

[8] Vgl. hierzu schon Krüger/Potts (1997), die 20 türkische Migrantinnen der ersten Generation zwischen 47 und 65 Jahren befragt haben und dabei auf komplexe transnationale Familienstrukturen gestoßen sind. Demnach seien bei den befragten Migrantinnen sowohl in den Intra-Generationenbeziehungen (Geschwister, Schwägerinnen, Schwager) als auch in den Inter-Generationenbeziehungen (z. B. zu erwachsenen Kindern) grenzüberschreitende Beziehungen an der Tagesordnung, und es finde ein umfangreicher grenzüberschreitender Austausch materieller und immaterieller Güter statt. Dazu gehörten „[...] Telefonate, Briefe und symbolische Geschenke, Besuche und Reisen, finanzielle Transfers und gemeinsamer Immobilienbesitz, Arrangements im Zusammenleben und bei der Kinderbetreuung, -erziehung und -ausbildung" (ebd.: 38 f.).

dung von Führungskräften durch Unternehmen oder von Fachkräften im Rahmen technischer Zusammenarbeit mit Entwicklungsländern.

Überall dort, wo Menschen in Paarbeziehungen, in Kleinfamilien oder groß-familiären Strukturen leben, werden die Entscheidungen zur Migration eines Mit-glieds dieser Familien fast immer von mehreren Familienmitgliedern beeinflusst bzw. getroffen. Diese Beschlüsse berücksichtigen nicht nur die Interessen und Präferenzen des Migrierenden selbst, sondern auch die darüber hinausgehenden familiären Gesichtspunkte wie Einkommenserwerb für den Haushalt, Kinderfür-sorge und Altenpflege. In dieser erweiterten Perspektive ist auch die sogenannte Gastarbeiter-Migration nach Deutschland oder etwa die polnische Arbeitsmigra-tion nach England während der 1990er Jahre und die mexikanische Arbeitswande-rung in die USA in der zweiten Hälfte des 20. Jahrhunderts fast immer familiäre Migration, denn auch wenn aus einer Familie zunächst nur Einzelne migrieren, ist dies doch immer nur im familiären Kontext verstehbar und erklärbar.

Nimmt man eine solche breite Definition von ‚Migration im Familienkontext', so ist nur ein geringer Teil der internationalen Migration *nicht* unmittelbar familiär bestimmt. Hierzu zählt z. B. die hauptsächlich individuelle Abenteurer-Migration oder die von religiösen Verbänden stimulierte Missions-Migration. Letztere ist zwar vielleicht nicht familiär, allerdings auch nicht individuell, sondern durch Organisationen bestimmt – so wie auch die Auslandsentsendung von Angehörigen des diplomatischen Dienstes oder von Führungskräften in der Wirtschaft (vgl. Minssen 2009). Berücksichtigt man, dass generell fast alle grenzüberschreitenden Wanderungsprozesse in familiäre Lebensstrategien und Entscheidungsstrukturen eingebunden sind, so lassen sich bei näherer Betrachtung vor dem Hintergrund der neueren Forschung zumindest fünf spezifische Typen der familiären Migration unterscheiden (vgl. auch IOM 2008: 155 ff.).

Der erste und in seiner qualitativen wie quantitativen Bedeutung herausragen-de Typus lässt sich als *individuelle Migration aus familiären Gründen* bezeichnen. Hierbei wandern ein oder mehrere Familienmitglieder aus Gründen und auf der Grundlage von Entscheidungen, die im Wesentlichen familiärer Natur sind. Bei-spiele sind die klassische ‚Gastarbeiter'-Migration zum Zwecke des zusätzlichen Gelderwerbs für den Familienhaushalt im Herkunftsland oder die von der Familie beschlossene Ausbildungsmigration eines Jugendlichen. Eine zweite Form fami-liärer Migration ist die sogenannte *Familienzusammenführung*. In Deutschland wurde sie vor allem ab den 1980er Jahren ermöglicht, nachdem deutlich wurde, dass aus vielen ‚Gastarbeitern' dauerhafte Einwanderer geworden waren. Wie die Abbildung 1 zeigt, ist der Nachzug von Familienmitgliedern in fast allen Ein-wanderungsländern quantitativ von sehr großer Bedeutung.[9] Sie macht für viele

---

[9] In sehr vielen Verfassungen von Nationalstaaten und durch die Menschenrechte (vgl. Artikel 12, http://www.ohchr.org/EN/UDHR/Pages/Language.aspx?LangID=ger) ist die Familie als eine we-

OECD-Länder ein Drittel oder sogar mehr als die Hälfte der gesamten dauerhaften Einwanderung (also jenseits von Tourismus) aus. Deutlich wird aus der Abbildung 1 auch die besondere Bedeutung der Ansiedlung in einem anderen Land als dem der Geburt bzw. eigenen Staatsangehörigkeit aufgrund der Freizügigkeit. Diese Migrationsform hat für die Länder der Europäischen Union ebenfalls sehr hohe Anteilswerte, spielt dagegen für Japan und die USA keine und für Australien (aufgrund der besonderen Beziehungen zu Großbritannien) nur eine geringe Rolle.

Abbildung 1   *Dauerhafte Einwanderer nach Einwanderungskategorie in wichtigen OECD-Ländern 2006 (Quelle: OECD 2008: 36)*

sentliche Grundeinheit von Gesellschaften besonders geschützt. Deshalb ist das Recht auf Familienzusammenführung nur in äußerst restriktiven ‚Gastarbeiter'-Ländern wie im Nahen Osten oder in Südostasien gegenwärtig (noch) stark eingeschränkt.

Ein dritter Typus familiärer Migration bezieht sich auf die sogenannten *mitreisenden Familienangehörigen*. Dieser Migrationstypus ist zahlenmäßig nicht so bedeutsam wie die bisher vorgestellten. Er tritt in der Regel bei der Migration qualifizierter Fach- und Führungskräfte auf, die aufgrund ihrer Arbeitsmarktposition als Bedingung für ihre eigene Wanderung die Mitreise ihrer Familienangehörigen aushandeln können. Dieser Migrationstypus spielt in klassischen Einwanderungsländern wie den USA, Kanada oder Australien eine beachtliche Rolle. Hier ist der Anteil mitreisender Familienangehöriger fast genauso groß wie der Anteil von Arbeitsmigranten selbst (vgl. Abbildung 1) Mitreisende Familienangehörige fallen dagegen für die allermeisten EU-Mitgliedsländer kaum ins Gewicht. Dies gilt im Übrigen auch für die Kategorie der dauerhaften (individuellen) Einwanderung wegen Arbeit, in der weitgehend die oben als erste genannte Kategorie der *individuellen Migration aus familiären Gründen* enthalten sein dürfte.[10]

Ein vierter Typus familiärer Migration lässt sich als *Migration zur Familienbildung* bezeichnen. Hierzu zählen etwa die Heiraten von Arbeitsmigranten mit Partnern (in der Regel Ehefrauen) aus dem Herkunftsland. In diesen etwa für die Türkei und nordafrikanische Länder als Herkunftsregionen sehr wichtigen Formen familiärer Migration wechseln Ehepartner aus der Herkunftsregion bzw. aus verwandtschaftlichen Netzwerken der Arbeitsmigranten in das Ankunftsland (etwa Deutschland oder Frankreich). Da diese Menschen häufig ohne genauere Kenntnisse der Sprache und Besonderheiten des Ankunftslandes einwandern, ergeben sich nicht selten starke innerfamiliäre Abhängigkeitsprobleme und Konflikte. Eine andere Form der ‚Migration zur Familienbildung' entsteht, wenn ein Tourist, Arbeitsmigrant oder Student bei einem Auslandsaufenthalt eine neue Partnerin bzw. einen neuen Partner kennenlernt und sich hieraus eine neue dauerhafte Beziehung mit veränderten Migrationsabsichten ergibt. Diese Form der Migration zur Familienbildung sollte nicht unterschätzt werden. Für bestimmte kleinere Herkunftsländer und Ankunftsregionen kann sie durchaus von großem Gewicht sein. So wird berichtet, dass seit 1990 etwa 100.000 vietnamesische Frauen taiwanesische Männer geheiratet haben (IOM 2008: 156). Schätzungsweise mehr als 10.000 russische Frauen migrieren jährlich zur Heirat in die USA (ebd.).

Ein fünfter Typus familiärer Migration lässt sich als *Migration unterstützter Verwandter* bezeichnen. Sie kommt vor allem in Einwanderungsländern zum Tragen, in denen die bereits länger angesiedelten Einwanderer Verwandte zur Einwanderung vorschlagen können (etwa Geschwister oder volljährige Kinder). Dieser Typus von familiärer Migration dürfte in Zukunft für diejenigen (OECD-)Länder

---

[10] Allerdings sind hier auch die Fälle der individuellen Migration *ohne* familiäre Gründe einbezogen, weil diese Unterscheidung zwar für den hier interessierenden Zusammenhang von Familie und Migration relevant ist, aber keine Entsprechung in den OECD-Kategorien hat; vgl. OECD 2008: 35 ff.

von größerer Bedeutung werden, die aufgrund demographischen Wandels oder anderer Faktoren dringend auf eine größere Zuwanderung angewiesen sind.

Zusammengefasst zeigt sich, dass familiäre Migration insgesamt die weitaus dominante Form von grenzüberschreitender Wanderung überhaupt ist. Je nach Migrationsbedingungen und -politiken der Herkunfts- und Ankunftsländer sowie der persönlichen Lebensstrategien sind die skizzierten Typen familiärer Migration jeweils von unterschiedlicher Bedeutung. Auch in Zukunft dürfte grenzüberschreitende Migration vor allem im familiären Zusammenhang erfolgen. Deshalb ist Migrationspolitik auch immer Familienpolitik, und die Familienpolitik beeinflusst die Bedingungen und Dynamiken von Migration.

2.3 Folgewirkungen familiärer Migration

Von besonderer Bedeutung sind nicht nur die verschiedenen Formen familiärer Migration, sondern auch die Folgewirkungen, die diese in den Herkunfts- und Ankunftsregionen sowie für die davon betroffenen sozialen Gruppen entfalten. Grob können hier drei verschiedene Aspekte hervorgehoben werden. Erstens können sich soziale Probleme und Spannungen *in den Ankunftsregionen* der Familien ergeben, etwa bei dem Nachzug von Familienmitgliedern. Häufig treffen dann innerhalb einer Familie unterschiedliche Kulturen, Erfahrungswelten und Lebensstile aufeinander, die zu vielfältigen Verwerfungen und besonderen sozialpsychologischen sowie soziologischen Problemstellungen führen können. Solche Phänomene wie die Bildung von Jugendgruppen oder -gangs im migrantischen Milieu oder besondere Formen familiärer Gewalt (z. B. von älteren Brüdern gegenüber pubertierenden Schwestern) können nur im Zusammenhang der sozialen Spannungen familiärer Migration erklärt werden.

Familiäre Migration führt in aller Regel zu bedeutenden Veränderungen der vorherrschenden Rollen- und Machtstrukturen. So kann etwa der Nachzug von türkischen Frauen zu ihren in Deutschland bereits längere Zeit lebenden Männern zur Zementierung oder zur Produktion extremer Machtungleichgewichte zugunsten des Mannes führen. Umgekehrt können Orientierungen von nachgezogenen Frauen an den eher emanzipierten Rollenbildern der Frauen in Ankunftsgesellschaften auch traditionell paternalistische Familienstrukturen unter Veränderungsdruck setzen oder gar aufbrechen. Während die Veränderungen, die sich im Rahmen familiärer Migration in den Ankunftsländern zeigen, zumindest teilweise erforscht sind, gilt dies nicht im gleichen Maße für die Familien und Menschen, die in den Herkunftsländern zurückbleiben.

Die längerfristige Auswanderung von Familienmitgliedern führt nicht nur in den Ankunftsländern, sondern auch in den *Herkunftsländern* zu oft einschneidenden Veränderungen im lokalen Gefüge sozialer Rollen und Positionen. Die zurückgebliebenen Frauen von Arbeitsmigranten müssen sich z. B. um Kinder, Haushalt und um alle anderen Angelegenheiten kümmern, die sonst vom Lebenspartner erledigt wurden (Grasmuck/Pessar 1991. Sie sind meistens stärker sexuellen Annäherungen in ihrem lokalen Umfeld ausgesetzt und müssen den Kontakt zu beiden Elternfamilien weitgehend alleine bewältigen. Diese Situation wird noch komplizierter, wenn neben dem männlichen auch der weibliche Haushaltsvorstand migriert und Kinder zurückgelassen werden. Seit den 1990er Jahren sind z. b. aufgrund von wirtschaftlichen Krisenbedingungen vielfach Frauen aus lateinamerikanischen Ländern zur Arbeitssuche nach Europa (vorwiegend nach Spanien und Portugal) gewandert. Hierbei bleiben nicht nur Kinder zurück, die Großelterngeneration muss auch in weitaus größerem Maße Betreuungs- und Erziehungsfunktionen für die Enkelkinder übernehmen. So hatten etwa zu Beginn des neuen Jahrhunderts fast ein Zehntel aller ekuadorianischen Familien ein oder mehrere Familienmitglieder im Ausland, und die Hälfte der ausgewanderten Arbeitsmigranten ließ ihre Kinder in Ekuador zurück (Camacho/Hernandez 2005: 106). Zusammenfassend ergeben die vorliegenden Fallstudien zu den Auswirkungen familiärer Migration auf die Herkunftsländer ein durchaus ernstes Bild vielfältiger Herausforderungen und sozialer Verwerfungen, die fast ausnahmslos von den Familien selbst ohne fremde Unterstützung und sozialstaatliche Infrastrukturen bewältigt werden müssen. Diese Herausforderungen sind in der Regel transnational, weil gravierende Probleme sowohl in dem Familienteil im Herkunftsland (z. B. Pflegeverpflichtungen, Erziehungsaufgaben) als auch bei den Familienmitgliedern im Ankunftsland (z. B. Erfahrungen kultureller Irritation, sozialer Ausgrenzung und Isolierung) auftreten. Die Herausforderungen sind an den unterschiedlichen Orten (Herkunfts-, Ankunftsland) zwar sehr unterschiedlich, hängen aber genuin miteinander zusammen und werden – zumindest in Grenzen auch grenzüberschreitend kommuniziert und angegangen. Die fast ausschließlich national strukturierten Systeme der öffentlichen Sozialfürsorge und Wohlfahrtspflege fühlen sich in der Regel für solche transnationalen Familienprobleme nicht zuständig und sind auch nicht auf deren Bearbeitung vorbereitet.

Dies führt unmittelbar zu einer dritten Ebene von Auswirkungen familiärer Migration. Dauerhafte und dichte grenzüberschreitende Migration in Familiennetzwerken kann nämlich auch zur Herausbildung neuer *transnationaler sozialer Räume* führen. Dies bedeutet, dass durch vielfältige Migrationsprozesse von Familienmitgliedern zwischen Herkunfts- und Ankunftsländern ein dichtes Netz von grenzüberschreitenden Gewohnheiten, Konsummustern, Kommunikationsstrukturen und Lebensstrategien entsteht. Teile von Familien oder ganze Familien fühlen sich ‚sowohl hier als auch dort‘ zu Hause. Sie leben ‚zwischen den Welten‘, z. B. durch regelmäßiges saisonales Pendeln der bereits aus dem Erwerbsleben ausgeschiedenen Familienmitglieder oder durch ‚Verschickung‘ von Kindern zur Betreuung oder zur Ausbildung in Orte in einem anderen Land als dem, in dem

die Eltern gerade leben. Die Unterscheidung zwischen einem eindeutigen Herkunftsland und einem klar identifizierbaren Ankunftsland wird in diesem Falle
immer schwieriger. Denn für Migranten der dritten Generation, die in transnationalen Familienstrukturen leben und deren Großelterngeneration vielleicht aus der
Türkei nach Deutschland wanderten, ist Deutschland einerseits ihr Herkunftsland,
andererseits aber auch ein Ankunftsland; umgekehrt mögen sie die Türkei als ihr
Ankunfts-Herkunftsland empfinden.

Solche Formen transnationalen Familienlebens sind für verschiedene Regionen der Welt bereits intensiv dokumentiert (für Nordamerika vgl. Grasmuck/Pessar
1991; Levitt 2001; Cohen 2001; Besserer 2002). Gestützt auf spezifische Familien-
konzepte und institutionelle Strukturen quasi-verwandtschaftlicher sozialer Netzwerke – wie z. B. das compadrazgo-System[11] in Mexiko (Nutini/Bell 1989) oder das
Guanxi-System[12] in China – dürften transnationale Familien im 21. Jahrhundert
in verschiedenen Weltregionen an Bedeutung gewinnen. Auch für Europa liegen
empirische Befunde zu transnationalen Familienstrukturen und -strategien vor
(Krüger/Potts 1997; Krumme 2004; Palenga 2005; Pries 2007 und 2008). Die
längerfristigen Auswirkungen transnationaler Sozialräume auf Familienstrukturen,
Rollengefüge und individuelle wie kollektive Identitäten sind durchaus widersprüchlich und bedürfen in der Zukunft tiefergehender Erforschung.

Dies lässt sich an neueren Forschungen zur transnationalen Migration zwischen Ekuador und Spanien verdeutlichen (vgl. Camacho/Hernandez 2005; Becerill
2009; Feixa 2006; Feixa/Canelles 2006). Aufgrund der ekuadorianischen Wirt-
schaftkrise reisten seit den 1990er Jahren Hunderttausende von Ekuadorianern
aufgrund vereinfachter Visumsbestimmungen als Touristen in Spanien ein. Die
meisten von ihnen suchten Arbeit und blieben nach Ablauf des Touristenvisums
einfach weiter in Spanien, um dort für einige Jahre erwerbstätig zu sein und
so die Haushaltsökonomie der ‚Kernfamilie' im Herkunftsland zu stabilisieren.
Letztlich verlängerte sich der zunächst auf vielleicht ein bis zwei Jahre geplante
Arbeitsaufenthalt in Spanien auf vier oder fünf Jahre. Nicht selten drängten dann
nach einigen Jahren sowohl die in Spanien arbeitenden Familienmitglieder – häufig
zunächst die Ehemänner, dann aber auch die Ehefrauen – als auch die zur Betreuung in Ekuador bei den Großeltern zurückgelassenen Kinder auf eine ‚Fami-

---

[11] Compadre bzw. comadre (wörtlich: Mitvater bzw. Mitmutter) ist eine Personen, die durch die
Übernahme einer Patenschaft – z. B. zur Geburt oder Einschulung eines Kindes, zu dessen Wechsel
auf eine Sekundar- oder Oberschule, zur Heirat – in eine ‚wahlverwandtschaftliche' quasi-familiäre
Bindung zu einem Verwandtschaftsnetzwerk tritt. Diese Bindung impliziert in der Regel lebenslange
Patenverpflichtungen und -rechte.
[12] Guanxi bezeichnet allgemein ein in China verbreitetes System enger sozialer Bindungen, die um
verwandtschaftliche Kerne organisiert sind, in die aber auch weitere Personen durch die Übernahme
von patenähnlichen Rollen integriert werden. Guanxi spielen eine große Rolle auch für Geschäfts-
kontakte und Arbeitskarrieren (vgl. Yeung/Tung 1996 und Ong/Nonini 1997).

lienzusammenführung'. Wenn dann die Kinder bzw. Jugendlichen aus Ekuador endlich zu ihren Eltern bzw. dem Elternteil nach Spanien migrierten, erfuhren sie dort meistens eine wesentlich andere als ihre vorgestellte Welt. Aber auch ihre Eltern hatten sich inzwischen verändert und waren in für die Jugendlichen neuartige Arbeitsrhythmen und -zwänge eingebunden. Stellt man dann noch die für Adoleszenzphasen typischen Konflikte zwischen Eltern und Heranwachsenden in Rechnung, so wird die ‚dreifache' Krise (Adoleszenzkrise, Elternbeziehungskrise, kulturelle Identitätskrise) verständlich, von der der Anthropologe Feixa (2006: 39) für diese ekuadorianischen Jugendlichen spricht. Transnationale Familienstrukturen können einige Probleme von Migranten (z. B. zusätzliche Ressourcenmobilisierung, erweiterte Handlungsoptionen, Zusammenführung von Kernfamilienmitgliedern) lösen, sie bringen aber auch neuartige und komplexe Herausforderungen mit sich (z. B. die identifikative Verortung, die Erwartungsenttäuschungen aufgrund fehlenden Miterlebens etc.).

Zusammengefasst zeigt sich, dass die Wanderungsbewegungen in grenzüberschreitenden sozialen Familiennetzwerken bislang weder in der sozialwissenschaftlichen Theoriebildung noch in der empirischen Forschung den Stellenwert erhalten haben, der diesen aufgrund ihrer quantitativen und qualitativen Bedeutung eigentlich zusteht. Dies ist zum Teil der früheren Dominanz individualistischer und wirtschaftswissenschaftlicher Erklärungsansätze in Studien zur internationalen Migration geschuldet. Hierbei wurden Familienzusammenhänge systematisch ausgeblendet, in individuelle rationale Wahlentscheidungen ‚zerlegt' oder aber in ihrer Bedeutung für internationales Migrationsgeschehen marginalisiert. Soziologische und sozialpsychologische Theorien müssen zukünftig stärker für die sich ergebenden gesellschaftlichen Chancen und Herausforderungen transnationaler familiärer Migration genutzt werden. Dabei ist eine Kombination aus quer- und längsschnittorientierten Studien sowie qualitativen und quantitativen Datenerhebungen anzustreben. Internationale Migration als familiäre Migration und besonders transnationale Migration stellen dabei auch viele gängige Konzepte von Familie und Integration in Frage, die stark im methodologischen Nationalismus verwurzelt sind.

Durch grenzüberschreitende familiäre Migration entstehen vielfach transnationale alltägliche Lebenswelten. Zwischen den räumlich entfernt voneinander lebenden Familienmitgliedern (Eltern und deren Kinder, Lebenspartner, Großeltern, weitere Verwandte) finden häufig wöchentliche Telefongespräche statt. Jüngere Migrantinnen und Migranten nutzen das Internet und treffen sich zum regelmäßigen ‚Chatten'. Über das Internet oder Satellitenfernsehen kann täglich das Geschehen in den anderen Erdteilen und Mikroregionen verfolgt werden, in denen Teile des transnationalen Familiennetzes leben. Lokale Nachrichten können ebenso ohne Zeitverzögerung ausgetauscht werden wie Fotos oder Musiktitel. Transnationale alltägliche Lebenswelten sind dabei nicht nur eine Folge internationaler Migration, sie können selbst zur Ursache und Plattform für neue grenzüberschreitende Wanderungen werden, etwa wenn Informationen über Erwerbsgelegenheiten ausgetauscht werden. Transnationale alltägliche Lebenswelten bilden sich nicht nur durch Arbeitsmigration heraus, sie können – wie das nächste Kapitel zeigt – auch durch neuartige Strategien des Alterns gefördert werden.

3   Altern in transnationalen Netzwerken

Wenn durch Migrationsprozesse im Rahmen von Haushaltsstrategien und familiären Netzwerken transnationale Beziehungen entstehen oder gestärkt werden, so lösen sich diese transnationalen Strukturen keineswegs mit dem Älterwerden der Migranten auf. Wie zu zeigen sein wird, können sich transnationale Mobilitätsmuster und Lebensstrategien im Alter sogar noch intensivieren. Darüber hinaus können auch Teile der Bevölkerung, die in ihren ersten sechzig Lebensjahren ihren Wohnsitz immer in dem Land ihrer Geburt hatten, im Alter ein Leben zwischen Wohnsitzen in verschiedenen Ländern beginnen. Deutsche Rentner können also jeweils für mehrere Monate z. B. zwischen Berlin, Münster oder Stuttgart einerseits und Malaga oder Teneriffa andererseits pendeln. Ähnliche Wanderungsmuster lassen sich, wie im Folgenden gezeigt wird, auch für ältere Menschen mit Migrationshintergrund aufzeigen.

Die Themen Altern und Migration wurden in Deutschland – und auch in vielen anderen Ländern – lange Zeit weitgehend isoliert voneinander behandelt. Inzwischen wird Migration in der öffentlichen Debatte über den demographischen Wandel und die Herausforderungen einer alternden Gesellschaft häufig als Teil der Lösung für die Probleme der Überalterung diskutiert. Erfreulich ist hieran, dass Migration nicht mehr in erster Linie als Belastung, sondern als Chance thematisiert wird. Allerdings wird dabei häufig nicht bedacht, dass auch die bereits in Deutschland lebenden Migranten älter werden. Hieraus ergeben sich spezifische Anforderungen an das Gesundheitssystem und z. B. an die kommunale Altenhilfe und Sozialpolitik.

Zum Thema Altern und Migration gehören aber auch noch wichtige andere Aspekte. So unterhalten beispielsweise viele der Arbeitsmigranten, die als Rentner in ihr Herkunftsland zurückkehren, weiterhin viele Kontakte und Austauschbeziehungen mit Deutschland. Schließlich betrifft das Thema Altern und Migration nicht nur Menschen mit Migrationshintergrund, sondern auch solche, die vielleicht selbst nie migriert sind und ihr ganzes Erwerbsleben in Deutschland verbrachten, dann aber als Rentner entweder dauerhaft in ein anderes Land ziehen oder aber zwischen verschiedenen Ländern hin- und herpendeln. Es zeigt sich, dass die Betrachtung von Altern und Migration unmittelbar in das Thema transnationaler Beziehungsnetzwerke führt.

Denn die verschiedenen Formen von ‚Altern von Migranten' und von ‚Altern in Migration' führen dazu, dass sich relativ dauerhafte transnationale soziale Beziehungen und Lebensstrategien entwickeln können. Können auf diese Weise neue Formen transnationaler Vergesellschaftung entstehen? Welche sozialen Bindungen haben die in solchen transnationalen Bezügen lebenden Menschen? Schreiben sie unter Umständen verschiedenen Orten verschiedene Funktionen in ihrem Leben zu? Handelt es sich hierbei nur um ein Übergangsphänomen oder eher um längerfristige Tendenzen der ‚Relativierung von nationalen Containergesellschaften' (Pries 2008) im Zuge weitreichender Internationalisierungsprozesse? Der gegenwärtige Stand sozialwissenschaftlicher Forschung ermöglicht keine fundierte und abschließende Beantwortung dieser Fragen. Gleichwohl haben mögliche Antworten durchaus erhebliche Auswirkungen auf wirtschaftliche und sozial-kulturelle Ressourcenflüsse sowie auf staatliche – kommunale, regionale, nationale und internationale – Sozial- und Gesundheitspolitik.

Im Folgenden werden einige Erkenntnisse aus vorliegenden Forschungen zu älteren Migranten in Deutschland und deren Lebenslagen präsentiert. Dabei werden zunächst einige Aspekte des demographischen Wandels in Bezug auf Migranten und die generellen Herausforderungen für Politik und Gesellschaft beleuchtet. Anschließend werden Beispiele für die Lebenspraxis von Arbeitsmigranten gegeben, die – physisch und/oder mental – zwischen Deutschland und ihrem früheren Herkunftsland und jetzigen Rückkehrland hin- und herpendeln. Schließlich wird der Aspekt des Alterns von Deutschen behandelt, die in ihrem (Un-)Ruhestand eine Lebenspraxis zwischen verschiedenen Ländern und Gesellschaften entwickeln.

3.1 Arbeitsmigranten und Altern ‚zwischen den Welten'

Häufig besteht die Vorstellung, dass ältere Migranten entweder in Deutschland alt werden und endgültig von ihrem Herkunftsland ‚Abschied nehmen' oder aber in dieses Herkunftsland zurückkehren und dort ihren Lebensabend verbringen. Tatsächlich gibt es aber durchaus einen nicht zu unterschätzenden Anteil von Arbeitsmigranten, die entweder in Deutschland oder in ihrem Herkunftsland bzw. dem Herkunftsland ihrer Eltern leben und gleichzeitig als Ruheständler ein grenzüberschreitendes Leben ‚zwischen den Welten' führen. Eine solche grenzüberschreitende Lebensstrategie beinhaltet im Extremfall ein häufiges Pendeln zwischen Teilen des eigenen transnationalen Familienverbandes, der über mehrere Länder (das Herkunftsland, z. B. die Türkei, und ein oder mehrere Ankunftsländer, z. B. Deutschland und die Niederlande oder Frankreich) verteilt ist.

Die transnationale Lebenspraxis von Ruheständlern kann sich auch in einem sehr intensiven dauerhaften Kommunikationskontakt zu Familienmitgliedern in anderen Ländern ausdrücken. Sie kann auch darin bestehen, dass von den Ruheständlern beachtliche Ressourcen über die Grenzen hinweg regelmäßig einseitig verschickt oder ausgetauscht werden. Hierzu können Geldzahlungen genauso gehören wie die Übernahme von bestimmten Aufgaben und Arbeiten (etwa: Haus einhüten; Garten- oder Feldbestellungen). Schließlich kann eine solche transnationale Lebenspraxis auch die Betreuung von Familienmitgliedern, die aus einem andern Land ‚geschickt‘ wurden, oder aber eine zeitweilige Wohnsitzänderung wegen Behandlung von Krankheiten beinhalten.

Solche transnationalen Lebenspraktiken können sowohl ideelle als auch materielle Grundlagen haben. Ökonomisch-materielle und politische Ressourcennutzung als eine rationale Strategie für grenzüberschreitende Lebenszusammenhänge bietet sich zum Beispiel an, wenn ein zumindest zeitweiliges Leben in Ländern präferiert wird, die günstigere Lebensbedingungen (Wohnen, Mieten, Lebensmittel etc.) anbieten können. Selbst wenn der eigentliche familiäre Schwerpunkt in Deutschland liegt, kann eine solche Strategie aus Gründen der optimalen Ressourcennutzung bzw. Kostenersparnis umgesetzt werden. Arbeitsmigranten, die nach Eintritt des Ruhestandes in ihr Herkunftsland gegangen sind, können dauerhafte Lebensbezüge in Deutschland aufrechterhalten, weil der Zugang zu bestimmten Ressourcen wie zum Beispiel Bankkrediten, Fachwissen oder spezifischen Werkzeugen und Materialien auf diese Weise sinnvoller gestaltet werden kann. Eine transnationale Lebensstrategie bietet sich auch aus Gesundheitsgründen an, wenn etwa das milde Klima des Herkunftslandes grundsätzlich als vorteilhaft empfunden wird, aber die medizinische Versorgung in Deutschland für besser gehalten wird. Schließlich spielen auch politische und Partizipationsgesichtspunkte eine Rolle für transnationale Lebensweisen. Dies kann sich etwa auf die Beteiligung an Wahlen und öffentlichen Funktionen in politischen Parteien oder ethnischen Organisationen beziehen.

Transnationale Lebensweisen können sich aber auch aus eher sozial-kulturellen Gründen stabilisieren. Sie ermöglichen es Migranten zum Beispiel, ihre durchaus vielfältigen und pluri-lokalen bzw. pluri-nationalen Identitäten angemessen zu leben. In solchen Lebensentwürfen können sich auch die pragmatischen Kompromisse zwischen den Erfahrungen und Wertschätzungen von ‚Ordnung und Sauberkeit‘ einerseits und ‚entspanntem mediterranen Leben‘ andererseits oder das Spannungsverhältnis von Sehnsucht/Fernweh und Heimkehr oder von aktiv-gestalterischem Leben und passiv-kontemplativem Leben verwirklichen. Vielfältigste Gründe also können zur Entwicklung grenzüberschreitender Lebensprojekte von Arbeitsmigranten im Ruhestand führen. Solche Lebenspraktiken müssen weder irrational noch aufgezwungen sein, sie können vielmehr Strategien optimaler Ressourcennutzung und gelebter pluraler Identitäten sein.

Ein erster empirischer Anhaltspunkt für solche transnationalen Lebensweisen sind die grenzüberschreitenden Ressourcenflüsse älterer Menschen, die durchaus von beachtlicher und steigender Bedeutung sind. So zeigen die Berichte der Deutschen Rentenversicherung, dass sich die in das Ausland gezahlten Renten von 1992 bis Ende 2009 fast verdoppelt haben. Etwa 200.000 dieser insgesamt 1,6 Millionen regelmäßigen Rentenzahlungen werden an Deutsche ausgezahlt, die ihren regelmäßigen Wohnsitz im Ausland haben, womit sich auch dieser Anteil seit 1992 fast verdoppelt hat. Die übergroße Mehrheit der Rentenzahlungen ins Ausland geht an Nicht-Deutsche, vorwiegend Rückkehrmigranten aus den ehemaligen Anwerbestaaten, vor allem Griechenland, Italien, Spanien und die Türkei.[13] Schon diese Zahlen verdeutlichen, dass das Thema Altern und Ruhestand und vor allem die damit verbundenen Ressourcenflüsse aus Rentenzahlungen immer stärker in einem grenzüberschreitenden, internationalen Zusammenhang betrachtet werden müssen.

Die Zunahme grenzüberschreitender Rentenzahlungen verweist zwar darauf, dass auch Alter und Ruhestand zukünftig immer mehr in einem internationalen Kontext betrachtet werden müssen – sie allein sind jedoch noch kein Beleg für die Zunahme transnationaler Lebenspraxen. Allerdings besteht offenbar bei vielen älteren Migranten der Wunsch, sich nicht zwischen Deutschland und ihrem Herkunftsland entscheiden zu müssen, sondern zwischen beiden zu pendeln und die Vorteile beider Länder zu nutzen. Auch in der sozialwissenschaftlichen Forschung zu älteren Migranten ist der Aspekt der transnationalen Migration bereits thematisiert worden. Ein gemeinsames Merkmal vieler der vorliegenden Publikationen zum Themenkomplex ältere Migranten ist jedoch, dass transnationale oder Pendelmigration Älterer zwar häufig als Phänomen registriert wird, aber aufgrund der spezifischen Fragestellung der jeweiligen Autoren nicht im Fokus des Interesses steht.

Während Pendelmigration aus der Perspektive des ‚methodologischen Nationalismus‘ lediglich als ‚Verzerrung‘ der Statistik wahrgenommen werden kann, kommt eine erweiterte Betrachtung im Rahmen des Transnationalismus-Konzepts der Lebenswirklichkeit dieses Teils von Migranten wesentlich näher. Inzwischen liegen durchaus interessante sozialwissenschaftliche Erkenntnisse über transnationale Migration älterer Menschen vor. So gaben in einer Studie des Zentrums für Türkeistudien unter älteren Migranten in Hamburg 32 Prozent der Befragten an, zwischen Deutschland und ihrem Herkunftsland pendeln zu wollen (1999: 28). Die Autoren der Studie sehen eine solche Lebensweise als „[…] Versuch, eine Zwischenlösung zu finden, um dem Spannungsverhältnis, in dem sich die älteren Migranten durch die objektiven Zwänge und sozialen Realitäten und ihrem Wunsch nach der Erfüllung des Ziels ihres persönlichen Migrationsprojektes – der Rückkehr in die Heimat, befinden – gerecht zu werden. Rund ein Drittel der älteren Migranten stellt sich diese Form der Organisation des Alters als wünschenswerte

---

[13] Vgl. http://www.deutscher-rentenversicherungsbund.de/nn_20278/DRVB/de/Inhalt/Presse/Pressemitteilung/2010__5__19__auslandsrenten.html (letzter Zugriff: 09.6.2010)

Perspektive vor. Die Dauer des Aufenthalts in der Heimat beträgt dabei bis zu einem Jahr." (ebd.: 29; vgl. auch schon Dietzel-Papakyriakou 1993: 10).

Özcan/Seifert (2006: 67) haben auf der Grundlage von Daten des Sozio-Ökonomischen Panels errechnet, für wie lange Migranten unterschiedlicher Altersgruppen ihr Herkunftsland besuchen. In der Altersgruppe 65 Jahre und älter gaben im Jahr 2002 knapp 35 Prozent an, sich in den letzten zwei Jahren ein bis drei Monate in ihrem Herkunftsland aufgehalten zu haben, 19 Prozent hielten sich insgesamt vier bis sechs Monate dort auf, und 28,7 Prozent gaben an, ihr Herkunftsland in den letzten zwei Jahren sogar für länger als insgesamt sechs Monate besucht zu haben, was auf ein gewisses Maß an Transnationalität hindeutet. Wie bereits weiter oben erwähnt, sehen auch Özcan/Seifert Pendelwanderung einerseits als Weg, Ressourcen in beiden Ländern zu nutzen, und andererseits als Möglichkeit, die Entscheidung über Rückkehr oder Verbleib in Deutschland aufzuschieben. Gleichzeitig ist festzustellen, dass es einem Großteil der Befragten offenbar gelingt, sich nach der Ankunft im Herkunftsland dort relativ schnell heimisch zu fühlen. In der Altersgruppe 65 Jahre und älter fühlten sich im Jahr 2002 28 Prozent der Befragten im Herkunftsland „sofort" heimisch, 27,1 Prozent „ziemlich schnell" und weitere 18,4 Prozent nach einigen Tagen. Lediglich 19,4 Prozent gaben an, dies dauere sehr lange, und 7,1 Prozent, sie fühlten sich dort nie heimisch (vgl. ebd.: 68).

Auch der sechste Familienbericht der Bundesregierung, der dem Schwerpunkt ausländische Familien gewidmet ist, weist auf das Phänomen der Pendelmigration älterer Migranten hin. Als Gründe hierfür werden das oft angenehmere Klima im Herkunftsland und familiäre Beziehungen zum Herkunftsland gesehen. Auch seien deutsche Renten im Herkunftsland oft mehr wert als in Deutschland. Zudem seien wegen vorheriger Investitionen in Immobilien im Herkunftsland oft bessere Wohnmöglichkeiten vorhanden als in Deutschland (Bundesministerium für Familie, Senioren, Frauen und Jugend 2000: 119). Auf der anderen Seite sind das bessere Gesundheitssystem und in Deutschland lebende Kinder wichtige Gründe, um sich in Deutschland aufzuhalten. Gleichzeitig wird auf den möglichen Verlust des Aufenthaltsstatus in Deutschland und der sozialen Absicherung im Falle einer endgültigen Rückkehrwanderung hingewiesen. Im sechsten Familienbericht wird daher gefordert, dass es „Konzepte sowohl für endgültige Zuwanderung als auch temporäre oder Transmigration" geben muss (ebd.: 127). Allerdings wird in diesem Bericht davon ausgegangen, dass Transmigration eher ein Phänomen der zweiten Migrantengeneration sei und die erste Generation tendenziell zur Remigration neige. Die Angehörigen der zweiten Generation verfügten eher über die für eine Transmigration notwendigen Ressourcen. Bei ihnen diene das Pendeln der Erweiterung beruflicher Möglichkeiten (ebd.).

Eine Studie, die sich ganz explizit mit transnationaler Migration älterer Migranten beschäftigt, ist die von Helen Krumme, die narrative Interviews mit vier Rentnerinnen, zwei Rentnern, sowie zwei Rentnerehepaaren im Alter zwischen

52 und 68 Jahren durchgeführt hat. Die Interviewpartner bezogen eine deutsche Rente und sagten von sich selbst, dass sie zwischen Deutschland und der Türkei pendeln (Krumme 2003). Ein Ergebnis dieser Studie ist, „dass das Pendeln der Rentnerinnen und Rentner im Ruhestand als eine Fortsetzung der Transnationalität der Migrationsbiografie zu verstehen ist" (ebd.: 142). Unterschieden werden hier drei verschiedene Formen der Pendelmigration: „Pendeln als Ausdruck von Bilokalität", „Pendeln nach Rückkehr" und „Pendeln bei Verbleib" (ebd.: 147). Bei der ersten Variante bestehen „Lebensmittelpunkte in der Türkei und in Deutschland, zwischen denen gependelt wird. In den vorliegenden Interviews erweist sich das Muster des jeweils mehrmonatigen Aufenthalts im Sommer in der Türkei und im Winter in Deutschland als typisch. Je nach Lebensumständen kann die Aufenthaltszeit variieren" (ebd.). Beim ‚Pendeln nach Rückkehr' ist der Lebensmittelpunkt in der Türkei, ohne dass jedoch die Kontakte nach Deutschland völlig abgebrochen werden. Typisch sind in diesem Fall zwei mehrwöchige Reisen nach Deutschland pro Jahr. Bei der Variante ‚Pendeln bei Verbleib' ist der Lebensmittelpunkt umgekehrt in Deutschland, während die Rentner mehrmals pro Jahr in die Türkei reisen (ebd.).

„Dabei muss das Pendeln als Übergangsform begriffen werden. Die Frage nach dem Lebensmittelpunkt der Zukunft, wenn die Mobilität beispielsweise aus gesundheitlichen Gründen nicht aufrechterhalten werden kann, wird von den meisten Pendelmigranten nicht beantwortet. Damit setzt sich das bisherige immanente Handlungsmuster fort: Die endgültige Entscheidung wird nicht getroffen, alle Optionen sollen offen bleiben. Auch der Gedanke einer endgültigen Rückkehr in die Türkei bzw. einer Re-Immigration nach Deutschland wird von einigen nicht aufgegeben. Bis in den Ruhestand bleibt ein Interesse am Herkunfts- und am Aufnahmeland bestehen" (ebd.). Als Motiv für die Pendelmigration sieht Krumme die Nutzung sozialer, materieller und identifikativer Ressourcen, die auf Herkunfts- und Ankunftsland verteilt sind. Das Pendeln soll die Nutzung aller dieser Ressourcen ermöglichen. Zu den sozialen Ressourcen zählen dabei etwa in Deutschland eigene Kinder und Freunde, in der Türkei die Herkunftsfamilie und manchmal eigene Kinder, sowie weitere soziale Netzwerke von Nachbarn oder anderen Rentnern, die ebenfalls pendeln. „Einige Dörfer leeren sich regelmäßig zu Beginn der Wintermonate, wenn die Rentnerinnen und Rentner ihre im Heimatdorf erbauten Häuser Richtung Europa verlassen, um im Frühsommer wieder dorthin zurückzukehren" (ebd.: 148).

Zu den materiellen Ressourcen sind „Eigentum (Wohnung, Haus, Garten, Auto), Ersparnisse, Miet-, Kapital- und landwirtschaftliche Erträge oder türkische Rentenzahlungen" (ebd.) zu zählen, aber zum Beispiel auch das als besser und vertrauter wahrgenommene Gesundheitssystem in Deutschland. „Als identifikative Ressourcen lassen sich unterschiedliche Erfahrungen der Vertrautheit und Zugehörigkeit bzw. Fremdheit und Ausgrenzung in beiden Ländern bezeich-

nen [...]" (ebd.). Subjektiv kann das Pendeln sowohl als „fortwährende Heimkehr" als auch als „fortwährende Sehnsucht" wahrgenommen werden. Im ersten
Fall fühlen sich beide Orte vertraut an, im zweiten Fall kommt es eher zu einem
ständigen Gefühl der Zerrissenheit (ebd.: 150). Darüber hinaus kann die Pendelmigration auch als „fortwährende Aktivität" verstanden werden: „Das Pendeln
im transnationalen Raum ist vielmehr eine Form des aktiven Umgangs mit dem
entstandenen multilokalen Ortsbezug und ein Ausdruck von Autonomie. Die Aktivität des Pendelns schafft Zufriedenheit, denn sie sichert Kontinuität des transnationalen Lebens und verleiht ein Gefühl der Kompetenz. Nicht mehr pendeln
zu können – aus gesundheitlichen oder ökonomischen Gründen – bedeutet dann
einen schweren Verlust" (ebd.).

Auf einen negativen Aspekt transnationaler Migration für ältere Migranten
weist Olbermann (2003) hin. Ältere Migranten, die selbst nicht mehr pendeln
(können), können von der transnationalen Migration ihrer Familienangehörigen
negativ betroffen sein: „Generell muss berücksichtigt werden, dass ältere Migranten spezifische Reduzierungen ihrer sozialen Netzwerke erfahren, indem Bezugspersonen ins Herkunftsland zurückkehren oder Pendeln" (Olbermann 2003: 143).
Auch Dietzel-Papakyriakou schätzt Pendelmigration als einen „Migrationsmodus
vor allem der jungen Alten" ein (Dietzel-Papakyriakou 2005: 404). Dabei bemerkt
sie auch Unterschiede zwischen deutschen und migrantischen Älteren: „Während
in der Gruppe der deutschen Älteren solche Aktivitäts- und Mobilitätsmuster [Pen-
delmigration, L. P.] sich vornehmlich als Mittelschichtsphänomen finden lassen,
pendeln in der Gruppe der Arbeitsmigranten vornehmlich berentete Arbeiter mit
häufig bescheidenen Rentenbezügen. Das Pendeln verlangt hier erhebliche organisatorische Kompetenzen und wird häufig nur Dank der Unterstützung durch die
Kinder realisiert und ist also in vielen Fällen als intergenerationeller Austausch
zu verstehen" (ebd.: 404 f.).

Schröer/Schweppe (2008) werben dafür, die Tatsache der Pendelmigration
älterer Migranten auch in der sozialarbeiterischen Praxis zu berücksichtigen. Sie
beklagen, dass Pendelmigration häufig noch eher als ein Defizit als ein Potenzial
angesehen wird: „Das Pendeln im Alter wurde und wird häufig als konfliktträchtig
und problematisch angesehen. Es wird als Fehlschlag der Lebensplanung ein-
hergehend mit nicht unerheblichen Identitätsproblemen, als innere Zerrissenheit,
Nicht-Erfüllen eines Auftrages, als Scheitern des Migrationsprojektes, sogar als
,gescheiterte Lebensplanung' angesehen und als Zeichen mangelnder oder nicht
gelungener Integration oder als Integrationshindernis interpretiert" (Schröer/
Schweppe 2008: 154). Sie möchten dem eine andere Sichtweise entgegensetzen,
welche Pendelmigration eher als Kompetenz und Potenzial betrachtet: „Vor diesem relativ einstimmigen Konsens über die ausschließlich belastenden Folgen
der Umorientierung stellt sich allerdings die Frage, ob sich nicht die gesamte
Migration als ein Prozess gestaltet, in dem die betroffenen Menschen permanent

neue Anpassungsleistungen erbringen müssen und sie vielfach zwischen ‚zwei Welten' – sowohl gedanklich wie auch physisch – hin- und herpendeln, sodass hierdurch eventuell spezifische Fähigkeiten (z. B. ein hohes Maß an Flexibilität) entwickelt werden, die dem Alter zugute kommen? Und muss ein Hin- und Herpendeln zwischen Migrations- und Herkunftsland tatsächlich derart negative Folgen haben, wie oft dargestellt wird? Kann dies nicht auch unter bestimmten Bedingungen ein konstruktiver und durchaus positiver Lösungsweg sein, in dem die Akteure auf diese Weise die als positiv erlebten und bewerteten Seiten beider Länder im Alter vereinen?" (ebd.: 155).

Aus ihrer Sicht sprengt die Pendelmigration älterer Migranten das in der Gesellschaft vorherrschende Altersbild, in dem Ältere – und vor allem ältere Migranten – nur als defizitär und hilfebedürftig wahrgenommen werden können. Dagegen fordern sie ein, danach zu fragen, „inwieweit ältere Menschen mit Migrationshintergrund in einer Gesellschaft leben, die ihnen Spielräume und Beteiligungsmöglichkeiten ermöglicht sowie ihre Bedürfnisse anerkennt, damit sie ihre biographischen Herausforderungen – auch in grenzüberschreitender Perspektive – bewältigen und bürgerrechtlich gestalten können" (ebd.: 158). Insgesamt kann festgehalten werden, dass transnationales Pendeln älterer Migranten offenbar ein recht verbreitetes Phänomen ist. Aber auch in der Gruppe älterer Menschen ohne ‚klassischen' Migrationshintergrund spielt transnationale Wanderung eine Rolle.

3.2 Altern und Pendeln Deutscher im (Un-)Ruhestand

Aber auch bei Ruheständlern, die keinerlei Migrationshintergrund aufweisen oder die während ihres gesamten Erwerbslebens in Deutschland wohnhaft waren, kann Migration im Alter von Bedeutung werden. Dies betrifft etwa die vielen Tausend Menschen, die als Rentner nach Südspanien ziehen oder in einem anderen Land ihren Lebensabend verbringen. Auch für andere europäische Länder lässt sich Migration im Ruhestand nachweisen (O'Reilly 2000; Andersson 2002; Hardill et al. 2004; Centre for Future Studies 2003). Nicht nur die Anzahl der Rentenzahlungen an Ausländer im Ausland, auch die Anzahl von Rentenauszahlungen an Deutsche, die nicht in Deutschland leben, ist seit den 1990er Jahren sehr stark angewachsen. Schaut man sich die wichtigsten Länder an, in die solche Rentenzahlungen erfolgen, so führen die USA, die Schweiz und Österreich vor Spanien und Frankreich. Hierbei handelt es sich sowohl um Altersrenten als auch um Hinterbliebenenrenten (vgl. Deutsche Rentenversicherung 2007: 15).

Breuer (2004) hat für die Kanarischen Inseln die dort lebenden deutschen Rentner untersucht. Zunächst ist hervorzuheben, wie extrem schwierig die Abschätzung der tatsächlichen Anzahl der Deutschen mit eigenem Wohnsitz auf den Kanarischen Inseln ist. Für den Beginn des neuen Jahrhunderts wurden nach der amtlichen spanischen Volkszählung knapp 16.000 dort lebende Deutsche mit eigenem Wohnsitz gezählt. Die Einwohnermelderegister der verschiedenen Gemeinden der Kanarischen Inseln summieren sich aber zusammen auf etwa 20.000 Deutsche; eine von Breuer durchgeführte Expertenbefragung ergab eine Schätzung von etwa 30.000. Das deutsche Konsulat für die Kanarischen Inseln schließlich kalkulierte die Anzahl der dort lebenden Deutschen auf 120.000 (Breuer 2004: 124). Diese unterschiedlichen Schätzungen können auch mit der Definition von ‚Deutschen mit eigenem Wohnsitz' zusammenhängen. Sie decken sich aber auch mit der Einschätzung von Holert/Terkessidis (2006: 181), dass viele der Altersmigranten aus EU-Staaten offensichtlich darauf verzichten, sich offiziell bei den spanischen Behörden anzumelden, so dass es sich bei ihnen um nicht-dokumentierte Migranten handelt.

Breuer unterscheidet zwischen kurz-, mittel- und langfristig dort lebenden Deutschen einerseits sowie zwischen den dominanten Motiven für ihren Aufenthalt. Breuer identifiziert als „Überwinterer" solche, die nur drei bis sechs Monate pro Jahr regelmäßig auf den Kanarischen Inseln verbringen. Er bezeichnet als „Übergangstypen" diejenigen, die zwischen sieben und neun Monate dort bleiben, und als „Dauerresidenten" diejenigen Deutschen, die zwischen zehn und zwölf Monate im Jahr dort verbringen (ebd.: 126). Als wesentliche Motive für den Aufenthalt auf den Kanarischen Inseln identifizierte er (1) die Vorteile des Klimas, die Freizeitmöglichkeiten, die Vorteile für die Gesundheit, sowie die touristischen Erfahrungen (‚annehmlichkeitsorientiert'), (2) die Vorteile von Erwerbsmöglichkeiten und Familienbindungen in Spanien (‚bindungsorientiert') und (3) sonstige Gründe, die für den Aufenthalt dort angeführt wurden. Dabei versuchen die herkunftsdeutschen Altersmigranten – ähnlich wie die im vorigen Abschnitt beschriebenen älteren Arbeitsmigranten – die Vorteile Deutschlands und Spaniens zu nutzen. Laut Breuer „setzen die annehmlichkeitsorientierten Überwinterer aus dem oberen Einkommenssegment offenkundig ihre ökonomischen Möglichkeiten gezielt ein, um im Alter das nach ihren individuellen Bedürfnissen ‚Beste aus zwei Welten' zu nutzen" (ebd.: 129).

Während für Spanien das angenehmere Klima spricht, kehren die Altersmigranten regelmäßig nach Deutschland zurück, um ihre familiären Bindungen nach Deutschland aufrechtzuerhalten und Leistungen der deutschen Krankenversicherung in Anspruch zu nehmen. So sind beispielsweise die Leistungen der deutschen Krankenversicherung auf vorübergehende Auslandsaufenthalte beschränkt. Auch werden von den Altersmigranten „Defizite des Zielgebiets hinsichtlich einer altersgerechten Wohnumgebung oder der gesundheitlichen bzw. pflegerischen Versorgung" (ebd.) wahrgenommen. Hinzukommt, dass viele der Altersmigranten nicht oder schlecht Spanisch sprechen, so dass sie erst recht Arztbesuche und planbare Krankenhausaufenthalte in Deutschland durchführen. Anders als bei den älteren Arbeitsmigranten, die zwischen Deutschland und ihrem Herkunftsland pendeln, scheint es sich jedoch bei der Altersmigration von Herkunftsdeutschen eher um ein Phänomen der Mittel- und Oberschicht zu handeln. Ein Ergebnis von Breuers Befragung ist, dass 40,2 Prozent der Befragten einen gehobenen, weitere 40,2 Prozent einen mittleren und 19,5 Prozent einen niedrigen sozioökonomischen Status aufwiesen (ebd.: 126).

Zusammenfassend lässt sich sagen, dass bisher erst vergleichsweise wenige sozialwissenschaftliche Studien zum Themenbereich Altern und Migration vorliegen. Viele Befunde sprechen dafür, den Formen der transnationalen Migration und dem transnationalen Pendeln älterer Menschen zukünftig mehr Aufmerksamkeit zu schenken. Diese haben Auswirkungen auf Lebensschicksale, auf wirtschaftliche und sozial-kulturelle Ressourcenströme und auf Nachfragestrukturen. Es ist anzunehmen, dass solche transnationalen Lebensstrategien kein vorübergehendes Phänomen sind, sondern in der Zukunft eher noch bedeutsamer werden. Dies hängt auch damit zusammen, dass sich die individuellen Erfahrungen und Typen von Zugehörigkeiten und Identitäten ausdifferenzieren und transnationale Lebensentwürfe und -strategien bedeutsamer werden.

4 Transnationale Zugehörigkeiten und Migrantentypen

Überall auf der Welt führen die meisten Menschen ein weitgehend sesshaftes Leben. Auf die Frage, ‚Wo kommst Du her und woher stammt Deine Familie?‘ können sehr Viele eine einfache Antwort geben: ‚Meine Vorfahren stammen aus dem Allgäu (oder aus Galizien oder aus Anatolien) und ich bin in Bochum (oder Istanbul oder Stuttgart) aufgewachsen.‘ Auch auf die Frage ‚Wo fühlst Du Dich zugehörig und wo gedenkst Du, dauerhaft zu leben?‘ haben die meisten Menschen eine mehr oder weniger klare Antwort: ‚Ich fühle mich in Deutschland (in der Türkei oder in Spanien) zu Hause und möchte in Bochum (in München, Istanbul oder Bilbao) leben.‘ Diese Art von sedentärer Lebensweise und mehr oder weniger eindeutigen Zugehörigkeitserfahrungen zu einem bestimmten geographischen und sozial-kulturellen Raum ist aber eine recht neue Erscheinung in der Menschheitsgeschichte – und sie ist auch nicht die einzig mögliche.

Migration als Prozess der dauerhaften Wohnsitzänderung ist so alt wie die Menschheit selbst. Das ständige Wechseln der Lebensplätze kennzeichnete die Entwicklung des Homo sapiens sapiens über etwa zwei Millionen Jahre. Erst seit ungefähr zweihundert Tausend Jahren wurde durch die Entwicklung von Ackerbau und Viehzucht diese nomadische Lebensweise für immer mehr Sippen, Stämme und Völker durch vorwiegend sedentäre Lebensweisen abgelöst. Gleichwohl war auch in den letzten Jahrtausenden die menschliche Entwicklung immer wieder von weit reichenden und massenhaften Wanderungsbewegungen als Ausdruck von und als Voraussetzung für sozialen Wandel geprägt. Dies betrifft die Migration von Polynesien bis zum amerikanischen Kontinent – nicht

zuletzt angestoßen durch klimatische Veränderungen – vor zweitausend Jahren
ebenso wie die durch die Hunnen ausgelöste große Völkerwanderung in Europa
seit dem vierten Jahrhundert.

Der Augsburger Religionsfriede von 1555 und die Pax Westfalica von 1648
brachten mit dem Prinzip *cuius regio eius religio* (wessen Gebiet, dessen Religion)
in Europa eine gewisse Befriedung und landesherrliche Kontrolle von Wanderungen mit sich. Das Zeitalter der bürgerlichen Revolutionen und Nationalstaaten-
bildung führte zwar einerseits zum staatsbürgerlichen *Recht* auf räumliche
Mobilität.[14] Andererseits wurde aber durch die Erfindung sozialer Institutionen
wie der Staatsbürgerschaft, der Personalausweise und Reisepässe ein langfristiger
Wechsel von einem nationalstaatlichen ‚Container‘ in einen anderen neuen Formen
staatlicher Kontrolle unterworfen. An die Stelle der mittelalterlichen Feudalherren,
die die Erlaubnis zum *Verlassen* des hoheitlichen Gebiets gewähren mussten, traten
die modernen Nationalstaaten, die den *Zugang* zu ihrem Hoheitsgebiet kontrollieren (Torpey 2000).

4.1 Vier Idealtypen grenzüberschreitender Wanderung

Grenzüberschreitende Migrationsströme sind aber seit der Aufteilung des Globus
in nationalstaatlich verfasste Territorien und Gesellschaften nicht zum Erliegen
gekommen. Vielmehr kam und kommt es im Zusammenhang von Industrialisierung, Individualisierung und Urbanisierung sowie Kriegen und Klimakatastrophen
immer wieder zu internationalen Wanderungsströmen. Etwa 200 Millionen Menschen hatten zu Beginn des 21. Jahrhunderts ihren Lebensmittelpunkt nicht in dem
Land ihrer Geburt (vgl. Global Commission on International Migration 2005: 1).
Jenseits aller formalen und rechtlichen Bestimmungen sind dabei die Grenzen
zwischen Arbeits- und Flüchtlingsmigranten ebenso fließend wie die zwischen
dauerhaften Auswanderern und für eine befristete Zeit migrierten ‚Gastarbeitern‘.
Wenn Auswanderer (oder auch Rückkehrwanderer) in ihren Erwartungen stark
enttäuscht werden, revidieren sie unter Umständen ihre Entscheidung – von den
vielen Millionen europäischer Auswanderer nach Amerika um die Wende des

---

[14] Ein Recht auf Ortswechsel und Migration hatte vorher für große Bevölkerungsteile wie z. B. die
unfreien Bauern in Europa oder die Sklaven in Amerika nicht existiert; ein *ius migrandi* war im Augsburger Religionsfrieden von 1555 nur im Falle einer anderen Glaubenszughehörigkeit als der (neuen)
des jeweiligen Landesherren vgl. http://de.wikipedia.org/wiki/Cuius_regio,_eius_religio); wegen des
hukou-Systems gilt ein Recht auf freie räumliche Mobilität für die Menschen in der Volksrepublik
China bis heute nicht (vgl. http://de.wikipedia.org/wiki/Hukou-System).

19. zum 20. Jahrhundert kehrten – je nach Herkunftsland – etwa ein Drittel bis die Hälfte wieder zurück.[15]

Gerade weil es keine einfachen und allseits anerkannten Charakterisierungen und Einteilungen von Migranten z. B. nach ihrem Wanderungsgrund oder dem Zeithorizont ihrer Wanderung gibt und gerade weil Migration immer ein ergebnisoffener Prozess und ein Ergebnis handelnder Menschen in sozialen Netzwerken und Gelegenheitsstrukturen ist, besteht die Herausforderung, angemessene Typologien von Migranten und Migration zu entwickeln. Im Folgenden wird eine Typologie vorgestellt, die auf den Dimensionen ‚Verhältnis zur Herkunftsregion‘, ‚Verhältnis zur Ankunftsregion‘, typischer Migrationskontext‘ und ‚Zeithorizont für Migration‘ beruht. Auf diese Weise lassen sich vier idealtypische Konstellationen unterscheiden: Emigration/Immigration, Rückkehr-Migration, Diaspora-Migration und Transmigration (vgl. Tabelle 2 und Pries 1998).

Tabelle 2   Vier Idealtypen von Migranten

Betrachtete Dimension / Idealtyp	Verhältnis zur Herk.region	Verhältnis zur Ank.region	Typischer Migrationskontext	Zeithorizont für Migration
Emigration/ Immigration	Rückbezug/ Abschied nehmen	Integration/ Neue Heimat	Wirtschaftliche/ sozial-kulturelle	Unbefristet/ Langfristig
Rückkehr-Migration	Dauerbezug/ Identität wahren	Differenz/ Gastland	Wirtschaftliche	Befristet/ Kurzfristig
Diaspora-Migration	Dauerbezug als „Gelobtes Land"	Differenz/Erleidensraum	Relig./politische, entsend. Organisation	Kurz-/mittelbefristet
Transmigration	Ambivalent	Ambivalent	Relig./polit. wirtschaftl./ Organisation	Unbestimmt/ Sequentiell

Der erste Migrationstypus ist die *Emigration* bzw. *Immigration*. Hierbei richten sich die Migranten auf Dauer im Ankunftsland ein, unterhalten zwar noch Kontakte zu ihrem Herkunftsland, integrieren oder assimilieren sich aber schrittweise als Eingewanderte – vielleicht auch erst über mehrere Generationen – in die dortige Gesellschaft. Die Herkunftsregion wird als das Land wahrgenommen, in

---

[15] Smith (1999: 193) zitiert Studien, die für Italien mehr als die Hälfte Rückkehrer schätzen; für die Auswanderung aus bestimmten schwedischen Gemeinden werden Rückkehrquoten von nur einem Zehntel geschätzt (Smith 2001: 69); vgl. auch Bade (2000: 141 ff.).

dem die eigenen Wurzeln liegen und aus dem die Vorfahren kommen, von dem
der Auswanderer aber Abschied nimmt bzw. nehmen will, um sich ganz auf das
Ankunftsland als die ‚neue Heimat' einzulassen. Diese Art von Auswanderung
bzw. Einwanderung wird von wirtschaftlichen (z. B. Arbeitssuche) und sozial-
kulturellen (z. B. Werteorientierungen, Behandlung von ‚Anderen' bzw. ‚Fremden') Gründen dominiert. Die Bevölkerung Deutschlands besteht zu einem ganz
erheblichen Teil aus solchen Immigranten. Nach dem Zweiten Weltkrieg kamen
weit über zehn Millionen Vertriebene, Flüchtlinge und sonstige Migranten in die
BRD und die DDR (Bade 2000: 298 ff.). Am Beginn des 21. Jahrhunderts lebten
in Deutschland etwa 15 Mio. Menschen mit Migrationshintergrund (Statistisches
Bundesamt 2008). Die Bevölkerung großer Einwanderungsländer wie Argenti-
nien, Brasilien, Australien und den USA besteht heute mehrheitlich aus Menschen,
deren Vorfahren erst vor höchstens zweihundert Jahren aus großer Entfernung
immigriert sind.

Ein zweiter Idealtypus von Wanderung ist die *Rückkehr-Migration*, d. h. der
zeitlich befristete Landeswechsel – in der Regel zum Zwecke des Gelderwerbs –
und die Rückkehr in die Heimat nach einer mehr oder weniger ausgedehnten
Periode (die von der halbjährlichen Saisonarbeit bis zur mehrjährigen ‚Gastarbeit'
reichen kann). Arbeitsmigration und die im Begriff des ‚Gastarbeiters' implizierte
Idee eines nur befristeten Aufenthaltes entsprechen diesem Typus. In diesem Falle
bleibt die Lebensorientierung auf das Herkunftsland fixiert, und der Aufenthalt in
der Ankunftsregion wird als nur vorübergehend angesehen, weshalb der Rückkehr-
Migrant eine sozial-kulturelle und identifikative Differenz zum ‚Gastland' aufrecht
erhält. Der Migrationskontext ist typischerweise von wirtschaftlichen Erwägungen
und Faktoren bestimmt. Die Mehrheit der vor allem in den 1960er und 1970er
Jahren aus Süd- und Südosteuropa massiv in die BRD angeworbenen Arbeitsmigranten waren und blieben Rückkehr-Migranten. Viele wanderten tatsächlich
zurück, andere lebten und leben in der Vorstellung, einmal zurückzukehren und
halten eine Differenz zur Ankunftsregion aufrecht (ein nicht unerheblicher Teil
kommt aber auch dem Idealtyp des Immigranten nahe). Zu Beginn des 21. Jahrhunderts waren etwa ein Zehntel aller in Deutschland offiziell gezählten Einwohner als ‚Ausländer' registriert. Zwei Drittel davon lebten länger als zehn Jahre in
Deutschland (Statistisches Bundesamt 2008). In diesem hohen Anteil von (häufig
bereits seit Jahrzehnten hier lebenden) ‚Ausländern' spiegelt sich die bis Ende des
20. Jahrhunderts dominante (und kontrafaktische) Selbstwahrnehmung und Politik
Deutschlands als ‚Gastarbeiterland' und Nicht-Einwanderungsland wider. Dies
beeinflusste massiv die Selbst- und Fremdverortung von Menschen zwischen den
Idealtypen von Immigranten und Rückkehr-Migranten

Der dritte Typus internationaler Migration ist die *Diaspora-Migration*. In
diesem Falle ist die Wanderung in erster Linie religiös, politisch oder/und durch
starke loyalitäts- und organisationale Abhängigkeitsbeziehungen (wie z. B. bei

Kirchen, diplomatischen Korps, transnationalen Unternehmen, internationalen Stiftungen etc.) bestimmt. Ein Diaspora-Migrant richtet sich physisch-räumlich und vielleicht auch wirtschaftlich, aber nur in einem sehr begrenzten Grade sozial und politisch in der Ankunftsgesellschaft ein. Er behält gleichzeitig und auf Dauer starke sozial-kulturelle Bindungen zu seinem Herkunftsland bzw. zu seiner internationalen ‚Mutterorganisation'. Seiner Natur nach ist dieser Migrations-Typus nicht ausschließlich, meistens auch nicht vorrangig als Arbeitswanderung anzusehen, weil die ihm typischen Ortsveränderungen häufig durch Flucht, Vertreibung, Gesinnungsentscheidung oder Entsendung verursacht sind (Cohen 1997). Wenn man unter einer Diaspora eine imaginierte Gemeinschaft versteht, die sich „von einem ursprünglichen (oder imaginären ursprünglichen) Zentrum an mindestens zwei periphere Orte verteilte [...für die, L. P.] die Vorstellung eines gemeinsamen Ursprungs oder einer gemeinsamen Bestimmung" (Mayer 2005:13) wesentlich ist, dann wird deutlich, dass Diaspora-Migranten sich von Rückkehr-Migranten in allen hier berücksichtigen vier Dimensionen voneinander unterscheiden. Der Migrationskontext ist vorrangig nicht von wirtschaftlichen Motivlagen bestimmt, sondern von politischen (Exil; Auftrag), religiösen (Verfolgung, Missionierung) oder organisationalen (Entsendung, *Expatriate*) Faktoren bestimmt. Der Bezug zur Herkunftsregion ist wesentlich stärker als bei der Rückkehr-Migration von starker Identifikation mit einem ‚gelobten Land' oder einer ‚gelobten Organisation' bestimmt, für die man im Ankunftsland ‚leidet'.

Der vierte Idealtypus internationaler Migration ist die *Transmigration*. Sie zeichnet sich dadurch aus, dass der Wechsel zwischen verschiedenen Lebensorten in unterschiedlichen Ländern kein ein- oder zweimaliger Vorgang ist, sondern im Extremfall zu einem Normalzustand wird. Für den Transmigranten spannt sich der alltagsweltliche Lebensraum pluri-lokal über Ländergrenzen hinweg zwischen verschiedenen Orten auf. Das Wesentliche ist hierbei die imaginierte und über moderne Kommunikationsmedien aufrecht erhaltene Kopräsenz einer Gemeinschaft (häufig eines Großfamilien-Netzwerkes oder einer anderen sozialen Gruppe), die ihren Zusammenhalt nicht vorrangig aus der Berufung auf ein eindeutiges vorgängiges Zentrum (ein ‚gelobtes Land' oder eine Herkunftsnationalität) bezieht, sondern aus einer neu und selbst konstruierten kollektiven Identität. Dieser zunächst in nordamerikanischen Untersuchungen entwickelte Typus der Transmigration und des Transmigranten geht von neuen sozialräumlichen Grenzziehungen aus, die quer zur Herkunfts- und zur Ankunftsregion liegen (vgl. Glick Schiller et al. 1995; Basch et al. 1997; Smith/Guarnizo 1999; Faist 2000; Morawska 2001; Pries, 2001a, 2001b; Smith 2001).

Demzufolge entstehen durch transnationale Migration neue, dauerhafte Formen und Inhalte von Lebensstrategien und Lebenszusammenhängen. Die Erfahrungen und Selbstvergewisserungen der Transmigranten sowie die sozialen Positionierungen, die von ihnen selbst und von anderen vorgenommen werden, sind pluri-lokal und multipel. Denn sie sind nicht in ein mehr oder weniger geschlossenes monolokales Referenzsystem (entweder der Herkunfts- *oder* der Ankunftsgesellschaft bzw. der Diaspora-Gemeinschaft/-Organisation) eingebettet, sondern nehmen Elemente der Herkunfts- und der Ankunftsregion auf und transformieren diese zu etwas Eigenem und Neuen, welches pluri-lokale Flächenraumbezüge und multiple Sozialraumbezüge aufweist.

Im Falle der Transmigration bilden sich neue sozial-kulturelle Muster und Formen der Vergesellschaftung heraus, die Elemente der Ankunfts- und der Herkunftsgesellschaft beinhalten und diesen gleichzeitig gerade durch die Neumischung und Vermischung einen qualitativ anderen Gehalt geben. Es handelt sich um Sozialräume, die sich keineswegs nur vorübergehend auf dem Weg zu vollständiger Integration/Assimilation oder Rückkehr entwickeln. Ihnen liegen spezifische historische, wirtschaftliche, technische und soziale Voraussetzungen zugrunde (vgl. Pries 1996). Tendenzen und Phänomene der Transmigration werden von den Migranten und ihrem Primärgruppenumfeld selbst generiert und von dem Migrationssystem zwischen Herkunfts- und Ankunftsregion beeinflusst. Viele der Bestimmungselemente, die zum Idealtypus der Transmigration und des Transmigranten zusammengefügt sind, finden sich in empirischen Studien vereinzelt bereits seit den Anfängen des 20. Jahrhunderts (so z. B. bei Thomas/Znaniecki 1958; Morawska 2001). Vieles spricht dafür, dass für das Verständnis der Migrationsdynamiken im 21. Jahrhundert die Transmigration und der Transmigrant als Bezugskonzept von wachsender Bedeutung sind.

4.2   *Transmigranten und ihre sozial-räumliche Inkorporation*

Die vorgestellten vier Idealtypen von Migranten unterscheiden sich wesentlich durch ihr je spezifisches Verhältnis zu Herkunfts- und Ankunftsland und damit im Hinblick auf den sozial-räumlichen Bezugsrahmen von Vergemeinschaftung und Vergesellschaftung (vgl. Treibel 1999; Goebel/Pries 2003). Diese Prozesse der sozialen Einbindung von Migranten werden in der Forschung meistens nur auf die Ankunftsgesellschaft bezogen und als Assimilation, Integration oder Eingliederung bezeichnet. Da die mit diesen Begriffen verbundenen Konzepte meistens das Verhältnis zur Herkunftsregion nicht systematisch mit reflektieren und sie theoretisch und politisch in der Regel stark normativ besetzt sind, wird hier als Oberbegriff für die unterschiedlichen Aspekte und Dimensionen des Verhältnisses von Migranten zur Herkunfts- *und* zur Ankunftsgesellschaft der Terminus *Inkorporation* vorgeschlagen. Eine sozial-räumliche Ausweitung des Blickfeldes auf die ‚Verflechtungsbezüge' (Elias 1986) von Migranten ist gerade für den Idealtypus von

Transmigranten bedeutsam, da sich die gängigen Assimilations- und Integrationstheorien meistens nur auf die Situation in den Ankunftsgesellschaften beziehen.[16] Der klassische Ausgangspunkt von Theorien zur Migranteninkorporation ist das Assimilationskonzept der so genannten Chicagoer Schule.[17] Entsprechend dem Modell von Taft (1953) verläuft der Eingliederungsprozess von Migranten in sieben Phasen: (1) kulturelles Lernen, (2) Entwicklung einer positiven Einstellung zur Aufnahmegesellschaft, (3) Entwicklung einer negativen Einstellung zur Herkunftsgesellschaft, (4) wirtschaftliche Akkomodation, (5) soziale Akzeptanz durch die Aufnahmegesellschaft, (6) Identifikation mit der Aufnahmegesellschaft und (7) Einverständnis mit den Werten und Normen der Aufnahmegesellschaft. Taft unterscheidet ferner drei Formen der Assimilation: die monistische, die interaktionistische und die pluralistische. Monistische Assimilation meint die vollständige und passive Anpassung der Einwanderer an die Ankunftsgesellschaft. Pluralistische und interaktionistische Assimilation beinhaltet wechselseitige Beeinflussungs- und Veränderungsprozesse zwischen Einwanderern und Mehrheitsgesellschaft der Ankunftsregion (was in der gegenwärtigen Migrationsforschung meistens als Integration bezeichnet wird).

Die vorherrschenden Assimilations- und Integrations-Modelle sind auf die Untersuchung von Immigrationsprozessen in einer bestimmten geographisch-räumlichen Bezugseinheit (Großstadt oder Nationalgesellschaft) gerichtet. Sie fokussieren auf die Inkorporationsdynamik in der Ankunftsregion der Migranten als der einzig relevanten flächen- und sozialräumlichen Bezugseinheit. Entsprechend dieser Modelle hängt der Grad bzw. Erfolg von Assimilation oder Integration von dem Durchschreiten nacheinander folgender Phasen ab (Sequenzmodell von Inkorporation). Dadurch, dass ein für alle Migranten (aus den unterschiedlichsten Herkunftskontexten und mit verschiedenen Migrationsmotiven) gültiges Stufen- oder Phasenmodell vorgegeben wird, betonen die Ansätze die Gemeinsamkeiten der Migranten. Diese unterscheiden sich demzufolge voneinander hauptsächlich dadurch, wie weit sie auf der Assimilationsleiter bzw. im Integrationszyklus aufgestiegen sind.

Trotz ihrer wissenschaftlichen Bewährung und nachgewiesenen Erklärungskraft haben diese Konzepte eine deutliche Schwäche: Sie untersuchen nur Formen

---

[16] Wie im Weiteren erläutert wird, bezeichnet der übergreifende Begriff *Inkorporation* hier den generellen Prozess der Einbindung von Menschen in ,soziale Kreise' (Simmel 1908); bezogen auf Migranten wird dieser als ein ergebnisoffener sozialer Prozess der ökonomischen, kulturellen, politischen und sozialen Verflechtung auf der lokalen, regionalen, nationalen und transnationalen Ebene verstanden. Die Begriffe Assimilation und Integration werden zur Kennzeichnung spezifischer Verständnisse und Konzepte von Inkorporation verwendet.
Statt der Begriffen Assimilation und Integration Wie weiter unten gezeigt wird,

[17] In Deutschland hat Esser (1980) diese Konzepte aufgegriffen und in (sich teilweise widersprechenden) Phasenmodellen neu zu ordnen versucht.

der nationalstaatlichen Vergesellschaftung, weil sie die Perspektive auf geschlossene nationalstaatliche ‚Container'-Gesellschaften (Pries 1997) übernehmen. Migration wird in diesen Modellen als ein biographischer Bruch betrachtet. Nach der Phase der ersten Sozialisation im Herkunftsland folgt eine mehr oder weniger gelungene ‚zweite Sozialisation' im Ankunftsland. Zwischenlagen werden nur als temporäre Phasen im Prozess von dem einen zum anderen Pol aufgefasst. Angesichts des Transmigranten-Idealtypus ist ein erweitertes Verständnis und Konzept von Inkorporation zu entwickeln. Entgegen allzu starrer Sequenzvorstellungen sollte die *gesellschaftliche Inkorporation von Migranten als ergebnisoffener sozialer Prozess der ökonomischen, kulturellen, politischen und sozialen Verflechtung von Migranten auf der lokalen, regionalen, nationalen und transnationalen Ebene*, also sowohl in der (bzw. den) Herkunftsregion(en) und der (bzw. den) Ankunftsregion(en) gefasst werden. Die Komplexität solcher Inkorporationsprozesse soll beispielhaft Tabelle 3 verdeutlichen.

Tabelle 3   Multiple und multi-lokale Inkorporation eines Transmigranten

Bezug / Dimension	Herkunftsland			Ankunftsraum			Weitere Bezugsräume		
	lokal	regional	national	lokal	regional	national	lokal	regional	national
ökonomisch	■			■					
Sozial	■	□		■	■		■		
Kulturell		■				□			□
Politisch		■				□		■	

Inkorporationsintensität: ■ = starke Inkorporation; □ = schwache Inkorporation

Das in der Tabelle 3 dargestellte Inkorporationsmuster könnte z. B. die geographisch-räumlichen Bezüge (Zeilentitel) und die vier Dimensionen der sozialräumlichen Inkorporation (Spaltentitel) eines Transmigranten repräsentieren, der in Schlesien geboren wurde und seit den 1980er Jahren in Deutschland (z. B. Mülheim an der Ruhr) lebt. Seine ökonomische Inkorporation findet vor allem auf der lokalen Ebene in Deutschland (wo er ein Geschäft eröffnet hat) und in seinem Heimatdorf (wohin er einen erheblichen Teil seiner Einkünfte an seine Eltern schickt) statt. Seine soziale Einbindung konzentriert sich auf die Rhein-Ruhr-Region (in der er intensiven Kontakt zu vielen ebenfalls migrierten Schlesiern und zu ‚Alteingesessenen' unterhält), auf das Dorf und die Region seiner Herkunft (wo viele seiner Freunde und Familienmitglieder leben), sowie auf Lelystad in den Niederlanden, wo seine Schwester lebt, die er regelmäßig besucht. Seine kulturelle Selbstverortung ist vor allem auf Schlesien (und nur in schwachem Ausmaß auf Polen und auf Deutschland) ausgerichtet. Seine politische Einbindung ist auf Schlesien konzentriert, er ist Mitglied einer Vereinigung der Schlesier in Deutschland und neuerdings unterstützt er die Schlesier in Holland bei dem Aufbau einer schlesischen Zeitschrift.

Schon dieses kurze (fiktive, aber ähnlich tatsächlich vorkommende) Beispiel zeigt, wie vielfältig sich die Konstellationen ökonomischer, sozialer, kultureller und politischer Inkorporation über nationalstaatliche Grenzen hinweg gestalten können.[18] Würde man nun eine solche Momentaufnahme der Inkorporation in Form etwa einer Panelbefragung regelmäßig wiederholen, so ergäben sich recht komplexe Inkorporationsverläufe von Migranten. Die Studien über Transmigranten unterstreichen die vielfältigen Muster von flächenräumlichen Bezügen und von sozialräumlichen Dimensionen und lassen – zumindest beim gegenwärtigen Stand der Forschung – keinen klaren und einheitlichen Entwicklungspfad der Verflechtungsbezüge (etwa in Richtung ‚Assimilation in Ankunftsland' oder ‚Rückintegration im Herkunftsland') erkennen. Transnationale Identitäts- und Inkorporationsmuster sind vergleichsweise variabel und offen. Die Zugehörigkeitsmuster und -strategien von Transmigranten lassen sich nicht eindeutig einem ‚Heimatland' oder ‚Zentrum' zuordnen. Die sozial-kulturelle Identität und Selbsterfahrung ist von Mehrdeutigkeit und multiplen Bezugsrahmen gekennzeichnet, Lebensstrategien basieren auf pluri-lokalen ‚mentalen Landkarten' transnationaler Räume.

Kearney/Nagengast (1989) haben als erste Wissenschaftler moderne transnationale Phänomene unter Arbeitsmigranten zwischen Mexiko und den USA untersucht und auf neue Identitätstypen in der pluri-lokalen und nicht uni-direktionalen transnationalen Migration hingewiesen. Nach Kearney (1995: 558) sind transnationale Zugehörigkeiten mehr als nur eine Kombination von soziokulturellen Elementen des Herkunfts- und des Ankunftslandes. Sie beziehen sich auf beide sozial-räumlichen Einheiten und auf weitergehende Identitätskonstruktionen, „in welchen das Subjekt partielle, überlappende Identitäten mit anderen ähnlich lebenden de-lokalisierten Menschen teilt, wodurch lokal zusammenhängende Sozialformen verhindert werden." Transnationale Migrationsprozesse sind für Nordamerika inzwischen relativ gut dokumentiert (Grasmuck/Pessar 1991; Basch et al. 1997; Pries et al. 1998; Levitt 2001; Besserer 2004; Smith 2005). Auch für Europa gibt es zahlreiche Studien zu transnationaler Migration und Transmigranten. Neben Studien zum Mittelmeerraum (z.B. Withol de Wenden 1993; Hillmann 2000; Cappai 2005) gibt es viele Hinweise für transnationale Migration und für die Entstehung transnationaler sozialer Räume für Osteuropa. Miera (2001), Korczynska, (2001) und Cyrus (2001) beschreiben und analysieren die polnische

---

[18] Als Beispiel für eine differenzierte, Herkunfts- und Ankunftsregionen integrierende Analyse einer lokalen Milli Görüs-Gemeinde vgl. Pielage 2010.

Migration nach Berlin und identifizieren transnationale sozio-ökonomische Räume, in denen ein Teil der Polen *zwischen* Berlin und Orten in Polen leben: Es existiert ein informeller Arbeitsmarkt mit seinen eigenen Regeln und Mechanismen, eine Infrastruktur mit Vereinen, Zeitungen und anderen kulturellen Gütern, die weder einfach polnisch noch einfach von oder für polnische(n) Einwanderer gemacht sind, sondern Teil grenzüberschreitender Verflechtungen sind, die alltägliche Praktiken und Identitäten von Transmigranten umfassen.

Sogar für Spätaussiedler aus Polen, von denen man sagt, dass sie sich ziemlich schnell in Deutschland assimilieren, stellt Pallaske (2001) mehrdeutige Identifikationsprozesse fest: „Besonders zu Beginn ihres Aufenthaltes leugnen sie die Identität ihres Ursprungslandes, sind verwirrt von ihrer Identität und versuchen, alle alten Wurzeln loszuwerden. Wenn sie sich bewusst werden, dass diese Strategie nicht erfolgreich ist, rufen sich viele Aussiedler ihre polnische Identität wieder ins Gedächtnis. Junge Aussiedler identifizieren sich immer weniger als Deutsche". Morawska (2001) argumentiert, dass das transnationale soziale Leben zwischen Polen und anderen Ländern kein neues Phänomen der 1990er Jahre ist, sondern schon seit mehr als 100 Jahren existiert. Im Falle der (Auflösung der) früheren Sowjetunion erforschten Oswald und Voronkov (1997) die Wiedergeburt einer stärkeren ethnischen Zuschreibung und eines re-ethnisierten Bewusstseins der Menschen; basierend auf der früheren sowjetischen Politik einer doppelten Nationalität (allgemeine Staatsbürgerschaft der UdSSR und ethnische Selbstzuschreibung zu einer bestimmten „nationalen Volksgruppe") entdeckten viele Menschen Ethnizität als eine kontrollierbare Quelle wieder und entwickelten mehrdeutige und transnationale Identitäten und Lebenspraktiken. Kalačeva und Karpenko (1997) analysierten die sich verschiebenden (teilweise transnationalen) Zugehörigkeitspolitiken für jüdische Russen oder russische Juden in St. Petersburg.

Vor dem Hintergrund dieser inzwischen reichhaltigen empirischen Forschung lassen sich die Konturen des Idealtypus des Transmigranten deutlich von denen der anderen Idealtypen von Migranten (Auswanderer, Rückkehrwanderer, Diaspora-Wanderer) unterscheiden. Transmigranten sind vor allem dadurch gekennzeichnet, dass sie ihr Leben pluri-lokal und über die Grenzen von Nationalstaaten hinweg führen. Dies geschieht zum Teil durch direkte physische Mobilität zwischen Orten in unterschiedlichen Ländern – meistens zwischen Haushalten in den Herkunfts- und Ankunftsregionen, die durch verwandtschaftliche oder andere enge soziale Netzwerkbeziehungen miteinander verbunden sind. Noch wichtiger aber als die direkte physische Wanderung sind die ‚mentale Mobilität' und die pluri-lokalen, grenzüberschreitenden ‚mentalen Landkarten' für die Transmigranten. Ihre alltagsweltlichen Aufmerksamkeitsstrukturen, Aktivitäten und Erfahrungen sind nicht nur auf den Ort fixiert, an dem sie sich körperlich aufhalten, sondern spannen sich transnational über verschiedene Ort auf. Durch regelmäßige Kommunikation neben sie unmittelbar am Leben anderer Mitglieder ihrer pluri-lokalen Netzwerkstruktur teil. Die über Telefon und Internet hergestellte ‚kommunikative Nähe‘ kann zwar eine direkte physische Kopräsenz nicht ersetzen, sie kommt aber einer Face-to-Face-Situation recht nahe.

Transmigranten unterscheiden sich von Einwanderern, Rückkehr- und Diaspora-Migranten, die ebenfalls durchaus häufige grenzüberschreitende Kontakte pflegen, vor allem dadurch, dass sie keinen eindeutigen Präferenzort in ihrem transnationalen Lebensentwurf definieren (wollen). Sie erfahren das Hin-und-Hergerissen-Sein zwischen unterschiedlichen klimatischen, geographischen, kulturellen, politischen, wirtschaftlichen und sozialen Kontexten ebenso wie die anderen Typen von Wanderern teilweise als Belastung. Während sich jene aber für einen bestimmten sozial-räumlichen Ort als Zentrum ihres Lebens entschieden haben, bleibt diese Frage für Transmigranten offen. Wenn sie gefragt werden, wo sie sich denn eigentlich ‚tatsächlich‘ und ‚letztendlich‘ hingezogen und zu Hause fühlen, antworten sie mit einem ‚sowohl als auch‘ statt mit einem ‚entweder oder‘. Auf den Einwand, irgendwann müsse sich doch jeder entscheiden, wo er hin gehöre und wo er langfristig leben möchte, antworten sie: Aber (fast) niemand wird doch gezwungen, sich zwischen seiner Mutter und seinem Vater zu entscheiden! Warum sind bi-polare Identitätsorientierungen gegenüber den wichtigsten Bezugspersonen der Vorgängergeneration – den Eltern – möglich, aber nicht im Hinblick auf die sozial-räumliche eigene Verortung?

Im Gegensatz zu den anderen Typen von Wanderern bringt für Transmigranten das Abwägen zwischen den Nachteilen und den Vorteilen einer transnationalen Existenz eher Vorteile – unabhängig davon, ob diese ‚Güterabwägung‘ nur intuitiv und gefühlt oder explizit und rational hinterfragt vorgenommen wurde. Transmigranten nehmen vor allem die Möglichkeitserweiterungen und die zusätzlich zur Verfügung stehenden Ressourcen eines transnationalen Lebens wahr: die kulturellen Möglichkeiten, die Erwerbschancen, die Verdoppelung der sozialen Beziehungsnetzwerke, das Wissen um und Ausschöpfen von doppelten Gelegenheitsstrukturen in den verschiedensten Lebensbereichen (Wohnen, Gesundheit-Krankheit, Lernen-Wissen, Sprache-Kultur, Klima-Landschaften etc.). Natürlich macht all dies Transmigranten nicht zu vollständig souveränen und vollkommen erfüllten pluri-lokalen ‚Surfern des Lebens‘. Auch sie unterliegen strukturellen Spannungen, ständigen Herausforderungen und kollektiven Handlungszwängen. Sie müssen sich z. B. transnationalen Familienentscheidungen im Hinblick auf Beschäftigungssuche, Geldzahlungen oder Pflegeverantwortlichkeiten fügen. Sie müssen ein recht hohes Aktivitätsniveau einbringen, um die sozialen ‚Übertragungsverluste‘ der großen Raumdistanzen zu kompensieren. Sie werden mitunter an den verschiedenen Orten ihrer Lebensgestaltung als ‚vaterlandslose Gesellen‘ oder ‚unsichere Kantonisten‘ kritisch beobachtet, da ihre Loyalitäten komplexer verteilt sind. Aber solche Problemlagen werden ausgeglichen oder übertroffen

durch die zusätzlichen Chancen, die sich für Lebenserfahrungen und Lebensgestaltung ergeben.

Transmigranten unterscheiden sich also von den anderen Migranten-Typen
vor allem durch ihr ambivalentes, nicht festgelegtes und nicht priorisierendes Verhältnis zwischen Herkunfts- und Ankunftsregion. Zu erinnern ist an den Umstand,
dass es sich bei allen vier hier vorgestellten Typen um Idealtypen handelt. Diese
Typen weisen jeweils eine innere Konsistenz und Schlüssigkeit auf, die im ,wirk-
lichen Leben' und bei den Realtypen von Migranten nicht zu finden ist. Einige der
Menschen, die dem Idealtypus des Transmigranten nahe kommen, sind vielleicht
früher einmal mit dem ,erwerbsbiographischen Projekt'[19] eines auf zwei bis drei
Jahre befristeten Arbeitsaufenthaltes aus ihrem Herkunftsland aufgebrochen und
ähnelten damals also dem Idealtypus des Rückkehr-Migranten. Aus dem auf einige
Jahre befristeten Aufenthalt wurde eine sich auf Jahrzehnte ausdehnende Anwesenheit im Ankunftsland. Vielleicht wurde eine Rückkehr in das Herkunftsland
versucht, scheiterte aber an den inzwischen veränderten sozial-kulturellen Orientierungen und an den Kindern, für die die Ankunftsregion die Herkunftsregion ist.
Vielleicht kamen einige der jetzigen Transmigranten in ihren Lebensstrategien früher nicht nur dem Idealtypus des Rückkehr-Migranten nahe, sondern auch dem des
Diaspora-Migranten: Sie kamen als politische Flüchtlinge in das Ankunftsland und
warteten nur darauf, dass sich die diktatorischen oder Verfolgungs-Bedingungen
im Herkunftsland wieder besserten um zurückzukehren. Nachdem der zunächst
sehnlichst erhoffte politische Wechsel auf sich warten ließ, richteten sie sich in der
Ankunftsgesellschaft in Grenzen ein, sie gewannen Freunde. Und nachdem das
Unrechtsregime im Herkunftsland tatsächlich überwunden war, war den bis dahin
eher ,diaspora-migrantisch' Lebenden die eigene Herkunftsgesellschaft fremd geworden. So schlossen sie dann mit sich und ihren Nachkommen den Frieden, dem
Idealtypus des Transmigranten ähnlich ,zwischen den Welten' zu leben. Als dies
zeigt: Idealtypen sollen helfen, die Komplexität der realen Welt zu sortieren und
zu gliedern. Die tatsächlichen Migranten nähern sich mehr oder weniger stark dem
einen oder dem anderen der beschriebenen Idealtypen an. In ihrem Lebensverlauf
können sich dabei ihre migrantischen Lebensprojekte verändern, sie können sich
aus der Nähe eines Idealtypus in die eines anderen bewegen. So wie die anderen
Idealtypen von Migranten ist auch der Idealtypus des Transmigranten ein spezieller
Fall des Sozialtypus von Fremden.

---

[19] Unter erwerbsbiographischem Projekt werden hier die auf Erwerbsarbeit bezogenen Deutungs- und
Orientierungsmuster in der alltäglichen Lebenswelt der Menschen verstanden, die als Ergebnis vor-
gängiger biographischer ,Erfahrungsaufschichtungen' den *Erwerbsverlauf* als ,objektive' Sequenz
von unterschiedlichen Arbeits- und Erwerbspositionen und die *Erwerbsbiographie* als der auf den
Erwerb bezogenen ,subjektiven' (Re-) Konstruktion des eigenen Erwerbszusammenhanges integrieren; vgl. Pries (1997: 271 ff.).

4.3   Transmigranten und andere Typen von ‚Fremden‘

Der Transmigrant wurde als ein Idealtypus des Wanderers vorgestellt. Den Migranten selbst hatte bereits Robert Park (1928) als Sozialtypus in seiner Eigenschaft als ‚Randständigen‘ gegenüber dem ‚Normaltypus‘ des Sesshaften herausgearbeitet. Der Migrant ist – aus der Sicht der Mehrheit der Sesshaften – eine Ausnahmeerscheinung, er ist aber aufgrund der großen gesellschaftlichen Wandlungstendenzen seit dem 19. Jahrhundert durchaus kein ephemeres Phänomen, sondern von allgemeiner und struktureller Bedeutung. Vor dem Hintergrund von Demokratisierung, Urbanisierung und Industrialisierung und angesichts neuer Transport- und Kommunikationstechnologien (Eisenbahn, Dampfschifffahrt, Flugzeuge, Telefon, Internet) wurden und werden immer mehr Menschen in den Sog großer Wanderungsprozesse gezogen. Diese Migrationsströme sind nicht mehr die kollektiven Ortswechsel von Sippen, Stämmen oder Völkern, wie dies noch in den großen Völkerwanderungen der Fall war. Vielmehr findet seit dem ausgehenden 19. Jahrhundert eine Individualisierung der Migration im Sinne von Motiven und Mustern der Wanderungen statt.[20] Hierdurch wird der Migrant zum Inbegriff des Typus des Fremden, den schon Georg Simmel (1908: 509 ff.) als ein Ergebnis allgemeiner sozialer Wandlungsprozesse seiner Zeit ausführlich beschrieben hatte.

Demnach lässt sich der Fremde als sozialer Typus durch die drei Merkmale Beweglichkeit, Objektivität und Freiheit von dem ‚Einheimischen‘ unterscheiden. Der Fremde ist ‚der Ferne, der nah ist‘ und der damit dem Einheimischen dauerhaft den Spiegel vorhält. Er ist – im Gegensatz zum ständig Wandernden, der an einem Tage kommt und am anderen Tage weiterzieht – derjenige, der „heute kommt und morgen bleibt“ (ebd.: 509). Der Fremde kann die soziale Gruppe der Sesshaften (aufgrund seiner weiter reichenden Erfahrungen und Kenntnisse) wie aus der Vogelperspektive und (aufgrund der recht intimen Kenntnisse dessen, der länger bleibt) gleichzeitig fast wie jemand Ihresgleichen aus der Nähe betrachten. War der Sozialtypus des Fremden in vormoderner Zeit vorwiegend durch spezifische Gruppen wie etwa jüdische Kaufleute bestimmt, so sind nach Simmel in der modernen Großstadt fast alle sozialen Beziehungen durch Fremdheit geprägt. Fremdheit bzw. die Unterscheidung zwischen ‚Eigenem‘ und ‚Fremdem‘ beruht nun nicht mehr allein auf geographischer oder flächenräumlicher Distanzierung, sondern zunehmend auch auf sozialer bzw. sozialräumlicher Differenzierung (zur Unterscheidung von Flächenräumen und Sozialräumen vgl. ausführlicher Pries 2008: 77 ff.).

---

[20] Dies bedeutet nicht, dass Migrationsentscheidungen und -zusammenhänge nun ausschließlich individuell bestimmt sind – in Kapitel 2 wurde ja gerade gezeigt, wie bedeutsam der Familienzusammenhang hierfür ist. Gemeint ist, dass sich grenzüberschreitende Wanderungen nicht mehr vorwiegend in großen (auch familiären) Kollektiven vollziehen, sondern dass individuelle Präferenzen und Aushandlungen im Familienzusammenhang und die (zunächst erfolgende) Migration Einzelner häufiger werden.

Zu dieser ersten Komplexitätssteigerung der Fremdheitserfahrung (als sozial-räumlich und flächenräumlich bestimmte) kommt eine zweite hinzu, die sich auf die Einsicht gründet, dass die Unterscheidung zwischen ‚dem Eigenen' und ‚dem Fremden' oder zwischen ‚Identität' und ‚Alterität' nicht ‚gottgewollt' oder natürlich gegeben, sondern *sozial konstruiert* ist. Karl Valentin hat mit seinem Ausspruch ‚Fremd ist der Fremde nur in der Fremde' auf diesen Umstand der Fremdheit als einer wahrgenommenen sowie selbst- und fremdzugeschriebenen sozialen Beziehung hingewiesen. Den Konstruktionscharakter ebenso wie den Machtaspekt von Fremdheit und Alterität haben Elias/Scotson (1993) in ihrer Untersuchung zum Verhältnis von Etablierten und Außenseitern, unterstrichen: „Die Gefühle von Abneigung, Verachtung oder Haß, die Mitglieder einer Etabliertengruppe denen einer Außenseitergruppe entgegenbringen und ihre Furcht, daß sie durch engere Kontakte mit ihnen beschmutzt werden könnten, sind dieselben, ob sich die Gruppen in ihrem physischen Aussehen klar voneinander abheben oder ob sie physisch ununterscheidbar sind, so daß die machtunterlegenen Außenseiter eine Kennmarke tragen müssen, die ihre Identität ausweist."

Die Voraussetzungen, Formen und Wirkungen der alltäglichen Konstruktionen und Ordnungen des Eigenen und des Fremden hat Julia Reuter (2002) ausführlich in sechs Dimensionen analysiert. Sie beschreibt die Fremdheit (1) in der alltäglichen Interaktion als reale soziale Beziehung, (2) in den alltagsweltlichen Interpretationen und Zuschreibungen als Ausdruck von Konstruktionsprozessen, (3) in den sozialen Interaktionssystemen als Unterscheidungen und damit Ordnung stiftendes Regulativ, (4) in den alltäglichen gesellschaftlichen Auseinandersetzungen und Etikettierungen als eine von dominanten Gruppen genutzte Chiffre der Macht, (5) als strukturell notwendigen Gegenpol und als Komplement zur eigenen Selbstvergewisserung und Identitätsausbildung und gleichzeitig (6) als ständige Irritation und Herausforderung für das Eigene, welches hierdurch in einer Ambivalenz und Entwicklungsdynamik gehalten werde. Bezogen auf den hier vorgestellten Idealtypen des Transmigranten sind gerade die beiden zuletzt genannten Aspekte von Bedeutung. Für den Transmigranten findet eine Selbstfindung und Bestimmung des ‚Eigenen' gerade dadurch statt, dass ihm andere Identitätsentwürfe, speziell die der Auswanderer, der Rückkehr-Migranten und der Diaspora-Migranten für die eigene Lebensorientierung nicht angemessen oder überzeugend erscheinen. In der Sprache der Soziologie würde er sie fragen: ‚Muss man die Irritationen und Herausforderungen, die sich aus der tiefgreifenden Erfahrung flächenräumlicher und sozialräumlicher Alternativen sowohl zum Herkunftsland als auch zum Ankunftsland ergeben, nicht anerkennen, produktiv aufnehmen und sogar auf Dauer stellen?' (vgl. hierzu auch Mecheril/Teo 1994 und Mecheril 2003).

Für den Transmigranten ist gerade der ‚Ritt auf der Mauer', die das Eigene und das Fremde trennt bzw. trennen soll, typisch. Er grenzt sich von den ande-

ren Migrantentypen dadurch ab, dass diese aus seiner Sicht in ihren Wirklich-
keitskonstruktionen nur einmal (Immigrant) oder mehrmals (Rückkehr-Migrant,
Diaspora-Migrant) ‚über die Mauer gesprungen' sind. Insofern ist der Transmigrant
überall da zu Hause, wo seine Balancierung des Verhältnisses von Eigenem und
Fremdem verstanden und geteilt wird, und er ist überall da fremd, wo eindeutige
Zuordnungen verlangt werden. Die skizzierten, bei Julia Reuters ausgearbeiteten
Dimensionen des Umgangs mit dem Eigenen und dem Fremden, mit Identitäts-
und Alteritätserfahrungen und -konstruktionen sind für alle Menschen relevant.
Transmigranten halten ihre sozialräumliche Zuordnung zwischen Herkunftsland
und Ankunftsland (und vielleicht weiteren Flächenraumbezügen wie z. B. supranationalen EU-Referenzen) explizit in der Schwebe und konstruieren dadurch
neue Sozialräume.

Ob diese transnationalen Sozialräume doch eher transitorisch und ephemer
bleiben oder für die alltägliche Ordnung der menschlichen Verflechtungsbezüge
an Bedeutung gewinnen, kann nur die Zukunft und entsprechende sozialwissenschaftliche Forschung zeigen. Vieles spricht für eine solche Transnationalisierung
von Zugehörigkeitskonstruktionen als Teil transnationaler Vergesellschaftungsprozesse. Diese Transnationalisierung wurde in den vorangegangenen drei Kapiteln auf der mikro-soziologischen Ebene der alltäglichen Lebenswelten behandelt.
Es zeigte sich, dass Familienbindungen und die Alltagspraxis familiären Zusammenlebens sich ebenso transnational aufspannen können wie die Prozesse
des Alterns und der Selbst- und Fremdkonstruktionen von Zugehörigkeiten und
Lebensstrategien. In den folgenden drei Kapiteln des Teils C wird die meso-
soziologische Ebene von Organisationen und deren Stellenwert für transnationale
Vergesellschaftung betrachtet.

C Transnationalisierung und Organisationen

Generell kann man Organisationen als relativ dauerhafte Kooperationsgefüge von Menschen verstehen, die sich durch drei Besonderheiten von anderen ,Gesellungsformen' wie etwa der Familie, einer sozialen Bewegung wie der Umweltbewegung oder den Zugehörigkeitserfahrungen zu einer nationalen, ethnischen oder kulturellen Bezugsgruppe unterscheiden. Organisationen haben erstens mehr oder weniger klar definierte Ziele und Zwecke, die in der Regel im Laufe der Zeit durch die Mitglieder verändert werden. Organisationen zeichnen sich zweitens durch Ein- und Austritts- bzw. Mitgliedschaftsregeln und somit durch ein Innen-Außen-Verhältnis bzw. eine Organisation-Umwelt-Definition aus. Schließlich haben sie mehr oder weniger bewusst gestaltete und gestaltbare Strukturen, Funktionen und Prozesse (von Arbeitsteilung, vertikaler und horizontaler Koordination, Verantwortungen und Kompetenzen etc.).

Grundsätzlich können Organisationen in die zwei Gruppen kollektiver und korporativer Akteure differenziert werden. Unternehmen als Profit-Organisationen sind ein typisches Beispiel für *korporative Akteure*: In ihnen ist die Interessenhomogenität sehr gering (z. B. Manager und Arbeiter haben einige gemeinsame, aber auch viele divergierende Interessen), und die Organisation ist in ihrer Ressourcenausstattung relativ unabhängig von den Mitgliedern (bei Aktiengesellschaften kommt ein Großteil der Ressourcen z. B. von anderen Organisationen wie Fonds oder Banken). Bei Organisationen als *kollektiven Akteuren* überwiegen die gemeinsamen Interessen, und diese Organisationen sind in hohem Maße von der unmittelbaren Ressourcenmobilisierung ihrer Mitglieder abhängig. Weitere übliche Unterscheidungen von Organisationen beziehen sich auf ihren Hauptzweck, wobei die Differenzierung in *Profit-Organisationen* und *Non-Profit-Organisationen* wohl die wichtigste ist, und auf ihren hauptsächlichen Charakter als (internationalen) gouvernementalen Organisationen (IGO) und als internationalen *non-gouvernementalen Organisationen* (INGO; zu den Begriffen vgl. z. B. Woyke 2004: 212 ff.).

Im Folgenden werden vor allem Non-Profit-Organisationen behandelt: Euro-Betriebsräte (EBR), Migrantenorganisationen und die UNO als IGO. Dabei werden Erkenntnisse der Forschungen zu Profit-Organisationen in die Behandlung der EBR einfließen, weil sich deren Funktionen und Wirken unmittelbar aus grenzüberschreitenden Unternehmenszusammenhängen heraus ergibt und auf dieses bezieht. Es wird gezeigt, dass Organisationen einerseits selbst Träger von Transnationalisierungsprozessen sind, dass Vergesellschaftung also *durch* transnationale Organisationen eine ganz bestimmte – nämlich transnationale – grenzüberschreitende Form annehmen kann, die sich von den anderen Formen der Internationalisierung (Inter-Nationalisierung, Supra-Nationalisierung, Globalisierung, Re-Nationalisierung, Glokalisierung und Diaspora-Internationalisierung) unterscheidet. Andererseits können Transnationalisierungsprozesse auf der mikro-soziologischen Ebene all-täglicher Lebenswelten oder der makro-soziologischen Ebene von Institutionen auch *in* verschiedenen Typen von grenzüberschreitend tätigen Organisationen vorangetrieben werden.

5   Euro-Betriebsräte als transnationale Organisationen

Auf die EU als ein Paradebeispiel der Supra-Nationalisierung wurde bereits im ersten Kapitel verwiesen. Weil das Projekt der europäischen Einigung eine wirt-schaftliche, soziale, politische *und* kulturelle Supra-Nationalisierung enthält, hat es auch im Bereich der Regulierung von Arbeit, Beschäftigung und Erwerb weit reichende Wirkungen. Dies zeigt sich vor allem darin, dass nicht nur der freie Fluss von Waren und Gütern, sondern auch von Dienstleistungen und von Men-schen ermöglicht wird. Alle EU-Bürger haben grundsätzlich das Recht, in jedem EU-Mitgliedsland zu wohnen und zu arbeiten. Besonders weit in Richtung einer europäischen Supra-Nationalisierung gehen verschiedene, vom Europäischen Ministerrat und teilweise auch schon von der Europäischen Kommission ver-abschiedete Richtlinien, die die nationale Souveränität für bestimmte Bereiche der Regulierung von Arbeits-, Beschäftigungs- und Partizipationsbedingungen durch eine europäische Vorrangstellung ersetzen. Dies gilt etwa für den Bereich des Arbeitsgesundheitsschutzes, der Definition von Mindestlöhnen, die Festlegung allgemeiner verbindlicher Mindestnormen für Arbeit und Beschäftigung und für die Definition einer europäischen Richtlinie über Informations- und Anhörungs-rechte der Arbeitnehmer in der EU.[1]

Besonderes Gewicht bekam die europäische Ebene der Erwerbsregulierung durch die Verträge von Maastricht 1991 und Amsterdam 1997, weil hierdurch der bereits seit den 1980er Jahren initiierte sogenannte *Soziale Dialog* zwischen Gewerkschaften und Arbeitgeberverbänden ein neues Instrument erhielt. Die beiden Arbeitsvertragsparteien müssen seitdem nicht nur bei allen sozialen An-gelegenheiten und besonders bei allen Fragen, die die Themen Arbeit und Be-schäftigung betreffen, von den europäischen Organen gehört werden. Sie können auch gemeinsame Initiativen zur Verabschiedung von europäischen Verordnungen und Richtlinien ausarbeiten. Bereits 1995 war eine solche europäische Richtlinie

---

[1] Vgl. http://www.eurofound.europa.eu/areas/industrialrelations/dictionary/index.htm (letzter Zugriff 09.6.2010) für einen aktuellen Überblick und Hantrais 2007.

zum Elternurlaub auf Initiative der Arbeitgeber- und Gewerkschaftsverbände verabschiedet worden. Es folgte 1997 eine Richtlinie zur Teilzeitarbeit und 1999 eine Richtlinie zu zeitlich befristeten Arbeitsverträgen, sowie weitere sektorale Vereinbarungen über die Regelung der Arbeitszeit von Seeleuten (1998), über die Arbeitsorganisation für das fliegende Personal der Zivilluftfahrt (2000) und eine Vereinbarung über bestimmte Aspekte der Arbeitsbedingungen mobiler Eisenbahnarbeiter, die in grenzübergreifenden Diensten eingesetzt sind (2004). Während die vorgenannten Vereinbarungen durch Anhörung der Sozialpartner und anschließenden Beschluss des europäischen Rates entstanden sind, gibt es zusätzlich freiwillige Vereinbarungen, für deren Durchführung und Überwachung die Sozialpartner selbst verantwortlich sind. Zu ihnen zählen die Rahmenvereinbarung über Telearbeit (2002), die Rahmenvereinbarung über arbeitsbedingten Stress (2004) und die Vereinbarung über eine europäische Fahrerlaubnis für Zugführer in grenzüberschreitenden interoperablen Verkehrsdiensten (2004).[2]

Ein besonders interessantes Beispiel für die enge Verschränkung von internationaler, supranationaler und nationaler Erwerbsregulierung sind die Euro-Betriebsräte (EBR). Deren Entstehung, institutionelle Grundlage und bisherige Erforschung wird im Folgenden zunächst skizziert (Abschnitt 5.1). Anschließend werden die EBRs systematischer als Organisationen im Kontext von Transnationalisierungsprozessen vorgestellt (Abschnitt 5.2). Am Beispiel des EBR von General Motors können dann die Chancen, aber auch die Strukturprobleme einer Transnationalisierung der Erwerbsregulierung aufgezeigt werden (Abschnitt 5.3).

5.1 EBRs als Ausdruck europäischer Supranationalisierung

Die Verabschiedung der ,Richtlinie zur Einführung von Europäischen Betriebsräten' durch den Europäischen Ministerrat erfolgte nach etwa zehn Jahre andauernden Diskussionen und Anläufen am 22. September 1994. Die Richtlinie von 1994 sah vor, dass alle unterzeichnenden nationalen Regierungen[3] innerhalb von zwei Jahren per nationaler Gesetzgebung die entsprechende nationale Gesetzesbasis für die Einführung von EBRs schaffen sollten. In Deutschland wurde das entsprechende Gesetz (EBRG) am 28. Oktober 1996 vom Parlament verabschiedet. Entsprechend der EU-EBR-Richtlinie können in allen Unternehmen, die in mindestens zwei EU-Mitgliedsstaaten mindestens jeweils einen Standort mit mindestens

---

[2] Für aktuelle Entwicklungen und die europäische sowie nationale Rechtsprechung vgl. neben den in der vorhergehenden Fußnote genannten Quellen http://www.labourlawnetwork.eu/ (letzter Zugriff 09.6.2010).

[3] Großbritannien hatte seine *opting out*-Option genutzt und sich dem gesamten Verfahren entzogen, trat dann aber nach dem Sieg der Labour-Regierung im Jahre 1997 dem EBR-Vorhaben bei.

150 Arbeitnehmern und in den EU-Vertragsstaaten insgesamt mindestens 1.000
Arbeitnehmer beschäftigen, ein EBR eingerichtet werden (Keller 2002).
     Die neue Institution der EBRs entwickelte und festigte sich in einem komple-
xen Prozess der Verabschiedung supranationaler (EU-)Richtlinien, des Erlassens
nationaler (Ausführungs-)Gesetze und einer dazu voraus-, parallel- und nach-
laufenden Praxis grenzüberschreitender Interessenregulierung (Keller 2001; Lecher et al. 2001; Pries 2010). Im Jahre 2010 existierten etwa 950 EBRs in europaweit
tätigen Unternehmen. Damit waren diese europäischen Einrichtungen in mehr als
einem Drittel aller Unternehmen geschaffen worden, in denen die formalen Voraussetzungen hierfür vorliegen. In den Unternehmen mit EBR sind immerhin etwa
17 Millionen Menschen beschäftigt. Angesichts zunehmender grenzüberschreitender Aktivitäten von Unternehmen können EBRs ein wichtiges Instrument sein, um
diese ökonomische bzw. Unternehmens-Europäisierung durch eine sozialpolitische
Europäisierung von Interessenvertretung und Verhandlungsstrukturen zu ergänzen.
     Generell kann man grob drei Entwicklungsphasen der EBR unterschieden.
Die erste Phase bezieht sich auf den Zeitraum von Mitte der 1980er Jahre bis
1994, in der – noch vor Verabschiedung der EBR-Richtlinie – knapp fünfzig frei-
willig vereinbarte Gremien der Arbeitnehmerinformation und -konsultation auf
europäischer Ebene entstanden. Auf Initiative des Managements wurde bereits
1985 im französischen Unternehmen *Thomson Consumer Electronics* ein europäisches Informations- und Konsultationsorgan gebildet, in dem Management- und
Arbeitnehmerrepräsentanten vertreten sind. Die zweite Phase erstreckt sich auf
den Zeitraum von der Verabschiedung der EBR-Richtlinie im September 1994 bis
zur vorgeschriebenen Umsetzung der Ausführungsbestimmungen in nationales
Recht im September 1996. Während dieser Phase wurden auf Basis des Art. 13
der EBR-Richtlinie eine Reihe sog. ‚freiwilliger Vereinbarungen‘ abgeschlossen,
die nicht zwingend dem in der EBR-Richtlinie vorgesehen Verfahren entsprechen mussten. In dieser zweiten Phase stieg die Zahl der Vereinbarungen rapide
an: knapp 400 sogenannte Art.-13-Vereinbarungen wurden abgeschlossen (vgl.
Kerckhofs 2003). Die dritte, sogenannte Art.-6-Phase bezeichnet die Zeit nach
der Implementierung der EBR-Richtlinie in das jeweilige nationale Recht und
damit die Einrichtung von EBRs nach dem „gesetzlichen Normalverfahren" (Lecher et al. 2001: 11). Den frühen freiwilligen EBR-Vereinbarungen kam insofern
eine wichtige Rolle zu, als dass sie praktische Vorbilder für die gesetzliche Norm-
bildung darstellten: „Ohne Pionierprojekte wäre es kaum möglich gewesen, den
nötigen gewerkschaftlichen und politischen Druck aufzubauen. (…) Die Praxis
fand Eingang in die rechtliche Normierung, die rechtliche Normierung beeinflußte
wiederum die Praxis" (Nagel 1999: 352 f.).
     In Bezug auf die reale Wirksamkeit der EBRs als Instrument einer supra-
nationalen Erwerbsregulierung gibt es durchaus unterschiedliche Beurteilungen.
Einige frühe und eher allgemeine Urteile bemängelten einerseits die mangelnde

Regulierungskraft von EBRs, die stark hinter den Möglichkeiten des deutschen Modells betrieblicher Mitbestimmung zurückbliebe, und kritisierten andererseits den defizitären Europabezug der Institution EBRs. Die EBRs seien vor allem Verlängerungen der Interessenvertretungen des jeweiligen Stammsitzlandes, deren Strukturprinzipien und Handlungslogiken durch die EBRs in die entsprechenden anderen Unternehmensteile getragen würden. EBRs wurden teilweise auch als „neither European nor works councils" (Streeck 1997: 328) (dis-) qualifiziert. Angesichts der Gefahr des ‚Social-Dumping' sei der EBR als Arbeitnehmerorgan weder im konzerninternen noch im Länder-Wettbewerb ein angemessenes Instrument (Keller 2001); der Standortwettbewerb habe seit 1996 sogar noch zugenommen, und EBRs „have failed to become a pan-European vehicle for trade union coordination" (Hancké 2000: 55).

Tiefer gehende empirische Untersuchungen kamen dagegen zu differenzierteren Ergebnissen. In einer ersten größeren Studie, die auf 23 Unternehmensanalysen beruhte (Lecher et al.1998), wurden vier Interaktionsfelder systematisch ausgeleuchtet, in denen sich die Arbeit der EBRs bewegt: die Beziehungen zwischen Mitgliedern des EBRs selbst, diejenigen zwischen dem jeweiligen Management und dem EBR, das Verhältnis zwischen den nationalen sowie europäischen Gewerkschaften und dem EBR und die Beziehungen zwischen den jeweiligen nationalen Arbeitnehmerinteressenvertretungen und dem EBR. Auf dieser Basis wurden im Hinblick auf die Intensität und Effektivität der EBR-Arbeit vier idealtypische Ausformungen unterschieden: der symbolische, der dienstleistende, der projektorientierte und der beteiligungsorientierte EBR.

Der *symbolischer EBR* besteht zwar formal, ist aber kein wirklich funktionierendes Gremium. Er dient nicht der allgemeinen Informationsgewinnung, die Gewerkschaften sind nicht einbezogen, er wird vom Management nicht als Anhörungsorgan ernst genommen. Im *dienstleistenden EBR* übernehmen einige seiner Mitglieder aufgrund ihrer Ressourcen die Funktion von ‚Dienstleitern' gegenüber anderen EBR-Mitgliedern; sie sorgen für Information und Unterstützung; der EBR als Gremium ist vor allem eine Plattform für Informationsaustausch zwischen seinen Mitgliedern und mit dem Management, er unterstützt aber auch einzelne nationale bzw. lokale Arbeitnehmervertreter und bezieht fallweise die Gewerkschaften mit ein. Als *projektorientierter EBR* wird ein Gremium bezeichnet, welches eigene ‚Projekte' auf der Basis etablierter Arbeits- und Kommunikationsstrukturen verwirklicht; durch eine projektbezogene strategisch-systematische Herangehensweise baut ein solcher EBR seine Vertretungsmöglichkeiten gegenüber dem Management in den Bereichen Information und Konsultation aus, wobei die Gewerkschaften teilweise einbezogen werden; durch Erfolge werden Vertrauen und die Kooperationsbereitschaft zwischen den EBR-Mitgliedern gestärkt. Bei einem *beteiligungsorientierten EBR* werden die Informations- und Konsultationsansprüche in die Richtung neuer Beteiligungs- und Verhandlungsmöglichkeiten gegenüber dem

Management ausgedehnt. Ein solcher EBR versteht sich vor allem als Gremium der Interessenartikulation und -durchsetzung durch Verhandlungen zu wesentlichen Fragen der Erwerbsregulierung, wobei eine systematische Kooperation mit den entsprechenden nationalen und europäischen Gewerkschaften angestrebt wird.[4]

Folgt man den Befunden der Autoren, so hatten zum Ende der 1990er Jahre nur ein Bruchteil der EBRs wirksame Akteursqualität entwickelt (Lecher et al. 2001: 200), und eine gleichsam evolutionär-automatische Entwicklung vom symbolischen zum beteiligungsorientierten EBR war nicht zu erkennen (Lecher/ Platzer 2003: 599). Im Hinblick auf die Bedeutung von EBRs für Arbeitnehmerinteressenvertretungen kam auch Waddington (2003) anhand einer Befragung von 473 EBR-Mitgliedern zu dem Schluss, dass die Qualität der Partizipation von EBRs in Bezug auf die Beteiligungsmöglichkeiten (Information und Konsultation) erheblich variiert und dass viele EBRs über wichtige Angelegenheiten entweder nicht oder nicht ausreichend informiert und noch weniger zu diesen Aspekten konsultiert werden. Gemessen an den Vorgaben der EBR-Richtlinie ist die Partizipation von vielen EBRs nach dieser Studie als mangelhaft einzuschätzen.

Wesentlich optimistischer bezüglich der möglichen Entwicklung zu einem echten Verhandlungsorgan urteilte Kotthoff (2006), der vor allem in dem EBR von General Motors das Beispiel für ein europäisches Verhandlungsgremium und für entstehende europäische Solidarität sah. Er identifizierte fünf Typen von EBRs, wobei er allerdings nur elf Fälle bei insgesamt aber sogar sieben Untersuchungsdimensionen untersuchte. Hoffmann et al. (2002) untersuchten acht Konzerne, deren Stammsitze sich in den USA und in Großbritannien befinden, und fanden große Unterschiede im Einfluss der EBRs auf die nationalen Arbeitsbeziehungen und auf die konzernweiten Interessenregulierungsstrukturen. Insgesamt hatten sich in allen acht Fällen der Informationsfluss und die Transparenz der Unternehmensaktivitäten verbessert (Hoffmann et al. 2002: 21). Es zeigt sich, dass einerseits die Wirkungsweise der EBRs von stabilen betrieblichen Interessenregulierungsstrukturen auf nationaler Ebene abhängt und dass andererseits EBRs auch der Stärkung von Interessenvertretungsstrukturen in Ländern dienen können, deren institutionelle Rahmenbedingungen vergleichsweise schwach sind (wie z. B. in angelsächsischen Ländern).

---

[4] Vgl. Lecher et al. 1998; Lecher et al. 2001; Müller/Platzer 2003; das Verfahren der Typenbildung erhellt sich in den entsprechenden Veröffentlichungen nur teilweise. Bei vier der Typisierung zugrunde liegenden Dimensionen und jeweils nur zwei angenommenen Ausprägungen der entsprechenden Merkmale ergäben sich schon 16 potentielle Ausprägungen von EBR-Merkmalen. Es ist fraglich, ob mit 24 Fallstudien das Möglichkeitsspektrum der EBR-Ausprägungen abgedeckt werden kann.

5.2 EBRs als grenzüberschreiende Organisationen

Schon diese kurze Darstellung wichtiger Befunde der empirischen EBR-Forschung zeigt, wie stark die Einschätzungen im Hinblick auf die Europäisierungswirkungen der EBRs variieren. Dies hängt neben den jeweils ausgewählten Branchen und Fällen vor allem auch mit dem entsprechenden Grundverständnis und den Beurteilungskriterien von EBRs ab. Sehr häufig wird dabei mit den Konzepten der Industrial-Relations-Forschung gearbeitet. Dementsprechend werden die EBRs in Analogie zu bestehenden Formen der nationalen Interessenvertretung auf Betriebs- bzw. Unternehmensebene als eine Form der Vertretung von Arbeitnehmerinteressen gesehen. Ein besseres Verständnis der Strukturen und Wirkungsweisen von EBRs lässt sich gewinnen, wenn man sich konzeptionelle Ansätze der Transnationalisierungs- und der (international vergleichenden) Organisationsforschung zu Nutze macht.

EBRs können dann verstanden werden als auf einer *einheitlichen europäischen Institutionen-Grundlage* konstituierte, *räumlich über mehrere Nationalstaaten verteilte* Non-Profit-*Organisationen*, die *innerhalb von und gleichzeitig gegenüber* den EU-weit aktiven Unternehmen (als Profit-Organisationen) existieren und agieren. Während man (lokale und auch nationale Konzern-) Betriebsräte in der Regel als Subeinheiten oder Teilorganisationen einer Unternehmensorganisation betrachtet, die einem einheitlichen nationalen Recht und institutionellen *setting* unterliegt, gestaltet sich dies bei den EBRs wesentlich komplexer. Denn diese beruhen vor allem auf europäischem Recht (der EBR-Richtlinie von 1994 sowie deren Revision im Jahre 2009), welches jeweils durch nationale Gesetzesbestimmungen konkretisiert wird. Unter formal-rechtlichen Gesichtspunkten ist ein EBR also eine europäische Non-Profit-Organisation im Sinne klarer Mitgliedschaftsregeln, einer gegebenen Struktur und mit der klaren Zielsetzung der Information und Anhörung der Arbeitnehmer und des Dialogs mit der ‚zentralen Leitung' auf europäischer Unternehmensebene.

Zwar stellt sich auch für international aktive Unternehmen das Problem, räumlich verteilte, auf Basis unterschiedlicher gesetzlicher Regelungen und in heterogenen institutionell-kulturellen Kontexten agierende Unternehmensteile und Standorte zu koordinieren. Im Vergleich zu den EBRs als Non-Profit- oder Interessenorganisationen und kollektiven Akteuren folgen grenzüberschreitend tätige Unternehmen aber der dominanten Logik von Profit-Organisationen als korporativen Akteuren.[5] Die Probleme der Mobilisierung von internen und externen

---

[5] Nach Scharpf (2000: 101) kann man „unterscheiden zwischen ‚kollektiven Akteuren', die von den Präferenzen ihrer Mitglieder abhängig sind und von diesen kontrolliert werden, und ‚korporativen Akteuren', die über ein hohes Maß an Unabhängigkeit von den letztendlichen Nutznießern ihres Handelns verfügen." (vgl. auch Mayntz/Scharpf 1995: 49 ff.).

Ressourcen und der Interessenbalance nach innen und außen, von Effizienz und Legitimität (Scharpf 2000) stellen sich für EBRs als Non-Profit-Organisationen auf eine völlig andere Weise als den Unternehmen, in und gegenüber denen sie operieren. Letztere besitzen prinzipiell eine breitere Palette an Möglichkeiten, sich die Folgebereitschaft ihrer Mitglieder und Untereinheiten zu sichern. Aufgrund ihrer vergleichsweise großen Unabhängigkeit von den Beschäftigten als Organisationsmitgliedern können sich Unternehmen erweiterter Formen der Koordination bedienen, z. B. hierarchischen Anweisungen oder ökonomischen Anreizsystemen, die den EBRs fehlen.

Betrachtet man EBRs als in und gegenüber Profit-Organisationen agierende Non-Profit-Organisationen, so ergibt sich daraus die grundlegende Annahme, dass die jeweilige Ausprägung der europäischen (bzw. im Falle weit darüber hinaus reichender Aktivitäten: internationalen) *Unternehmensstruktur und -organisation* einen zentralen Einfluss auf die je spezifische Internationalisierungsform des entsprechenden EBR besitzt. Denn einerseits stellt das Unternehmen den zentralen Interaktionspartner und Kristallisationspunkt dar, auf den sich das Handeln des EBR richtet. Zum anderen konstituiert die Unternehmensorganisation einen wesentlichen Teil der situativen und institutionell-kulturellen Kontextbedingungen des entsprechenden EBR, die dessen Strukturformen und Handlungschancen maßgeblich beeinflussen. Indem die Strategien und Strukturentscheidungen des Konzernmanagements der wesentliche Anlass für EBR-Handeln sind und die Unternehmensstrukturen und -kulturen einen Großteil seines Aktionsradius definieren ist der grenzüberschreitend bzw. europaweit tätige *Konzern zur gleichen Zeit Voraussetzung, inhaltlicher Gegenstand, Austragungsort und Adressat bzw. Gegenpart des EBR-Handelns.*

Zur Kennzeichnung der jeweils besonderen Strukturen und Prozesse der grenzüberschreitend tätigen Unternehmen *und ihrer jeweiligen EBRs* wird hier eine Typologie vorgeschlagen, die grenzüberschreitende Organisationen anhand der je spezifischen Kombination ihrer pluri-lokalen Verteilung von Ressourcen und der Stärke der Koordination zwischen den verteilten Organisationseinheiten gruppiert (vgl. Bartlett/Ghoshal 1989; Hauser-Ditz et al. 2010). Idealtypisch wird zwischen globalen, multinationalen, fokalen und transnationalen Wirtschaftsorganisationen. Diese Charakterisierung lenkt den Fokus auf zwei zentrale Aspekte grenzüberschreitend tätiger Organisationen, die auch für die Charakterisierung von EBRs als europaweit agierenden und pluri-lokal verteilten Non-Profit-Organisationen sinnvoll erscheinen, nämlich auf die Frage nach der räumlichen *Verteilung* der EBR-Ressourcen und auf die Frage nach der *Koordinierung* und Integration dieser räumlich verteilten EBR-Ressourcen. Eine solche Typisierung nach den Aspekten der Ressourcenverteilung und der Koordinationsstärke zwischen den lokal verteilten Einheiten hat den Vorteil, dass diese Gesichtspunkte für Profit- und für Non-Profit-Organisationen gleichermaßen relevant sind.

Die vier Idealtypen internationaler Organisationen beschreiben insofern spezifische Muster der Verteilung und Koordination der Organisationselemente (siehe Tabelle 4). Eine *fokale* Organisation kennzeichnet eine zentralistische – im Falle eines Unternehmens auf die Konzernzentrale verdichtete – Verteilung von Ressourcen bei gleichzeitig schwacher Koordination der Aktivitäten der Organisationseinheiten (beispielsweise der in unterschiedlichen Nationalstaaten lokalisierten Produktionsstandorte des Unternehmens). Eine *globale* Organisation zeichnet sich ebenfalls durch zentralistische Verteilungsmuster, im Gegensatz zur fokalen Organisation allerdings starke Koordination aus. Ein *multinationaler* Organisationstypus liegt immer dann vor, wenn dezentrale Verteilungsmuster mit schwacher Koordination der Organisationselemente einhergehen. Auch der *transnationale* Typus lässt eine klare Zentrum-Peripherie-Struktur vermissen; er kombiniert jedoch eine dezentrale Verteilung von Ressourcen mit einer starken, nationalstaatliche Grenzen überschreitenden Koordination der Teil-Elemente.

Tabelle 4   Vier Idealtypen grenzüberschreitender Organisationen

Verteilung \ Koordination	Schwach	stark
zentral (Zentrum-Peripherie-Struktur von Ressourcen)	Fokale Organisation	Globale Organisation
dezentral (dezentrale Struktur von Ressourcen)	Multinationale Organisation	Transnationale Organisation

Quelle: Eigene Zusammenstellung in Anlehnung an Perlmutter 1969; Porter 1986; Bartlett/Ghoshal 1989; Hofsteede 1997; Welge/Holtbrügge 2003; Doz et al. 2001

Als Ressourcenverteilung wird hier in Anlehnung an die internationale organisationswissenschaftliche Diskussion die Verteilung der direkten materiellen Ressourcen sowie von Macht, Wissen und Kultur verstanden. Diese Definition ist so generell, dass sie auf die Unternehmen und auf die EBRs angewendet werden kann und gleichzeitig die wesentlichen Elemente für eine Charakterisierung der grenzüberschreitenden Organisationsstrukturen enthält. Auf der *Verteilungs-Dimension* lässt sich analytisch die räumlich-soziale Distribution von direkten materiellen Ressourcen, Macht, Kultur und Wissen differenzieren. Als direkte materielle Ressourcen werden im Falle der Unternehmen vor allem die Produktions- und Beschäftigungsvolumina der einzelnen Standorte angesehen, im Falle der EBRs die Anzahl der Mitglieder bzw. Repräsentanten in dem europäischen Gremium. Für die Analyse der *Unternehmen* ist hiermit also im Wesentlichen die

Verteilung von Beschäftigten, Unternehmensfilialen und Produktionsvolumina auf die Länder in der EU bezeichnet, in denen das Unternehmen aktiv ist. Die Verteilung von Macht fokussiert Unterschiede in den Einfluss- und Entscheidungskompetenzen zwischen den Standorten eines international aktiven Konzerns. Bei der Analyse der Verteilung kultureller Elemente geht es um die empirische Prüfung, ob in den räumlich verteilten Organisationseinheiten eher (1) die Elemente der Stammlandkultur in Richtung einheitlicher Standards massiv durchgesetzt werden (global), (2) die Elemente der Stammlandkultur als Orientierungsgrößen in allen Dependancen eher schwach koordiniert werden (fokal), (3) die kulturellen Besonderheiten der jeweiligen nationalen Standorte bei schwacher Koordination dominieren (multinational) oder (4) sich pluri-lokal eine neue, stark koordinierte Unternehmenskultur durchsetzt, die eine kreative Mischung und Weiterentwicklung der lokalen Kulturen ist (transnational). Wissen bezieht sich schließlich auf die räumliche Verteilung der Generierung strategisch-innovativer Wissensressourcen (vor allem der Forschung und Entwicklung).

Auf dieser Grundlage können EBRs konzeptionell als grenzüberschreitende und institutionell sowohl supranational als auch national verankerte Non-Profit-Organisationen aufgefasst werden, die gegenüber grenzüberschreitend tätigen Unternehmen agieren, welche ihrerseits in die institutionellen Kontexte ihres Stammsitzlandes und der Länder und Regionen der Dependancen eingebettet sind – aber über keine vergleichbare europäische institutionelle Ebene verfügen wie die EBRs. Neben dieser Bestimmung der EBRs durch ihr inter-organisationales Verhältnis zu ‚ihrem' jeweiligen Unternehmen werden ihre Strukturen und Prozesse auch in einer ausgeprägten Weise durch intra-organisationale Verständigungs- und Aushandlungsprozesse bestimmt. Diese intra-organisationale Dynamik ist im Vergleich zu nationalen Interessenvertretungsorganen (wie Betriebsräten oder Gewerkschaftskomitees) qualitativ wesentlich stärker ausgeprägt. Denn die Mitglieder eines EBR – einerlei, ob es sich um ein reines Arbeitnehmer- oder um ein gemischtes Gremium handelt – werden nach jeweils landesspezifischen Kriterien delegiert und sind nur ihren jeweiligen lokalen bzw. nationalen entsendenden Einheiten gegenüber rechenschaftspflichtig. Auf der europäischen EBR-Ebene stoßen also in dieser Organisation nicht nur stark parzellierte oder auch divergierende Interessen aufeinander, sondern auch völlig verschiedene Kulturen und Erfahrungen der Erwerbsregulierung. In diesem Sinne sind EBRs *mehrdimensionale und Mehrebenen-Plattformen bzw. -Organisationen*. EBRs setzen sich aus sozial-räumlich auf verschiedene Länder verteilten Elementen zusammen. Die in ihnen integrierten individuellen und kollektiven Akteure (ver)handeln auf der Basis unterschiedlicher national-kultureller Institutionensysteme und Traditionen und müssen sich für zielgerichtetes und gemeinsames Verhalten nach außen koordinieren, ohne dass starke Einigungs- oder Verpflichtungsmechanismen auf der europäischen Ebene existierten.

Mit einem solchen Verständnis von EBRs ist die zentrale Rolle bezeichnet, die einer eingängigen Analyse der grenzüberschreitenden Strukturen und Aktivitäten ‚ihres' jeweiligen Unternehmens zukommen sollte. Diese Sichtweise auf EBRs als Non-Profit-Organisationen negiert nicht die *Akteursqualitäten* eines EBR und innerhalb desselben. Ein EBR wird vielmehr als komplexer und ‚zusammengesetzter' kollektiver Akteur verstanden, dessen Teileelemente bzw. Subgruppen als kollektive oder individuelle Akteure über Nationalstaaten hinweg verstreut und vor dem Hintergrund je spezifischer institutionell-kultureller Rahmenbedingungen und Entwicklungspfade agieren. Diese Perspektive öffnet auch den Blick auf die intra-organisationalen Aushandlungsprozesse, die innerhalb des EBR stets stattfinden. Gleichzeitig ist eine solche Akteursperspektive zu ergänzen und ‚einzubetten' in die Strukturen des jeweiligen Unternehmens als korporativem Akteur.

Eine Besonderheit der ‚Organisation EBR' bzw. des EBR als kollektivem Akteur besteht darin, dass die EBR-Mitglieder einerseits dauerhaft *gemeinsam* im EBR interagieren und kooperieren, andererseits jedoch – als Einzelne oder Gruppen bzw. Repräsentanten z. B. von in den Standorten vertretenen Gewerkschaften oder Betriebsräten – in *divergierenden* Unternehmensstandorten tätig sind, die über mehrere Nationalgesellschaften mit ihren je spezifischen Institutionensystemen verteilt sind. Diese Sichtweise verweist auf einige zentrale Problemfelder der EBR-Organisation: Die geographisch-räumliche Verteilung der EBR-Mitglieder erfordert besondere Anstrengungen zu ihrer *Integration und Koordination*. Diese Anstrengungen werden dadurch verkompliziert, dass die EBR-Mitglieder aus unterschiedlichen national-kulturellen Kontexten, also unterschiedlichen Sozialräumen, stammen. Diese unterschiedliche kulturelle und institutionelle Einbindung der EBR-Mitglieder prägt deren Wahrnehmungen und Deutungsmuster, Gerechtigkeits- und Wertvorstellungen und letztlich die Erwartungen an und die Beitragskalküle für den EBR.[6] Zur Sicherung seiner Effizienz und Legitimität muss der EBR stets sowohl den unterschiedlichen Aktionsspielräumen der je nationalen Interessenvertretungskulturen Rechnung tragen als auch die mitunter national-kulturell divergierenden Vorstellungen vom und den Erwartungen an den EBR vermitteln und integrieren.

Die hier nur skizzierte Übertragung von organisationswissenschaftlichen Erkenntnissen auf die Untersuchung von EBRs als grenzüberschreitenden Organisationen eröffnet die Möglichkeit, diese Konzepte für die Transnationalisie-

---

[6] Deutlich wird diese Unterschiedlichkeit der Erwartungsstrukturen beispielsweise beim Vergleich französischer und deutscher EBR-Mitglieder; aufgrund der Tatsache, dass in Frankreich allein die Gewerkschaften Verhandlungen mit dem Management führen, während die betrieblichen Interessenvertretungsorgane der Information und Konsultation dienen, wird dort eine ‚Weiterentwicklung' des EBR zum Verhandlungspartner in der Regel nicht angestrebt. Anders ist dies bei EBR-Mitgliedern mit einer deutschen Mitbestimmungstradition, die eher versuchen, die Verhandlungsrechte deutscher Betriebsräte auch auf den EBR zu übertragen.

rungsforschung nutzbar zu machen.[7] Im Folgenden soll am Beispiel des EBR von General Motors gezeigt werden, dass diese europäische Plattform der intra- und inter-organisationalen Information, Anhörung *und* Aushandlung für die Gestaltung der europäischen Unternehmensrestrukturierung sowie für die Formulierung und Vertretung der Beschäftigteninteressen auf der europäischen Ebene von ganz erheblicher Bedeutung war.

5.3 Der transnationale EBR von General Motors

Der Europäische Betriebsrat (EBR) bei General Motors Europe (GME) wurde als *European Employee Forum* (EEF) am 16. September 1996 gegründet, sechs Tage vor Ablauf der Frist, die die Europäische Kommission zur Einrichtung von EBR auf freiwilligen Vereinbarungen gesetzt hatte (Art. 13 der EBR-Richtlinie). Die Initiative zur Gründung des EBR ging von den europäischen Arbeitnehmerinteressenvertretern aus, die schon 1992 auf einem Treffen, das vom Europäischen Metallgewerkschaftsbund organisiert wurde, in einer Resolution die Unternehmensleitung von GME aufgefordert hatten, unverzüglich Gespräche über die Einrichtung eines EBR aufzunehmen (Eller-Braatz/Klebe 1998: 445 f.; Rott 2008: 51 ff.). Als Umsetzungsgesetz wurde das belgische Recht gewählt mit der Folge, dass ähnlich wie im französischen ein gemeinsames Gremium von Arbeitnehmer- und Managementvertretern eingerichtet wurde. Das europäische Management von GME zögerte die Einrichtung eines EBR lange hinaus – bis kurz vor Ablauf der Frist (22.9.1996), nach der die konkrete Arbeitsweise des EBR mittels eines einzurichtenden *Besonderen Verhandlungsgremiums* festzulegen war.[8]

Obwohl nach Art. 5 der Gründungsvereinbarung die Mitglieder des EEF nicht nur die Beschäftigten an ihren Standorten repräsentieren, sondern auch die Beschäftigten in dem Land, in dem sich ihr Standort befindet, war die Herstellung pluri-lokaler Solidarität in den ersten Jahren der Existenz des EEF unmöglich. Am Anfang gab es ein Gefühl der Fremdheit und des Misstrauens, besonders bei Fragen der Verteilung von Produktionskapazitäten. So wurde z. B. 1998 für die deutschen Opel-Standorte der ,Standortvertrag II' abgeschlossen, ohne die anderen europäischen EEF-Mitglieder zu informieren oder gar zu konsultieren – obwohl

---

[7] Vgl. ausführlicher Hertwig et al. 2010 und Hauser-Ditz et al. 2010. Auch Bicknell (2007) hat Konzepte der Erforschung internationaler Unternehmen für die Analyse von EBRs benutzt und dabei aufbauend auf den – inzwischen allerdings von anderen Autoren wie Bartlett/Ghoshal 1989 weiterentwickelten – Arbeiten von Perlmutter (1969) die Unterscheidung von ethnozentrischen, polyzentrischen und eurozentrischen Internationalisierungsmustern von EBRs vorgeschlagen.

[8] Vgl. die Gründungsmodalitäten nach Artikel 6 oder 13 der europäischen EBR-Direktive (http://eur-lex.europa.eu/LexUriServ/LexUriServ.do?uri=CELEX:31994L0045:DE:HTML) und die Bestimmungen des belgischen Umsetzungsgesetzes (www.ielaws.com/EWC_Belgium.pdf).

die Beschäftigungssicherung in Deutschland ja durchaus Konsequenzen für die anderen europäischen GM-Standorte – z. B. für Luton in England – hatte (Kotthoff 2006a: 14). Diese Entwicklung reflektierend resümiert Hancké (2000) in seiner Studie zur Rolle von EBRs bei Restrukturierungsprozessen in der Automobil-industrie, dass EBRs – auch, und besonders im Fall von General Motors – trotz ihrer organisatorischen Funktion, zwischen nationalen Arbeitnehmerinteressen-vertretungen zu vermitteln, vor allem von den nationalen Gewerkschaften dazu genutzt werden, jeweilige Standortinteressen durchzusetzen.

Diese Interpretation erscheint für den Zeitraum bis zur Jahrhundertwende angemessen. Im Falle von GME hat das Verhalten der Arbeitnehmerinteressenver-treter bis zum Ende der 1990er Jahre dazu geführt, dass das GME-Management die unzureichende Abstimmung zwischen den Standorten nutzen konnte, um Zu-geständnisse bei den Arbeits- und Personalkosten von den Arbeitnehmerinteres-senvertretern aller Standorte zu erreichen. Zagelmeyer (2001) spricht in diesem Zusammenhang von ,Regime-Wettbewerb‘, bei dem Beschäftigungsbeziehungen weiterhin auf nationaler Ebene reguliert werden, obwohl sie horizontal und ver-tikal in internationale Unternehmensstrukturen eingebettet sind und dadurch das länderübergreifend organisierte und agierende Management direkt in einer Vor-teilsposition sei (siehe auch Banyuls et al. 2008). Auf der Arbeitnehmerseite hat seit der Gründung des EEF 1996 ein z. T. schmerzvoller Lernprozess in verschie-denen Stufen zur Einsicht in die Notwendigkeit einer starken länderübergreifenden Koordination geführt.

Eine Intensivierung des konzerninternen Standortwettbewerbs erfolgte von Seiten des GM-Managements 1997 mit dem Versuch, die Ergebnisse der sogenann-ten *Template-Studie* umzusetzen. Mit dieser Rationalisierungsstudie wurde ein Benchmarking- und Rationalisierungsprozess in den europäischen Werken entspre-chend eines an dem amerikanischen Werk Nummi erprobten Kriterienkataloges umgesetzt. Diese Studie bildete den Hintergrund für Standortsicherungsvereinba-rungen, die 1998 in Belgien und Deutschland abgeschlossen wurden. Darüber hinaus fand 1998 eine Reduktion vieler europäischer Werke bei GME von zwei parallelen auf nur noch eine Fertigungslinie statt, um Überkapazitäten in der Produktion zu reduzieren. Die Auseinandersetzung um die Implementation der Template Studie hat einerseits den lokalen und nationalen Arbeitnehmerinteressenvertretungen bei GME deutlich gezeigt, dass lokal oder national ausgehandelte Standortsicherungs-vereinbarungen zu Lasten anderer Standorte ausfallen können und dass ein ,Wett-bewerb nach unten‘ *(race to the bottom)* in Gang gesetzt werden kann.

Dem vom europäischen GM-Management forcierten Wettbewerb der einzel-nen Standorte untereinander versuchten die Arbeitnehmervertreter im EEF eine gemeinsame Politik entgegenzusetzen. Insofern war die Auseinandersetzung mit dem Management um die Template Studie eines der ersten Ereignisse, bei denen das EEF als Gremium aktiv wurde. Das EEF war im Vorfeld nicht – wie dies die

EBR-Richtlinie vorsah – über die Implementation der Ergebnisse der Template Studie unterrichtet worden und befürchtete sofort einen massiven Stellenabbau. Eine eingeforderte gemeinsame Sitzung des EEF mit dem Management wurde von Seiten des Managements abgelehnt. Daraufhin traf sich die Arbeitnehmerseite des EEF und informierte sich über den Stand der Umsetzung der Studie in den einzelnen Standorten. Das Verhalten des Managements gegenüber den europäischen Werken und dem EEF wurde von der Arbeitnehmerseite im EEF stark kritisiert. Intern wurde daraufhin eine gemeinsame Position gegenüber dem Management erarbeitet (vgl. Eller-Braatz und Klebe 1998: 445 f.). Was im Zuge der Template Studie jedoch noch nicht erreicht wurde, war die Durchsetzung europäischer Verhandlungen mit dem Management.

Ein weiteres wichtiges Element für die Aktivierung des EEF war die Stärkung der europäischen Managementkoordination gegenüber der Rüsselsheimer Opel-Zentrale in Zürich in den 1990er Jahren. Dadurch wurde der direkte Zugang der Arbeitnehmerinteressenvertreter von Rüsselsheim und der direkte persönliche Austausch zwischen strategisch wichtigen Arbeitnehmerrepräsentanten und der europäischen Unternehmenszentrale abgeschnitten. Damit waren Strategien einer eher national bzw. standortbezogen ausgerichteten Vorgehensweise auch für große Werke wie das in Rüsselsheim oder in Bochum noch weniger aussichtsreich. Eine nachhaltige Weiterentwicklung der Aktivitäten des EEF zu einer tatsächlichen europäischen Plattform der Interessenregulierung zwischen Management und Arbeitnehmerseite erfolgte dann im Jahre 2000 (Herber/Schäfer-Klug 2002), als nach längeren Arbeitskonflikten und Verhandlungen eine europäische Vereinbarung zwischen dem EEF und dem GME-Management unterzeichnet wurde. Grundlage hierfür waren Pläne von GME, bei der Fertigung von Getrieben und anderen Komponenten mit Fiat zu kooperieren. Ende der 1990er Jahre hatte General Motors ein Joint-Venture mit Fiat zur gemeinsamen Produktion von Aggregaten verhandelt, wodurch für beide Seiten vor allem Kosten gespart werden sollten. Allerdings war vorher das EEF hierüber und über die Folgen dieses Joint-Venture für die Beschäftigten nicht informiert oder gar konsultiert worden. In das neue Joint-Venture-Unternehmen sollten Teile der Getriebe- und Motorenproduktion von GM und Fiat ausgelagert werden, wovon jeweils etwa 15.000 Arbeitsplätze in Europa und Brasilien auf Seiten von General Motors betroffen waren.

Gegen die Missachtung der Informations- und Konsultationsrechte organisierte das EEF im Jahre 2000 europaweite Aktionen und zwang damit das Management an den Verhandlungstisch. Diese Proteste und Streikaktionen wurden vom Europäischen Metallgewerkschaftsbund (EMB) in Zusammenarbeit mit den jeweiligen nationalen Gewerkschaften koordiniert (wodurch die von Autoren wie z. B. Hancké 2000 beschriebene Logik nationalgewerkschaftlicher Interessendominanz durchbrochen wurde). Durch die Zusammensetzung des EEF, dessen Mitglieder auf der Arbeitnehmerseite alle gewerkschaftlich organisiert waren, war eine Zusammenarbeit und Abstimmung sowohl mit nationalen Gewerkschaften als auch mit dem EMB möglich. Dieser entwickelte gemeinsam mit dem EEF Handlungsstrategien in Bezug auf das geplante Joint Venture. In einem europäischen Rahmenvertrag zwischen EEF und dem Management von GME wurden verbindliche Regelungen für die betroffenen europäischen Beschäftigten festgelegt. Dieses europäische Rahmenabkommen war – nach einem ähnlichen Abkommen für Ford zur Ausgliederung von Visteon – eines der ersten European Framework Agreements (EFA), die zwischen Management und EBR formell ausgehandelt wurden.

In der Selbstwahrnehmung der Arbeitnehmervertreter im EEF war dann ein zweiter entscheidender Moment die Auseinandersetzung um die Schließung des Werks in Luton (in dem der Opel Vectra gefertigt wurde), die seit 2000, vor allem aber im Jahre 2001 auf der Tagesordnung stand. Gegen die vom GME-Management als unausweichlich dargestellte Schließung des Werkes Luton in England protestierten die Beschäftigten *aller* GM-Standorte in Europa an einem vom EEF in Kooperation mit dem EMB organisierten europaweiten Aktionstag. Dies war insofern beachtlich, als die Beendigung der Vectra-Produktion in Luton dem Standort Rüsselsheim direkte Vorteile in Form zusätzlicher Produktion und Beschäftigung gebracht hätte, aber dennoch der EEF-Vorsitzende Klaus Franz (der gleichzeitig Betriebsratsvorsitzender im Werk Rüsselsheim war) sich sehr aktiv für diesen europaweiten Aktionstag einsetzte, an dem sich im Januar 2001 etwa 40.000 Beschäftigte beteiligten. Über diese große Beteiligung waren die Beschäftigten selbst und auch das Management überrascht. Das GME-Management erkannte schnell, dass die öffentliche Meinung sich gegen das Unternehmen richten könnte und lenkte in ein zweites Rahmenabkommen mit dem EBR ein. In diesem wurde festgelegt, dass es keine betriebsbedingten Kündigungen in Luton geben solle, dass die Vectra-Produktionsbelegschaft ohne Nachteile zu dem Unternehmen IBC (einem 1987 gegründeten Joint Venture zwischen GM und Isuzu) wechseln könne, dass bei IBC als zusätzliche Fertigung die Modelle Vivaro und Frontera produziert werden sollten und dass das geschlossene Rahmenabkommen ein rechtswirksamer und einklagbarer Vertrag sei.

Nachdem durch die Auseinandersetzung um das Joint Venture mit Fiat im Jahre 2000 der grundsätzliche Beteiligungsanspruch des EEF gegen das Management durchgesetzt worden war und mit dem Konflikt um den Standort Luton im Jahre 2001 erstmalig eine Werksschließung verhindert werden konnte, war eine dritte wichtige Etappe in der Entwicklung des EEF die Gründung der sogenannten Delta-Gruppe im Jahre 2005. Im Dezember 2005 trafen sich erstmalig die Arbeitnehmervertreter aller fünf Strandorte (aus Belgien, Deutschland, England, Polen, Schweden), an denen Fahrzeuge auf der gleichen, sogenannten Delta-Plattform (z. B. alle Modelle von Astra und Zafira) hergestellt werden konnten, zusammen mit der Trade Union Coordination Group for GM (GMEECCO, einer Koordinationsgruppe der bei GME vertretenen europäischen Gewerkschaften), um eine

Gegenstrategie zu den konzerninternen Standortwettbewerben zu entwickeln. Ähnlich wie bei Volkswagen setzte das GME-Management bei der Entscheidung, welche neuen Automodelle in welchem europäischen Werk produziert werden sollten, auf einen intensiven Wettbewerb der interessierten Werke untereinander. Diese Standortselektionsstrategie von GM wurde von den EEF-Mitgliedern auch als ‚Schönheitswettbewerb' bezeichnet und führte in seiner Eigenlogik zu einem tendenziellen Unterbietungswettbewerb der Standorte – auch im Hinblick auf Arbeitskosten und Arbeitsbedingungen. Hintergrund dieser Strategie von GME war, dass zum Zwecke des Abbaus von Überkapazitäten das GME-Management die Schließung von Standorten angekündigt hatte. Die einzelnen Standorte sollten Angebote abgeben, unter welchen Bedingungen sie die neuen Modelle bauen könnten.

Unter den Arbeitnehmervertretern war die Befürchtung groß, dass durch gegenseitiges Ausspielen die Beschäftigungsbedingungen verschlechtert würden. Ergebnis der Beratung war das ‚Europäische Solidaritätsversprechen', zu dem sich die Standortvertreter der Delta-Standorte verpflichteten (Rott 2008; Bartmann/ Dehnen 2009). Die wesentlichen Inhalte dieses *Europäischen Solidaritätsversprechens* waren: (1) Die Entwicklung von Mindeststandards und eine gemeinsame Absprache über Angebote des Managements zur Vergabe von Produktion; (2) direkte und umfassende Information über alle relevanten Entwicklungen, die die Gruppe betreffen; (3) sofortige Konsultation bei wichtigen Fragen; (4) Monitoring der Kapazitätsauslastung der betroffenen Werke; (5) Anstreben einer Rahmenvereinbarung auf europäischer Ebene zum Standortselektionsprozess mit dem Management von General Motors Europe; (6) eine proaktive Medienstrategie; (7) Austausch und Training; (8) unterstützende Aktivität zwischen den Standorten.

Zusätzlich dazu einigten sich die Arbeitnehmervertreter darauf, dass bei Verhandlungen mit dem Management die jeweils geltenden nationalen Tarifvereinbarungen nicht unterwandert werden dürften und dass alle Standorte gesichert werden sollten. Die Unternehmensleitung von GME weigerte sich anfangs, mit der Delta-Gruppe zu verhandeln. Erst nach andauernden und intensiven Protesten der Beschäftigten in den beteiligten Werken änderte die Unternehmensleitung ihre Vorgehensweise und verhandelte eine Rahmenvereinbarung zur zukünftigen Produktionsaufteilung von Fahrzeugen, die auf der Delta Plattform hergestellt werden sollen.

Die Finanzierung der Delta-Gruppe stellte sich schnell als großes Problem für die Beteiligten dar, da das Unternehmen nicht bereit war, die Treffen zu finanzieren und weder der EMB noch die nationalen Gewerkschaften diese Kosten übernehmen konnten. Deshalb wurde ein Projektantrag (GMEECCO) an die Europäische Kommission im Rahmen der Budgetline für den Sozialen Dialog gestellt, der dann auch bewilligt wurde. Auf diese Weise wurden die Kosten für diese Arbeitsgruppe von der EU übernommen. Ohne die hier nur skizzierten einschneidenden Konflikte und Ereignisse lässt sich die Funktionsweise und auch der Ertrag des EEF bei GME nicht angemessen erklären.

Will man die Vertretungswirksamkeit des EEF bei GME insgesamt abschätzen, so sind zunächst die abgeschlossenen Rahmenvereinbarungen im Zusammenhang der allgemeinen wirtschaftlichen und arbeitspolitischen Rahmenbedingungen zu beurteilen. Neben der Gründungsvereinbarung und deren Überarbeitung wurden vom EEF und der Unternehmensleitung von GME bis zum Jahr 2008 insgesamt acht europäische Rahmenabkommen ausgehandelt und unterzeichnet. Bei den beiden letzten Vereinbarungen aus dem Jahre 2008 handelte es sich um durchaus erfolgreiche Festlegungen von bestimmten prozeduralen Mindeststandards für die weiteren Maßnahmen der Unternehmensrestrukturierung.

Aber das Strukturproblem des stagnierenden Produktionsvolumens in Europa und des weiteren Schrumpfungsprozesses der Beschäftigung bei GME in Westeuropa konnte damit nicht gelöst werden. Obwohl die Opel-Marke innerhalb von GME seit etwa 2006 wieder technische und Markt-Erfolge durch neue und attraktive Automodelle, verbesserte Qualitätsindizes und leichte Wachstumstendenzen bei der Produktion verzeichnete, reichte dies nicht aus, die schweren Rentabilitätsprobleme in Europa zu kompensieren – und dies vor dem Hintergrund gravierender Turbulenzen des Mutterkonzerns GM in den USA, die im Jahre 2008 zu dessen Insolvenz nach Chapter 11 des US-amerikanischen Insolvenzrechtes führten. Nachdem ein teilweise entschuldeter ‚neuer' GM-Konzern die Opel- und anderen GME-Anteile wieder von den Treuhändern zurückgekauft hatte, wurden nach der Ankündigung der Schließung des Produktionsstandortes Antwerpen durch das neue GME-Management im Januar 2010 nur noch eher symbolische Proteste hiergegen durch das EEF organisiert.

Zusammenfassend lässt sich sagen, dass der Euro-Betriebsrat von General Motors Europe sicherlich zu den am meisten beachteten Gremien dieser Art gehört. In Bezug auf seine Geschichte und Arbeit liegt inzwischen eine Fülle von sozialwissenschaftlichen Publikationen vor. Hierbei zeigen sich durchaus unterschiedliche Beurteilungen im Hinblick auf die Rolle des EEF. Während einige Forscher unter Hinweis auf die Konflikthaftigkeit der Beziehungen zwischen Management und Arbeitnehmervertretung und angesichts der breiten Organisierung europaweiter Aktionen das EEF für das am weitesten fortgeschrittene Beispiel eines echten Verhandlungsgremiums und einer neuen Qualität von europäischer Gegenmacht auf Arbeitnehmerseite halten (Kotthoff 2006; Greer/Hauptmeier 2008), werden von anderen Wissenschaftlern die Strukturen und Entwicklungen des EEF nüchterner und im Zusammenhang der wirtschaftlichen und organisationalen Besonderheiten von GME behandelt (Eller-Braatz/Klebe 1998; Pries 2004; Rott 2006). Das EEF von GME weist eine weitgehende Einbeziehung aller Standorte des Konzerns in Europa auf. Die starke Koordination und Arbeitsfähigkeit dieses Gremiums zeigt sich unter anderem an der Vielzahl interner Gremien, in der Häufigkeit und Intensität von Treffen sowie vor allem in der Vielzahl von mit dem europäischen Management verhandelten Rahmenabkommen. In kaum einem anderen europäischen Konzern wurden ähnlich weit gehende Aktivitäten der Beschäftigten und ihrer lokalen und nationalen Vertretungen durch einen Euro-Betriebsrat auf der europäischen Ebene koordiniert und organisiert. Die durchgeführten Interviews und andere Studien deuten auf ein stark ausgeprägtes Wir-Gefühl, eine im Vergleich zu anderen Konzernen starke gemeinsame Werteorientierung im EEF hin. Allerdings zeigt die beschlossene Schließung der Produktionsstandorte in Portugal (2006) und in Belgien (2009) sowie die in 2008 eingetretene Insolvenz des Mutterkonzerns GM auch die strukturellen Grenzen der Erwerbsregulierung durch den Euro-Betriebsrat an.

Im Lichte des hier verwendeten konzeptionellen Rahmens (Erklärung der Struktur und Dynamik von EBRs im Lichte der europäischen Organisationstypik des jeweiligen Unternehmens) lässt sich eine erweiterte Interpretation für den hier dargestellten Fall entwickeln. Zunächst zeigt sich ein sehr starker ‚organisational fit' zwischen der Struktur des Konzerns und derjenigen seines Euro-Betriebsrat. Ein in dieser Typologie transnationales Unternehmen mit dezentralisierten Ressourcen und einer starken Koordination findet sein Spiegelbild in einem diesen Charakteristika angepassten transnationalen Euro-Betriebsrat. Die historisch besondere Konstellation eines früher einmal starken britischen Unternehmensteiles, eines recht starken Ressourcen- und Machtzentrums in Rüsselsheim und einer hiervon abgekoppelten Europazentrale in Zürich bei gleichzeitig recht stark ausgeprägten Produktionsstandorten zum Beispiel in Bochum und in Spanien sowie einer sehr selbstbewussten schwedischen Tochterorganisation (Saab) machen die relativ dezentrale Verteilungsstruktur im Unternehmen GME *und* in dessen EBR verständlich. Gleichzeitig sorgte die herausragende Führungsfigur von Klaus Franz als EEF-Vorsitzendem und dessen im deutschen Institutionensystem der Mitbestimmung begründete starke Position als Konzernbetriebsratsvorsitzender sowie das über viele Jahre und gemeinsame Aktivitäten aufgebaute Vertrauensniveau innerhalb des EEF für eine wirksame und verbindliche Koordination der Euro-Betriebsratsaktivitäten. Hervorzuheben ist in diesem Zusammenhang, dass die führenden Vertreter der Beschäftigten sowohl an den einzelnen Standorten als noch mehr auf der europäischen Führungsebene wesentlich mehr Kontinuität aufwiesen, als die entsprechenden Verhandlungspartner auf der Managementseite: Nicht zuletzt aufgrund der krisenhaften Entwicklung des Mutterkonzerns in den USA war die Fluktuation der europäischen Führungskräfte sehr ausgeprägt.

Der EBR von GME war nicht zuletzt auch deswegen so aktiv, weil auf der Managementseite besonders während der ersten Dekade des neuen Jahrhunderts permanent Restrukturierungsmaßnahmen entwickelt wurden. Es ergab sich also ein extrem hoher Regulierungsbedarf für den EBR. Hierauf wurde – bei anfänglich durchaus nur durchschnittlicher Ressourcenausstattung (gemessen etwa an Arbeitsmöglichkeiten, Machtzentren und Anerkennung durch die Managementseite) – mit einem sehr hohen Aktivitätsniveau auf der Euro-Betriebsratseite geantwortet. Gemessen an den Herausforderungen und auch im Vergleich zu anderen Konzernen ist die Vielzahl von materialen und prozeduralen Festlegungen in den europäischen Rahmenvereinbarungen beachtlich. Sie spiegelt aber nicht nur eine besonders aktive EBR-Tätigkeit wider, sondern auch eine wechselseitige Kultur des Misstrauens und eine weitgehend dominante Logik des Null-Summen-Spiels zwischen Management und Beschäftigtenvertretung. Desweiteren hat das EEF von GME auch deswegen so viel Aufmerksamkeit erhalten, weil die Interessenregulierung wesentlich stärker als in den anderen Unternehmen in die Öffentlichkeit getragen und dort (mit)ausgehandelt wurde.

Aus der Sicht der Arbeitnehmervertreter mag dies als die einzige Chance betrachtet worden sein, eine gewisse Gegenmachtposition aufzubauen. Eine solche Strategie spiegelt aber nicht notwendig Stärke, sondern im Zweifelsfalle eher die Schwäche der eigenen Verhandlungspositionen wider. Im Hinblick auf die schwierigen Ausgangs- und Kontextbedingungen von Dauerkrise des Unternehmens und anfänglicher Geringschätzung des EBR durch das Management erscheint dessen Vertretungswirksamkeit relativ hoch. Im Hinblick auf die Berücksichtigung und Durchsetzung der Arbeitnehmerinteressen an nachhaltiger Beschäftigung und verantwortungsvoller Partizipation konnte das GME-EEF im Vergleich zu anderen EBRs kaum positive Zukunftsaussichten bewirken.

Hier zeigen sich deutlich die strukturellen Grenzen der EBRs als Non-Profit-Organisationen, die gegenüber und in den jeweiligen Unternehmen als Profit-Organisationen aktiv werden. Gleichwohl zeigt das Beispiel General Motors auch sehr klar, dass mit den EBRs neue Formen der grenzüberschreitenden Erwerbsregulierung entstehen. Der EBR von General Motors hat sich zu einer sehr einflussreichen europäischen Plattform der intra- und inter-organisationalen Information, Anhörung *und* Aushandlung entwickelt. Er verkörpert eine Transnationalisierung auf der Meso-Ebene von Organisationen, wobei die entsprechenden Strukturen und Dynamiken der Unternehmen und ihrer EBRs in einem engen wechselseitigen Beeinflussungsverhältnis stehen.

Die EBRs können dabei – dies zeigt das Beispiel General Motors sehr klar – für die Gestaltung der europäischen Unternehmensrestrukturierung und für die Formulierung und Vertretung der Beschäftigteninteressen auf der europäischen Ebene von ganz erheblicher Bedeutung sein. In Anlehnung an die Organisationsforschung lassen sich dabei nach ihrer jeweiligen Verteilungsstruktur und Koordinationsstärke idealtypisch globale, fokale, multinationale und transnationale EBRs unterscheiden. Ähnlich lässt sich für einen ganz anderen Bereich von Interessenorganisationen, nämlich für Migrantenverbände, zeigen, dass grenzüberschreitende Interaktionsstrukturen vielfältige (globale, fokale, multinationale und transnationale) Formen mit weit reichenden Folgen für unser Verständnis von Vergesellschaftungsprozessen annehmen können.

6   Grenzüberschreitende Migrantenorganisationen

Knapp ein Fünftel aller Menschen in Deutschland sind Ausländer oder haben einen Migrationshintergrund. Etwa 16 Millionen aller hier Lebenden oder deren Eltern sind also nicht in Deutschland geboren. Für viele dieser Menschen ist zumindest ein Teil ihrer wirtschaftlichen, sozialen, kulturellen und politischen Lebenslage durch Besonderheiten gekennzeichnet, die sie vom Rest der Bevölkerung unterscheiden. Menschen mit Migrationshintergrund haben häufiger Probleme auf dem Arbeitsmarkt. Sie zeichnen sich im Vergleich zur Gesamtbevölkerung durch spezifische (je nach Herkunftsgruppe höhere oder niedrigere) Anteilswerte in Bezug auf selbständige Erwerbsarbeit aus. Sie wohnen meistens in Stadtteilen mit überdurchschnittlich hohen Anteilen anderer Menschen mit Migrationshintergrund. Überdurchschnittlich häufig gehen ihre Kinder in Schulen, in denen der Anteil von Kindern mit Migrationshintergrund sehr hoch ist.[9] Menschen mit Migrationshintergrund sind in Deutschland wesentlich häufiger muslimischen Glaubens als der Rest der hier Lebenden.

Angesichts solcher Besonderheiten ist es nicht verwunderlich, dass Menschen mit Migrationshintergrund ihren spezifischen Lebenslagen entsprechend ihre Interessen und Präferenzen auch durch gemeinsame Verbände, religiöse Gemeinschaften und andere kollektive Organisationen zum Ausdruck bringen und auf diese Weise Einfluss auf ihre Umwelt nehmen möchten. Dabei haben sie in aller Regel größere Probleme als Menschen ohne Migrationshintergrund, ihren spezifischen Interessen Gehör zu verschaffen und diese wirksam zu vertreten. Zwar können Migranten Interessenvereine gründen und bestehenden Organisationen wie Gewerkschaften und Parteien beitreten. Nicht-Deutsche sind aber – auch wenn sie bereits seit Jahrzehnten in Deutschland leben – vom aktiven und passiven Wahlrecht ausgeschlossen, und generell finden deren spezifische Interessen in vielen großen Interessenverbänden nur wenig gesonderte Berücksichtigung. Im Folgenden werden zunächst einige Hinweise auf die sozialwissenschaftliche Forschung zu Migrantenorganisationen insgesamt gegeben (Abschnitt 6.1);

---

[9] Vgl. als Überblick den alle zwei Jahre erscheinenden Migrationsreport des Rates für Migration, z. B. Bommes/Krüger-Potratz 2008, und die Berichte der Beauftragten der Bundesregierung für Migration, Flüchtlinge und Integration über die Lage der Ausländerinnen und Ausländer in Deutschland unter http://www.bundesregierung.de/Webs/Breg/DE/Bundesregierung/BeauftragtefuerIntegration/ Publikationen/publikationen.html (letzter Zugriff: 09.6.2010).

6.1 Forschung zu Migrantenorganisationen

Eine intensivere Beschäftigung mit der Selbstorganisation von Migranten setzte in Deutschland seit den 1980er Jahren ein. Wesentlicher Bezugspunkt war dabei die Arbeit von Breton (1964), der am Beispiel der Stadt Montreal die Bedeutung von institutionellen Strukturen und Organisationen für die Stabilisierung ethnischer Gemeinschaften und/oder für die Assimilation in die Ankunftsgesellschaft untersuchte und zu dem Schluss gekommen war, dass das Ausmaß der ‚institutionellen Vollständigkeit' (als einer mehr oder weniger autarken eigenethnischen Infrastruktur) einer ethnischen Gruppe den Grad der inter-ethnischen Beziehungen (negativ) beeinflusst (ebd.: 197; vgl. Elwert 1982). Eine Vielzahl von Untersuchungen behandelte dabei die Selbstorganisation bestimmter Nationalitätengruppen im Vergleich sowie die Integrationserfolge bestimmter Zuwanderergruppen unter besonderer Berücksichtigung ihrer organisierten Interessenartikulation und Partizipation (Fijalkowki/Gillmeister 1997; Schöneberg 1982; Thränhardt/Hunger 2000). Eine systematischere Beschäftigung mit der Entwicklungsgeschichte von Migrantenvereinen setzte in Deutschland erst relativ spät ein (Hunger 2002; Özcan 1989). Mit dem Konzept der ‚ethnischen Kolonie' wurden die verschiedenen Formen der Selbstorganisation ethnischer Minderheiten und ihre vielfältigen Funktionen für Migranten eingehend beleuchtet (Heckmann 1998). Ferner existiert eine Reihe von systematisch-empirischen Untersuchungen zur Partizipation von Migranten (Diehl et al. 1998; Diehl 2002) sowie zur Mitgliederstruktur, zu den Ressourcen und den Aufgabenbereichen von Migrantenorganisationen (Thränhardt 1999) und zum zivilgesellschaftlichen Engagement türkischstämmiger Migranten in Deutschland (Halm/Sauer 2005).

Insgesamt liegt der Schwerpunkt der Forschungen hierbei auf den *Integrationsfunktionen von Migrantenorganisationen für die Ankunftsgesellschaft* (Huth 2002). Diese Frage ist dabei häufig eingebettet in die generellere Problemstellung, welche Wirkungen eine starke Einbindung von Migranten in ethnische bzw. herkunftslandbezogene Sozialbeziehungen auf der individuellen, der Gruppen- und der Gesellschaftsebene hat. Ähnlich wie auch in anderen Ländern (vgl. für die USA z. B. in jüngerer Zeit Alba/Nee 2005; Jacoby 2004; Portes/Zhou 1993; Portes et al. 2005) bewegt sich die Diskussion dabei zwischen den zwei idealtypischen Positionen ‚ethnische Kolonie als Integrationsbrücke' und ‚ethnische Gruppenbildung als Integrationsfalle'. Unter Begriffen wie ‚ethnische Kolonie', ‚ethnic community' oder ‚ethnische Gemeinde' werden seit Beginn der Migrationsforschung die sozial- und systemstabilisierenden Aspekte betont: „Ethnische Kolonien entstehen zum einen als institutionelle Antwort auf die Bedürfnisse der Migranten in der Migrations- und Minderheitensituation, zum anderen als ‚Verpflanzung' und Fortsetzung sozialer Beziehungen, die bereits in der Herkunftsgesellschaft existierten […] Bei der ‚Verpflanzung' und Fortsetzung sozialer Beziehungen kommt der Verwandtschaft, die wir als ein erstes Strukturelement der ethnischen Kolonie diskutieren, eine überragende Bedeutung zu. Neben der Verwandtschaft unterscheiden wir als weitere Strukturelemente ethnischer Kolonien das Vereinswesen, religiöse Gemeinden, politische Organisationen, informelle soziale Verkehrskreise und Treffpunkte, spezifisch ethnische Medien, schließlich eine ethnische Ökonomie" (Heckmann 1992: 98; vgl. auch schon Heckmann 1981, z. B. S. 215).

Ähnlich wie Heckmann die integrationsfördernden Aspekte von ethnischer Gemeinschaftsbildung, hier vor allem auch der Migrantenorganisationen, unterstreicht, betont auch Georg Elwert die grundsätzlich positiven Integrationswirkungen von ethnischer Binnenintegration: „Eine stärkere Integration der fremdkulturellen Einwanderer in ihre eigenen sozialen Zusammenhänge innerhalb der aufnehmenden Gesellschaft – eine Binnenintegration also – ist unter bestimmten Bedingungen ein positiver Faktor für ihre Integration in eine aufnehmende Gesellschaft" (1982, S. 718). Als ethnische Binnenintegration definiert er dabei einen „Zustand, in dem für das Glied einer durch ethnische (kulturimmanente) Grenzen definierten Subkultur der Zugang zu einem Teil der gesellschaftlichen Güter einschließlich solcher Gebrauchswerte wie Vertrauen, Solidarität, Hilfe usw. über soziale Beziehungen zu anderen Gliedern dieser Subkultur vermittelt ist" (ebd.: 720). Für Heckmann und Elwert ist die ethnische Kolonie bzw. Binnenintegration ein transitorisches Stadium in einem längeren und komplexen gesamtgesellschaftlichen Integrationsprozess. Für beide Autoren können Migrantenorganisationen hierbei wichtige Funktionen einerseits der ethnischen Binnenintegration im Sinne von Identitätsstiftung und Sozialintegration sowie andererseits auch der gesellschaftlichen Systemintegration im Sinne kollektiver Interessenartikulation ‚nach außen' übernehmen.

In Anlehnung an die Skeptiker in der US-amerikanischen Diskussion über die sogenannte *ethnic mobility trap*, denen zufolge die auf die ethnische Eigengruppe konzentrierten Lebensstrategien kurzfristig erfolgversprechend sein können, längerfristig aber in eine Mobilitätsfalle führen, argumentiert Esser, dass die ethnische Binnenintegration längerfristig mit erheblichen Risiken für die personale, soziale und systemische Integration und die kognitive, identifikative, soziale und strukturelle Assimilation verbunden sei: „durch ethnische Koloniebildungen [wird] durchaus das Selbst gestärkt, dieses aber unter der Gefahr einer kulturellen und sozialen Abschottung einerseits und der Ausgliederung aus den strukturellen Aufstiegsmöglichkeiten, für die die ethnische Kolonie die erforderlichen formalen und ‚peripheren' Qualifikationserfordernisse nicht bereitstellen kann" (Esser 1986: 115). Für Esser fördert also gerade die gelungene ethnische Binnenintegration die Gefahr der Abschottung von der Ankunftsmehrheitsgesellschaft.

Konsens besteht dabei über die große Bedeutung der verschiedenen Formen von Migranten(selbst)organisationen, wobei die Frage nach deren Wirkungsrichtung unterschiedlich beantwortet wird: „Allerdings ist die Frage nach dem Einfluß, den die Eigenorganisationen ethnokulturell heterogener Zuwanderungsminderheiten auf das Integrationsniveau dieser Gruppen in der Aufnahmegesellschaft haben, ebenso wichtig wie wenig erforscht, was insbesondere ihre Funktion als integrationsfördernde Schleuse oder als segregationsfördernde, mobilitätsbehindernde, soziokulturelle Falle betrifft" (Fijalkowski 1997: 29). In diesem Spannungsfeld von *Migrantenorganisationen zwischen Integrationsbrücke und Integrationsfalle* wurden vor allem seit den 1980er Jahren viele empirische Einzelstudien durchgeführt, ohne dass eine klare Entscheidung über die vorherrschende Funktion und Wirkung von Migrantenorganisationen absehbar wäre: „Insgesamt lässt sich an den hier recherchierten Forschungen sehen, dass in der wissenschaftlichen Debatte das integrative und desintegrative Potenzial von Selbstorganisationen auf starkes Forschungsinteresse stößt. Dabei werden sie in der öffentlichen und wissenschaftlichen Diskussion kontrovers beurteilt: Der Vorwurf der Herausbildung und Verfestigung einer Parallelgesellschaft steht der Betonung ihrer Vermittlerrolle und Dienstleistungsfunktionen gegenüber" (Huth 2002: 4; vgl. auch Güngör 1999: 15–20; Jungk 2000).

Inzwischen verbreitet sich die Einsicht, dass die Fragestellung selbst, *ob* Migrantenorganisationen eher der Integration oder eher der Abschottung dienen, wenig hilfreich ist. Vielmehr sollte gefragt werden, *unter welchen Bedingungen* solche Migrantenorganisationen welche Funktionen und Wirkungen für welche sozialen Gruppen entfalten. Die sozialwissenschaftliche Forschung sollte dabei von drei Annahmen ausgehen, die im Folgenden näher erläutert werden: Erstens sind Migrantenorganisationen nur ganz selten auf nur eine Zielsetzung und Funktion begrenzt tätig. Sie haben fast immer multi-dimensionale Aufgaben und verändern sich im Zeitverlauf. Zweitens besteht eine Wechselwirkung zwischen Migrantenorganisationen und ihrer Umwelt, der zufolge das Verhalten von Migrantenorganisationen sehr stark davon abhängt, wie sie von ihrem gesellschaftlichen Umfeld wahrgenommen und behandelt werden. Drittens schließlich ist zu berücksichtigen und im Weiteren zu zeigen, dass Migrantenorganisationen – auch wenn dies häufig weder von den Organisationen selbst noch von ihrer Umwelt direkt wahrgenommen wird – sehr häufig einen Grenzen überspannenden Bezug haben. Während die beiden ersten Aspekte im folgenden Abschnitt 6.2 erläutert werden, widmet sich Abschnitt 6.3 dann dem dritten Gesichtspunkt.

6.2 Migrantenverbände als komplexe Organisationen

Die bisherige Forschung zeigt, dass Migrantenorganisationen fast nie auf eine Aufgabe, ein Tätigkeitsfeld oder eine soziale und gesellschaftliche Funktion begrenzt sind: „Migranten-Selbstorganisationen sind [...] selten spezialisiert. Sie haben meistens einen ganzheitlichen, multifunktionalen Ansatz" (Gaitanides 2003: 26).

Schon sehr früh wiesen Park/Miller (1921) auf die ambivalenten Wirkungen hin, die bei Migrantenorganisationen daraus entstehen, dass sie einerseits eine Separierung von der Mehrheitsgesellschaft bzw. dem Ankunftsland betreiben und andererseits gerade durch ihre Organisierung und Sichtbarmachung ethnisch-kultureller Besonderheiten und Interessen zu einer Integration der Migranten in die Ankunftsgesellschaft beitragen. Dieses grundsätzliche Spannungsverhältnis von Identitätsbewahrung und Integrationsförderung als der wesentlichen Funktionen von Migrantenorganisationen durchzieht einen Großteil der entsprechenden Forschung (vgl. auch Goeke in diesem Band). Inzwischen aber bewegt sich die Diskussion auf einer wesentlich differenzierteren Ebene.

Gaitanides (ebd.: 26 f.) führt insgesamt 13 verschiedene Bedeutungen von Migrantenorganisationen auf: (1) sie sind „Anpassungsschleuse für Neuzuwander/innen durch die Abfederung des Kulturschocks und den Kontakt zu Multiplikatoren", (2) sie helfen bei der Reproduktion des ‚kulturellen Kapitals' der Migranten und erweitern dadurch deren Ressourcenraum „in einer sich globalisierenden und interkulturell mischenden Welt", (3) sie stützen die individuelle und kollektive Identität, (4) sie bieten eine Chance zur Selbstverwirklichung und Selbstbestätigung durch Vergemeinschaftungsangebote, (5) sie stabilisieren und entwickeln das ‚soziale Kapital' ihrer Mitglieder durch Netzwerkbildung, (6) sie unterstützen „private Selbsthilfe, indem sie eine kommunikative Gelegenheiten bieten für die Pflege und Entwicklung informeller Netzwerke, die über verwandtschaftliche Beziehungen hinausgehen", (7) sie „füllen mit ihren ehrenamtlichen Dienstleistungen Versorgungslücken", (8) sie „fördern die präventive Daseinsvorsorge durch Informationsveranstaltungen zu Gesundheits-, Erziehungs-, Bildungs-, Ausbildungsfragen und die Vermittlung an die Sozialen Dienste und Versorgungseinrichtungen".

Darüber hinaus sind Migrantenorganisationen (9) „wichtige Ansprechpartner/innen in Konfliktsituationen für die kommunale Verwaltung und Politik, da sich bei ihnen Opinionleaders versammeln, die einen privilegierten Zugang zur Community-Öffentlichkeit haben", (10) sie „verstärken die soziale Kontrolle in Vierteln, in denen die Nachbarschaftskontrolle durch Individualisierungsprozesse fast völlig verschwunden ist", (11) sie „entwickeln sich darüber hinaus immer mehr zu Organen der Interessenvertretung und des interkulturellen Dialogs", (12) „vor allem die Regionalvereine sammeln nicht selten Geld für humanitäre Projekte in ihren Heimatgemeinden" und (13) „schließlich attrahieren ihre Kulturprogramme und Sprachkurse in der Herkunftssprache auch Deutsche, die […] ein besonderes Interesse für das Herkunftsland bzw. die Herkunftskultur entwickelt haben".

Die *Multidimensionalität und Dynamik von Migrantenorganisationen* im Hinblick auf ihre impliziten und expliziten, selbst definierten und von der Umwelt wahrgenommenen bzw. zugeschriebenen Aufgaben und Wirkungen werden auch in verschiedenen Beiträgen in Pries/Sezgin (2010) verdeutlicht. Dies verlangt differenzierte und ergebnisoffene Analysestrategien: Zwischen den durch die Organisation selbst gesetzten Zielen und den von ihrem ‚organisationalen Feld' wahrgenommenen oder erwarteten Funktionen z. B. können durchaus erhebliche Differenzen bestehen. Die Gewichtung zwischen verschiedenen Aufgaben- bzw. Funktionsaspekten unterliegt darüber hinaus im Zeitverlauf einem erheblichen Wandel, sodass reine Querschnittsbetrachtungen wenig hilfreich sind.

Neben der Multidimensionalität und Dynamik ist immer die *Wechselwirkung zwischen Migrantenorganisationen einerseits und den durch ihre Umwelt gegebenen Gelegenheitsstrukturen und Akteurskonstellationen* zu beachten (Koopmans/ Statham 2000). Diese werden vor allem durch das in der jeweiligen Ankunftsgesellschaft dominante *Migrationsregime* und das ‚*organisationale Feld'* der Migrantenorganisationen beeinflusst. Als nationales Migrationsregime können die in einem Land herrschenden migrations- und migrantenrelevanten Prinzipien, Normen, Regeln und Entscheidungsverfahren verstanden werden, sofern sie praktische Wirksamkeit haben.[10] Die Unterscheidung von migrations- und migrantenrelevanten Aspekten soll verdeutlichen, dass es sowohl um die jeweiligen Wertorientierung und Normen, Gesetze und Bestimmungen sowie praktischen Politiken und Prozeduren im Hinblick auf die Kontrolle von Migration als Ein- und Auswanderung als auch um die (inkludierende oder exkludierende) Behandlung der im jeweiligen Land lebenden Migranten z. B. in der Form von Assimilations- oder Integrationsstrategien geht.[11]

Als ein wichtiger Aspekt von Migrationsregimes können zunächst die *historischen Rahmenbedingungen* als Auswander- und/oder Einwanderland, die potentielle Kolonialgeschichte und damit zusammenhängende Regelungen (z. B. Commonwealth) und Statusgruppen (z. B. Harkis in Frankreich[12]), gezielte Anwerbungs-/Einwanderungs- oder Auswanderungspolitiken sowie das jeweils dominante historisch-kulturelle nationale Selbstverständnis (z. B. republikanisch,

---

[10] In der klassischen Definition von Krasner (1983: 2) heißt es: „Regimes can be defined as sets of implicit or explicit principles, norms, rules, and decision-making procedures around which actors' expectations converge *in a given area of international relations*. Principles are beliefs of fact, causation, and rectitude. Norms are standards of behavior defined in terms of rights and obligations. Rules are specific prescriptions or proscriptions for action. Decision-making procedures are prevailing practices for making and implementing collective choice." Zur Erweiterung dieser Definition um das Kriterium der *effectiveness* vgl. Rittberger 1995: 10 f. Zu unterschiedlichen Definitionen des Begriffs Migrationsregime vgl. z. B. Hammar 1990 oder Düvell 2002; wie Faist (1995: 35) betont, sind dabei die Beziehungen zwischen der auf externe Migrationsbewegungen abstellenden und der auf interne Inkorporation zielenden Seite von Migrationsregimen sehr eng.

[11] Nicht selten wird zwischen einem Migrationsregime und einem Integrationsregime unterschieden (Düvell 2002; Faist 1998).

[12] Als Harkis wurden die während der französischen Kolonialherrschaft in Algerien für Hilfsdienste der Kolonialarmee eingesetzten Algerier bezeichnet. Viele Harkis mussten nach der Unabhängigkeit Algeriens nach Frankreich (und in andere Länder) fliehen, wo sie lange Zeit marginalisiert waren; vgl. http://en.wikipedia.org/wiki/Harki.

rassisch oder multikulturell definiert) und die daraus resultierenden Konzepte von Staatsbürgerschaft (z. B. ius soli versus ius sanguinis) angesehen werden. Ein zweiter Aspekt des Migrationsregimes bezieht sich auf das *allgemeine sozio-politische Institutionensystem*, welches für Migranten relevant ist. Hierzu zählen etwa der grundlegende Typus, über den Migranten und ihre Organisationen Zugang zum politischen System erreichen können (z. B. liberaler, korporatistischer oder republikanisch-staatszentrierter Zugang, dezentrale oder zentrale Bearbeitung von Migrationsthemen), die Besonderheiten der Parteienlandschaft im Hinblick auf Migration (Verteilung oder Konzentration von Migrationsthemen bezüglich der Parteien, Migranten in Führungspositionen von Parteien und Parlamenten, Integrations- oder Assimilationsorientierungen etc.) und die mit Migration und Integration befassten öffentlichen Einrichtungen (für Deutschland z. B. die Rolle von Verbänden wie der Arbeiterwohlfahrt, von Caritas und Diakonie, des Deutsches Rotes Kreuz, offiziell anerkannter religiöser Einrichtungen sowie der Gewerkschaften).[13]

Ein dritter Aspekt des Migrationsregimes betrifft die den Migranten gewährten *formalen Rechte und realen Teilhabechancen*, die sich vor allem auf die unterschiedlichen Statusgruppen von Migranten (Arbeitsmigranten, Flüchtlinge und Asylsuchende, Aussiedler, Angehörige ehemaliger Kolonien etc.), deren Aufenthaltstitel, die typischen Verläufe rechtlicher Anpassungen an die vollen Staatsbürgerrechte (z. B. passives und aktives Wahlrecht) und die sonstigen zivilen und politischen Partizipationsmöglichkeiten (Vereinigungsrecht, Integrationsräte, kommunale Beteiligungsmöglichkeiten etc.) beziehen. Schließlich sind viertens die den Migranten gewährten *Möglichkeiten der Daseinsvorsorge und Erwerbsgelegenheiten* von großer Bedeutung: Welchen Zugang haben Migranten zu den Systemen sozialer Sicherung und zum Arbeitsmarkt? Welche Politiken und Mechanismen der Inklusion und Exklusion, der Diskriminierung bzw. der Gleichstellung werden vom Staat und den wichtigsten kollektiven und korporativen Akteursgruppen verfolgt?

Neben diesen vier Hauptaspekten nationaler Migrationsregime ist bei der Untersuchung konkreter Migrantenorganisationen auch das jeweils spezifische ,*organisationale Feld'* zu beachten, in dem diese operieren. Mit dem Begriff ,organisationales Feld' wird in der institutionensoziologischen Organisationsforschung die Gesamtheit aller (anderen) Organisationen bezeichnet, die für eine bestimmte Organisation als Bezugseinheiten und Legitimationsadressaten ihres kollektiven Handelns bedeutsam sind (für Migrantenorganisationen z. B. andere Migrantenorganisationen, Gewerkschaftsverbände, politische Parteien, staatliche Verwaltungseinheiten, Ausländerbeiräte etc.). Die Erforschung von Migrantenorganisationen kompliziert sich dadurch erheblich, dass deren Aktivitäten und Ressourcen nicht nur auf ein Land ausgerichtet sind, sondern in der einen oder

---

[13] Vgl. Bader 2007; Koopmans/Statham 2000; Sezgin 2008.

anderen Weise (z. B. durch kulturelle oder identifikative Bezugnahmen) die Her-
kunfts- und die Ankunftsländer einbeziehen.

6.3 Migrantenverbände zwischen Ankunfts- und Herkunftsland

Migrantenorganisationen können als Moscheegemeinde oder zur religiösen Erziehung eingerichtet werden. Sie können als politischer oder Flüchtlingsverband
oder als Repräsentation ethnischer Minderheiten tätig sein. Die genaue Zahl der
in Deutschland aktiven Migrantenorganisationen ist nicht bekannt. Einige Ver-
zeichnisse von Migrantenorganisationen führen drei- bis fünftausend Verbände
auf; je nach Zähl- bzw. Schätzweise werden aber auch wesentlich höhere Zahlen – von bis zu zehn- oder gar zwanzigtausend Organisationen – angegeben.
Nach Hunger (2005) waren im Jahre 2001 im Ausländervereinsregister des Bun-
desverwaltungsamtes etwa 16.000 ausländische Vereine registriert. Aufgrund von
Änderungen des Vereinsgesetzes werden allerdings seit 2001 nur noch Vereine
von Drittstaatsangehörigen im Ausländervereinsregister geführt (Beauftragte der
Bundesregierung 2007:117).

Für die Mehrheitsgesellschaft und den öffentlichen Diskurs bleiben die meisten dieser Migrantenorganisationen eher randständig, sie werden nur selten – etwa
im Zusammenhang politischer Manifestationen, umstrittener religiöser Bauten
oder von Vereinigungsbemühungen muslimischer Verbände – zur Kenntnis genommen. Es ist deshalb nicht verwunderlich, dass Migrantenorganisationen bisher
auch in der sozialwissenschaftlichen Forschung und Literatur nur vergleichsweise
wenig Aufmerksamkeit fanden. Dabei konzentrierte sich in Deutschland die wissenschaftliche Diskussion stark auf die Frage nach der gesellschaftlichen Funktion
von Migrantenorganisationen zwischen Identitätsbewahrung für die Mitglieder
einerseits und Integration in die Ankunftsgesellschaft andererseits. Eine solche
Problemstellung ist aber angesichts veränderter Bedingungen nicht ausreichend.
Denn die Migrantenorganisationen bewegen sich nach der oben gegebenen Definition in gewisser Weise immer grenzüberschreitend zwischen dem Herkunfts- und
dem Ankunftsland: Sie bestehen zu einem Großteil aus Menschen mit Migrationshintergrund und sie beschäftigen sich in der einen oder anderen Weise mit
für diese spezifische Gruppe relevanten Themen.[14]

Bisher haben nur wenige Studien systematisch der Tatsache Rechnung getragen, dass Migrantenorganisationen genuin zwischen den Herkunfts- und den

---

[14] Wenn das Herkunftsland in keinerlei Weise mehr einen spürbaren Einfluss auf das Leben einer so
genannten Migrantenorganisation nimmt, ist eine entsprechende Bezeichnung nicht mehr sinnvoll
und die entsprechende Interessengruppe sollte anders charakterisiert werden (z. B. als religiöser Interessenverband oder als Lobbygruppe für bestimmte Themen).

Ankunftsgesellschaften aufgespannt sind und nur in dieser Perspektive auch ihre Arbeitsweise und Dynamik zu verstehen sind. Auch wenn z. B. ein Verband türkischstämmiger Eltern als Selbstorganisation zusätzlichen deutschen Sprachunterricht für die eigenen Kinder in Deutschland organisiert und als Interessenverband entsprechende Forderungen an die Kommunen und die politischen Parteien in Deutschland richtet, so schwingt das (Eltern-) Herkunftsland Türkei doch als Ausgangspunkt der Definition gemeinsamer Lebens- und Interessenlagen immer mit. Noch deutlicher und direkter sichtbar ist der bi- oder pluri-nationale Charakter von Migrantenorganisationen, wenn sich diese z. B. zu Menschenrechten in den Herkunftsländern äußern oder dorthin Hilfsaktionen bzw. Geldrücküberweisungen organisieren.

Einige Studien verweisen auf diesen grenzüberschreitenden Charakter von Migrantenorganisationen. So gaben in einer Untersuchung zum freiwilligen Engagement von Türkischstämmigen in der Bundesrepublik zwölf Prozent der Befragten an, dass die Organisationen, in denen sie aktiv waren, in ihrer Arbeit gleichermaßen auf Deutschland und auf die Türkei bezogen seien (Halm/Sauer 2005). Auch die Untersuchung „Selbstorganisation von Migrantinnen und Migranten in NRW" (Thränhardt 1999) verwies auf die Existenz grenzüberschreitender Aktivitäten von Migrantenorganisationen: Hier gaben 13 Prozent der befragten Migrantenorganisationen als ihr Hauptaufgabengebiet ‚humanitäre Hilfe im Herkunftsland' an. Für Thränhardt (2000) erweitern starke Beziehungen von Migranten und ihren Organisationen in der Herkunftsgesellschaft deren soziales Kapital: Soziale Netzwerke in das Herkunftsland hinein können demzufolge erfolgreiche Integration in den Ankunftsländern stärken. Gaitanides (2003: 27) meint, dass gerade in Deutschland der Herkunftslandbezug vieler Migrantenorganisationen im internationalen Vergleich besonders ausgeprägt sei: „Die starke Herkunftsland-Orientierung der Migranten-Selbstorganisationen in der Vergangenheit muss auch im Zusammenhang mit der bis zum Ende des Jahrtausends durchgehaltenen Doktrin, die BRD sei kein Einwanderungsland, und den hohen Einbürgerungshindernissen gesehen werden. In Großbritannien sind die meisten Einwanderer – auf Grund früherer Commonwealth-Privilegien – eingebürgert. Ihre Selbstorganisationen sind daher viel stärker als die deutschen Migranten-Selbstorganisationen mit den sozialen Integrations- und den politischen Partizipationsproblemen der ethnischen Einwanderungsminoritäten befasst."[15]

---

[15] Pfaff/Gill (2006: 823 f.) erklären die vergleichsweise große Zersplitterung der muslimischen Interessenorganisationen in Deutschland mit den kulturellen und politischen Spannungen zwischen unterschiedlichen ethnischen, sozialen bzw. politischen Gruppen in den Herkunftsländern. Hieran zeigt sich, dass der Bezug auf die Herkunftslandbedingungen für das Verständnis der Migrantenorganisationen im Ankunftsland zentral ist, auch wenn dies nicht explizit in deren Aktivitäten thematisiert wird.

Wenn man Migrantenorganisationen als in den Herkunfts- und den Ankunftsländern der Migranten verankert versteht, so ist ein Grundsatzstreit über deren
Funktion als Integrationsbrücke *oder* als Integrationsfalle, als identitäts- *oder*
als integrationsfördernd wenig sinnvoll. Migrantenorganisationen erfüllen in der
Regel immer beide Aufgaben gleichzeitig, und sie sind als multidimensionale
und im Zeitverlauf sich stark wandelnde Organisationen zu betrachten. Amelina/
Faist (2008:115) fanden in einer Analyse von neun vorwiegend religiös, politisch
oder wirtschaftlich orientierten Migrantenorganisationen heraus, dass sich die
jeweiligen Diskursstrategien der Organisationen stark unterscheiden: Während
die sunnitisch-religiösen Organisationen ihre grenzüberschreitenden Aktivitäten
wenig herausstellen und tendenziell unterbewerten, informieren politische und
wirtschaftliche Migrantenverbände offensiv über ihre transnationalen Kontakte
und Kompetenzen. In seiner Studie über türkische Migrantenorganisationen in
Dänemark, Schweden und Deutschland kommt Jørgensen (2008) zu dem Schluss,
dass „particular groups appear to be integrated (or assimilated) in majority society
while at the same time display sustained transnational ties and in general articulate
transnational identifications" (ebd.:350, vgl. auch S. 365).
    In den vorangegangen beiden Abschnitten 6.2. und 6.3 wurde deutlich, dass
Migrantenorganisationen multidimensionale Ziele, Funktionen und Tätigkeits-
bereiche aufweisen, dass sie als ‚offene Systeme' nur in den engen Wechselbezügen
zu ihrer Umwelt analysiert werden können und dass sie grundsätzlich (wenn auch
implizite) Bezüge zu dem Ankunfts- *und* zu dem Herkunftsland aufweisen. Diese
grenzüberschreitenden Aspekte von Migrantenorganisationen sollen im folgenden
Abschnitt 6.4 im Mittelpunkt stehen. Dabei wird vor allem die auf Nordamerika
bezogene Forschung vorgestellt, weil sich diese wesentlich früher und eingehender
als in Europa mit den grenzüberschreitenden und auch speziell mit den transnationalen Aspekten der Netzwerke und Organisationen von Migranten beschäftigt hat.

6.4   Studien zu transnationalen Migrantenorganisationen

Nicht nur in Europa, sondern international konzentrieren sich Studien zur Partizipation von Migranten weitgehend auf den Einfluss, den politisch-institutionelle
Strukturen bzw. Migrationsregime und Staatsbürgerschaftsmodelle auf die Teilhabe und Integration der Migranten und die Aktivitäten von deren Organisationen in
den *Ankunfts*ländern haben (Brubacker 1994; Castles 1995; Favell 1998; Freeman
1995; Giugni/Passy 2001; Heckmann/Schnapper 2003; Joppke 1998). Inzwischen
zeigen einige Untersuchungen aus Europa, aber gerade auch aus Nordamerika, dass
die Organisationen von Migranten hinsichtlich der von ihnen verfolgten Interessen,
der Mobilisierung von Mitgliedern und anderen Ressourcen oder der Ausrichtung
von Aktivitäten und Kampagnen systematisch mit Blick auf die Herkunfts- *und*

die Ankunftsgesellschaft analysiert werden sollten. Die grenzüberschreitenden Organisationsaktivitäten können entweder gleichmäßig auf Ankunfts- und Herkunftsländer (oder auch weitere Drittländer) ausgerichtet sein (multinational oder transnational) oder sie können auf eines der beiden Länder zentriert sein (fokal oder global). Eine ganzheitliche perspektive steigert in jedem Falle das Verständnis für die Strukturen und Dynamiken dieser Organisationen. Im Folgenden werden internationale Studien vorgestellt, in denen diese grenzüberschreitenden und transnationalen Aspekte einen prominenten Stellenwert haben.[16]

Grenzüberschreitende Aktivitäten von Migrantenorganisationen gerieten in den letzten zwei Jahrzehnten international in dem Maße in den Aufmerksamkeitsfokus, wie die Phänomene *transnationaler* Migration selbst an Bedeutung gewannen. Transnationale Migration definieren Basch et al. (1994: 7) als „(…) the processes by which immigrants forge and sustain multi-stranded social relations that link together their societies of origin and settlement. We call these processes transnationalism to emphasise that many immigrants today build social fields that cross geographic, cultural and political borders. An essential element is the multiplicity of involvements that transmigrants sustain in both home and host societies." Durch transnationale Migration entstehen relativ dauerhafte grenzüberschreitende Beziehungen, Felder und Sozialräume (Pries 1998 und 2008; Faist 2000). Es besteht weitgehend Einigkeit darüber, dass transnationale Migration kein genuin neues Phänomen ist, dass sie aber innerhalb der letzten beiden Jahrzehnte quantitativ und qualitativ an Bedeutung gewonnen hat. Dabei wurden neben kulturellen, sozialen und ökonomischen auch politische transnationale Beziehungen identifiziert (Vertovec 1999; Itzigsohn et al. 1999; Itzigsohn 2000). Der Begriff des ‚politischen Transnationalismus' verweist auf die wachsende Bedeutung von politischen Praktiken und Aktivitäten, die sich zwischen Herkunfts- und Ankunftsland aufspannen und sich zu transnationalen politischen Verflechtungsbeziehungen verdichten. Die Einführung des Instruments der doppelten Staatsbürgerschaft, Interventionen von Ankunftsländern in die Politik von Herkunftsländern (z. B. der EU gegenüber den nordafrikanischen Staaten), Kampagnen von politischen Parteien und Interessengruppen aus Herkunftsländern in Ankunftsländern (z. B. mexikanischer Parteienwahlkampf in den USA oder senegalischer Wahlkampf in Paris)[17] sind Belege für einen emergenten transnationalen politischen Raum und zunehmende transnationale politische Verflechtungsbeziehungen. Gerade bei dem Thema des ‚politischen Transnationalismus' zeigt sich die Bedeutung der Einbeziehung von Herkunfts- und Ankunftsland für die Analyse der Wirkungen von Migrantenorganisationen, weil das Prinzip nationalstaatlich verfasster kol-

---

[16] Die folgenden Ausführungen dieses Abschnitts entstanden in enger Zusammenarbeit mit Barbara Laubenthal, der ich für Literaturrecherchen und viele kritische Anregungen danke.

[17] Vgl. z. B. Emmerich/Peraza 2009; Salzbrunn 2002.

lektiver Interessenregulierung hierdurch besonders herausgefordert wird: „The emergence of transnational social fields challenges the accepted boundaries in the study of political participation" (Itzigsohn et al. 1999: 317). Viele Anzeichen sprechen dafür, dass seit den 1990er Jahren in verschiedenen Ankunftsregionen (neben Europa vor allem Nordamerika) neue Migrantenorganisationen entstanden sind, die starke Bezüge zu Herkunftsländern (wie z. B. den nordafrikanischen oder lateinamerikanischen Ländern, zu Mexiko oder der Türkei) aufweisen. So initiierte die 1999 in Spanien gegründete Migrantenorganisation Rumiñahui im Rahmen von Mobilisierungen für die Legalisierung illegaler Migranten die Gründung einer Teilorganisation in Ecuador (Laubenthal 2007). Ebenfalls für den spanischen Fall hat Moraes (2004) die Existenz transnationaler Merkmale neu gegründeter uruguayischer Organisationen gezeigt. Die Untersuchung von Moraes zeigt, dass sich die Forderungen dieser neuen Organisationen sowohl an den spanischen Staat als auch an die uruguayische Regierung richten. So fordern die Organisationen sowohl soziale Rechte und einen sicheren legalen Status für Uruguayer in Spanien, als auch deren Wahlrecht in Uruguay (Moraes 2004; vgl. auch Agrela/Dietz 2005).

Auch in den USA haben sich verstärkt grenzüberschreitende Migrantenorganisationen mit starkem Bezug auf die Herkunftsgesellschaften gegründet. Wenngleich die US-amerikanische Transnationalismus-Forschung bisher Organisationen als Forschungsgegenstand vernachlässigt hat (Portes et al. 2005), werden grenzüberschreitende Merkmale von Migrantenorganisationen im Kontext der Themenfelder Entwicklungszusammenarbeit und Bedeutung von remittances (Geldrücküberweisungen der Migranten) für Herkunftsländer in den letzten Jahren zunehmend thematisiert (Orozco 2003; Orozco 2004; Portes et al. 2005; Portes 2009). Ein Untersuchungsgegenstand innerhalb dieser Forschungsrichtung sind so genannte *hometown associations*. Mit diesem Begriff werden Organisationen von Migranten bezeichnet, deren Ziele die Förderung der sozialen und ökonomischen Entwicklung von Herkunftsgemeinden sind. Orozco (2004) konstatiert einen Anstieg von *latino hometown associations* in den USA seit den 1990er Jahren und führt diesen Anstieg auf die Zunahme der lateinamerikanischen Zuwanderung in die USA zurück.

Ebenfalls für den Fall der USA hat Goldring (2001) die Aktivitäten von mexikanischen Migranten im Rahmen so genannter *transmigrant organisations* untersucht. Darunter wurden „(…) a broad range of organizations established by transmigrants, with the basis of membership resting on a shared identity rooted in the place or region of origin" verstanden (ebd.: 528). In ihren Untersuchungen konstatierte Goldring eine lange Tradition des Engagements für Herkunftsregionen und -gemeinden von mexikanischen Migranten. Dabei lässt sich eine steigende Politisierung dieser Organisationen feststellen, die sich in zunehmendem Masse gegenüber regionalen Autoritäten als selbstbewusste politische Akteure präsentieren (Goldring 2001). Demgegenüber lässt sich die verstärkte Neugründung von türkischen *hometown associations* in Deutschland nicht mit einer quantitativen Veränderung türkischer Migration nach Deutschland erklären. Caglar (2006) konstatiert im Rahmen ihrer Untersuchung einer 1999 gegründeten türkischen *hometown association* in Berlin einen generellen Anstieg von Gründungen türkischer Organisationen dieses Typs. Darüber hinaus fand, so Caglar, auch eine qualitative Veränderung der türkischen Migrantenorganisationen generell statt. Eine ‚neue Generation' von *hometown associations* nennt sich zwar noch Kulturvereine, geht in ihren Aktivitäten jedoch weit über kulturelle und soziale Aktivitäten für türkische Migranten in Deutschland hinaus: „They seek a presence in migrant's political and economic lives. They strive to become political and economic players in their countries of origin and settlement" (Caglar 2006: 18).

Dass nicht nur neu gegründete, sondern bereits seit mehreren Jahrzehnten bestehende Organisationen eine Entwicklungstendenz hin zu transnationalen Aktivitäten aufweisen können, konstatiert Babcock (2006) in ihrer Studie zu belizischen Organisationen in Chicago. Die untersuchten Organisationen zeigten in ihrer Entwicklungsgeschichte generell ein Wandlungsmuster von ankunftslandorientierten Zielen und Aktivitäten hin zu sozialen und politischen Aktivitäten im Herkunftsland. Dementsprechend stellt die Untersuchung die These auf, dass Migrantenorganisationen sowohl die beiden politischen Kontexte Herkunfts- und Ankunftsland prägen als auch von beiden geprägt werden.

Eine vergleichende Untersuchung transnationaler kolumbianischer, dominikanischer und mexikanischer Migrantenorganisationen in den USA haben Portes et al. (2005) vorgelegt. Unter transnationalen Organisationen wurden dabei Organisationen verstanden, „(…) whose goals and activities are partially or totally located in countries other than where their members reside" (Portes et al. 2005). Untersucht wurden Organisationen, die von Migranten im Ankunftsland gegründet worden und die dort auch ansässig waren, die aber gleichzeitig im Herkunftsland aktiv waren. Die Organisationen wurden anhand der Typologie civic, hometown committees, social agency, religious und political (worunter Parteien verstanden wurden) klassifiziert. Ziel der Untersuchung war es, die transnationalen Aktivitäten von Migrantenorganisationen empirisch zu untersuchen und die Unterschiede von Organisationen unterschiedlicher Nationalitäten zu beleuchten. Die Untersuchung, die in den USA und in den jeweiligen Herkunftsländern durchgeführt wurde, ergab, dass ein signifikanter Anteil der Migrantenorganisationen in den USA transnationale Bezüge hatte und dass sie unterschiedliche Profile aufwiesen, die stark durch die jeweiligen Herkunftsländer ihrer Mitglieder bedingt waren. So waren z. B. im mexikanischen Fall die Organisationen häufig in Gremien der Herkunftsgemeinde einbezogen, im Falle Kolumbiens spielten dagegen Partnerschaften mit dem Privatsektor eine bedeutende Rolle. Portes et al. folgern in ihrer Zusammenfassung: „The proposition that contexts of exit and reception determine the origin, strength and character of transnational organisations is amply supported by our results" (ebd.: 39).

Andere Untersuchungen haben sich darauf konzentriert, die Merkmale transnationaler Migrantenorganisationen durch Bezugnahme auf die Herkunfts- und Ankunftsländer zu definieren und entsprechend Typologien im Hinblick auf deren Organisationsstruktur und Ziele zu entwickeln. Dementsprechend wird in diesen Arbeiten dafür plädiert, Migrantenorganisationen in einen transnationalen Analyserahmen zu stellen (Ostergaard-Nielsen 2001 und 2003; Koopmans/Statham 2003). Koopmans/Statham (2003) haben den transnationalen Charakter der politischen Forderungen von Migranten in mehreren europäischen Ländern untersucht. Sie gingen in ihrer vergleichenden Studie der Frage nach, in welchem Ausmaß und auf welche Weise die verschiedenen europäischen Staatsbürgerschafts- und Integrationsmodelle das transnationale *claims-making* fördern.

Dabei wurden zunächst zwei Typen von transnationalem *claims-making* unterschieden: Unter *transplanted homeland politics* werden Forderungen verstanden, die im Ankunftsland gemacht werden, sich jedoch auf das Herkunftsland beziehen. Hier handelt es sich folglich um einen rein geographischen Transnationalismus, der nicht als wirklich transnational gelten kann. Als zweite und substanziellere Form transnationalen *claims-making* werden ‚hybride' Forderungen definiert. Sie sind auf das Herkunftsland bezogen, beinhalten dabei jedoch eine Mobilisierung von organisationalen Netzwerken und/oder Beeinflussung von Regierungen auch im Ankunftsland. Im Einzelnen werden vier Typen von *claims-making* identifiziert, von denen lediglich zwei (2. und 3.) als transnational bezeichnet werden: (1) *transplanted homeland politics*, (2) *homeland-directed transnationalism*, (3) *country of residence-directed transnationalism* und (4) *purely national claims*. Die Untersuchung basierte auf einer Inhaltsanalyse europäischer Tageszeitungen von 1990 bis 1999. Erhoben wurden alle Texte, die eine Äußerung von Migrantenorganisationen enthielten. In den drei untersuchten Ländern Deutschland, Großbritannien und den Niederlanden überwiegen bei weitem rein nationale Forderungen. Gleichzeitig wird jedoch in den drei Ländern ein Anteil zwischen 10,5 Prozent und 20 Prozent transnationaler *claims* festgestellt. Die deutsche Länderstudie ergab einen im Ländervergleich besonders hohen Anteil (16,1 %) an *homeland directed transnationalist claims*. Dabei wird die hohe Zahl herkunftslandbezogener Forderungen mit dem exklusionistischen deutschen Integrationsmodell erklärt.

Ostergaard-Nielsen (2001 und 2003) erstellte ebenfalls eine Typologie transnationaler politischer Praktiken von Migrantenorganisationen. Dabei wurden mehrere Formen von politischer Aktivität als transnational definiert: (a) *transnational immigration politics*: Politik im Ankunftsland, wenn das Herkunftsland involviert ist, seinen Bürgern oder ehemaligen Bürgern zu helfen, ihren legalen oder sozioökonomischen Status zu verbessern, (b) *homeland politics*: von Migranten oder Flüchtlingen bezogen auf ihr Heimatland (dessen Innen- oder Außenpolitik), darunter (b1) *diaspora politics* (*homeland politics* von denen, die nicht teilnehmen dürfen) und (b2) *translocal politics* (von Immigranten für die Verbesserung der lokalen Gemeinschaft, aus der sie stammen).

Die Konzeptualisierung von Portes et al. und die Typologien von Ostergaard-Nielsen und Koopmans/Statham enthalten die gleichen Kriterien zur Identifikation transnationaler Phänomene. Erstens wird nach der *Richtung von Forderungen* bzw. politischen, sozialen oder ökonomischen Aktivitäten gefragt. Diese werden als transnational verstanden, wenn sie nationalstaatliche Grenzen überschreiten und auf ein Herkunftsland bezogen sind. Zweitens wird die grenzüberschreitende *geographische Verteilung der Ressourcen*, die von Organisationen genutzt werden, als Definitionskriterium genutzt. Bisher haben sich diese Untersuchungen auf die Forderungen und Aktivitäten von Organisationen, nicht jedoch auf deren Strukturen selbst als potenziell transnationale Gebilde fokussiert. Gleichzeitig wirft die Wahrnehmung von Migrantenorganisationen als transnationalen Gebilden und kollektiven Akteuren auch neue theoretische Fragen hinsichtlich der Rahmenbedingungen der Partizipation von Migranten auf.

Verschiedene Arbeiten, die eine transnationale Perspektive einnehmen, plädieren dafür, die Determinanten der politischen, kulturellen, sozialen und ökonomischen Partizipation von Migranten sowohl in den Ankunftsländern als auch in den Herkunftsländern zu analysieren. Partizipation von Migranten sollte also mit einem ‚transnationalen‘, d. h. die Einflüsse von Herkunfts- und Ankunftsgesellschaften integrierenden Konzept untersucht werden. In Anlehnung an das Konzept der politischen Gelegenheitsstrukturen wurde damit begonnen, das Konzept einer *transnational political opportunity structure* zu formulieren, das bisher jedoch weder theoretisch noch empirisch konkretisiert worden ist (Ogulman 2003; Nell 2004). Auch das Konzept des ‚Migrationssystems‘ (Fawcett 1989, Zolberg/Smith 1996, Hillmann 2000) integriert Herkunfts- und Ankunftsländer in ein Analyseraster und bietet somit Ansatzpunkte für die Konzeptualisierung eines transnationalen Referenzrahmens für Migrantenorganisationen. Es ist bisher jedoch ebenfalls noch nicht für eine empirische Untersuchung von Migrantenorganisationen adaptiert worden. Lediglich Portes et al. (2005) haben einen ersten empirischen Versuch vorgelegt, bei der Untersuchung von Migrantenorganisationen Herkunftsländer als Analyseebene mit einzubeziehen, indem sie staatliche und nicht-staatliche Akteure, zu denen Migrantenorganisationen in den Herkunftsländern Verbindungen aufwiesen, untersucht haben.[18]

---

[18] Als Versuch, auf der Grundlage einer Kombination von organisations- und migrationssoziologischen Theorien grenzüberschreitende Migrantenorganisationen in vier europäischen Ankunftsländern empirisch zu untersuchen, vgl. das Forschungsprojekt „Verbreitung und Kontextbedingungen transnationaler Migrantenorganisationen in Europa (TRAMO)" unter http://www.ruhr-uni-bochum. de/tramo/en/index.shtml.

In einer stärker anthropologisch-soziologischen Perspektive wurde schließlich das Konzept transnationaler sozialer Felder und Sozialräume entwickelt. Levitt (2001: 196 ff.) hat die Differenzierung von drei verschiedenen Niveaus transnationaler Beziehungen vorgeschlagen. Die hinsichtlich Dauer, Umfang und Wirkungen einfachste Form nannte sie *transnationale soziale Beziehungen*. Intensivere transnationale Beziehungen bezeichnete sie als *transnationale soziale Felder*. Bei einer noch stärkeren Organisierung und Institutionalisierung sprach sie von transnationalen *communities*.[19] In eigenen Arbeiten wurde ein Konzept von transnationalen Sozialräumen vorgeschlagen (Pries 1998 und 2008). Diese lassen sich verstehen als dichte, institutionalisierte Verflechtungen von sozialen Praktiken (Emails schreiben, Geld senden, telefonieren etc.), Artefakten (z. B. Internetverbindungen, Faxgeräte, Radiostationen) und symbolischen Repräsentationen (‚hybride' Musikproduktionen, eigene vermischte Sprachstile, Hochzeitrituale zwischen den Traditionen der Herkunfts- und Ankunftsregionen), die sich dauerhaft und grenzüberschreitend zwischen Herkunfts- und Ankunftsland (oder auch weiteren Ländern) aufspannen.

Eine theoretisch und empirisch anspruchsvolle und gelungene Integration vielfältiger Aspekte der Erforschung von Migrantenorganisationen hat Vermeulen (2006) vorgelegt. Er entwickelt ein recht komplexes Modell, um den Prozess der Organisierung von Migranten zu erklären. Dabei unterscheidet er zwischen Angebots- und Nachfragefaktoren, die diesen Organisierungsprozess stimulieren. Hierin gehen der Migrationsprozess selbst, die Spezifika der Migrantenpopulationen, der organisationale Einfluss des Herkunftslandes und die politische Gelegenheitsstruktur des Ankunftslandes ein (ebd.: 30 ff.). Vermeulen wendet dieses Erklärungsmodell in einer dynamischen Perspektive auf die Entwicklung von Organisierungsprozessen in drei ausgewählten Fällen seit den 1960er Jahren an: Er untersucht den Organisierungsprozess unter türkischen Migranten in Berlin und Amsterdam, die inter-organisationellen Beziehungen türkischer Migrantenorganisationen in den beiden Städten und schließlich surinamesische und türkische Migrantenorganisationen in Amsterdam. Entgegen der bereits angeführten empirischen Befunde, die eine Ausweitung bzw. Stabilisierung transnationaler Beziehungen innerhalb und zwischen Migrantenorganisationen konstatieren, identifiziert Vermeulen (2006: 156 f.) insgesamt drei Entwicklungsphasen der von ihm untersuchten Migrantenorganisationen, die von einer Orientierungsetappe über eine Anpassungsphase hin zu einer Periode rückläufiger Beziehungen zum Herkunftsland führen. Morales/Jorba (2008: 19 f.) schlussfolgern auf der Basis einer Analyse der transnationalen Beziehungen von über 200 Migrantenorganisationen in Barcelona, Madrid und Murcia, dass das Ausmaß und die Formen transnationaler

---

[19] Für eine Diskussion weiterer Konzepte vgl. Pries 2008: 189 ff.

Organisationsaktivitäten vor allem von den ethnisch-kulturellen Besonderheiten der Organisationen selbst und von den lokalen Opportunitätsstrukturen abhängen, wobei grenzüberschreitende Beziehungen nicht nur in die Herkunftsländer, sondern auch in weitere Länder geknüpft werden.

Insgesamt lässt sich festhalten, dass für Europa bisher erst vergleichsweise wenige wissenschaftliche Erkenntnisse zur Existenz grenzüberschreitender Migrantenorganisationen und insbesondere zur Verbreitung und zu den Charakteristika transnationaler Migrantenorganisationen vorliegen. Solche grenzüberschreitenden und auf der Meso-Ebene angesiedelte Migrantenorganisationen stehen in einem wechselseitigen Beeinflussungsverhältnis zu den transnationalen Migrationssystemen und politischen Gelegenheitsstrukturen auf der Makro-Ebene einerseits und den transnationalen Beziehungen und transnationalen alltagsweltlichen Lebenspraktiken auf der Mikro-Ebene andererseits. Grenzen überspannende Migrantenorganisationen sind einerseits eine Folgewirkung von Bedingungen und Aktivitäten auf der Mikro- und auf der Makroebene. Andererseits regen sie als kollektive Akteure Entwicklungen und Veränderungen auf diesen Ebenen selbst mit an.

Migrantenorganisationen haben eine große Bedeutung für die Migranten selbst und auch für die Herkunfts- und die Ankunftsgesellschaften. Sie fungieren als wichtiges Bindeglied zwischen Herkunfts- und Ankunftsland sowie als Scharnier zwischen Sozial- und Systemintegration (vgl. Abschnitt 6.1). Analytisch-konzeptionell sind grenzüberspannende Migrantenorganisationen auf einer Meso-Ebene angesiedelt zwischen der alltagsweltlichen Lebenspraxis in Familien- und sozialen Netzwerkkontexten auf der Mikro-Ebene und den Migrationsregimes und Migrationssystemen auf der Makro-Ebene. Trotz ihrer großen Vermittlungs- und Transformationsleistungen haben Migrantenorganisationen insgesamt und vor allem die Aspekte ihrer grenzüberschreitenden Aktivitäten in der sozialwissenschaftlichen Forschung häufig nicht die ihnen eigentlich gebührende Aufmerksamkeit erfahren (Pries/Sezgin 2010). Dort, wo sie untersucht wurden, stand die Frage nach ihrer gesellschaftlichen Funktion zwischen Identitätsbewahrung für die Mitglieder und Integration in die Ankunftsgesellschaft lange Zeit im Mittelpunkt des Interesses, wobei Identitätsbewahrung und Integration meistens als sich ausschließende und widersprechende Funktionen angesehen wurde. Eine solche Problemwahrnehmung wird der Komplexität von Prozessen der Zugehörigkeitsentwicklung und der Inkorporation in soziale Verflechtungsbeziehungen nicht gerecht. Durch die Prozesse der Globalisierung und Transnationalisierung von Vergesellschaftungsbezügen entstehen neue Formen der alltagsweltlichen Sozialintegration und der institutionellen Systemintegration, in denen und für die Organisationen eine wichtige stabilisierende Brücke sind. Dies gilt auch für die im folgenden Kapitel zu behandelnden Vereinten Nationen als eine der größten und komplexesten grenzüberschreitenden Organisationen.

7 Die Vereinten Nationen als transnationale Organisation?

Die Organisation der Vereinten Nationen (VN) kann als Dachorganisation einer Vielzahl von internationalen gouvernementalen Organisationen (IGOs) verstanden werden. Dazu gehören etwa die Internationale Arbeitsorganisation (ILO), die Organisation für Ernährung und Landwirtschaft (FAO) oder die UN-Organisation für Erziehung, Wissenschaft und Kultur (UNESCO). Alle diese Organisationen sind *per definitionem* grenzüberschreitend tätig: sie erhalten ihre Ressourcen aus internationalen Zusammenhängen, ihre Ziele überschreiten immer die Grenzen von Nationalstaaten, ihr Personal und auch ihre Aktivitätsbereiche erstrecken sich immer über viele Länder hinweg. Während die bisher besprochenen Migrantenorganisationen in der Regel ‚von unten' durch Verbandsbildung ihrer Mitglieder entstehen und die Euro-Betriebsräte ein Ergebnis einerseits europaweiter Gesetzesinitiativen ‚von oben' und andererseits von Gründungsinitiativen ‚von unten' durch die Beschäftigten sind, können die VN eindeutig als internationale Großorganisation bezeichnet werden, die ‚von oben' durch völkerrechtliche Verträge vieler Nationalstaaten entstanden sind.

In diesem Kapitel soll gezeigt werden, dass die Vereinten Nationen trotz ihres eher intergouvernementalen Charakters auch für transnationale Vergesellschaftungsprozesse von Bedeutung sind. Hierzu werden im Folgenden zunächst einige Befunde der sozialwissenschaftlichen Forschung zu den VN resümiert (Abschnitt 7.1). Anschließend wird die Organisation der VN im Prozess der zunehmenden gesellschaftlichen Internationalisierung betrachtet (Abschnitt 7.2) und dies am Beispiel ihrer Unterorganisation ILO verdeutlicht (Abschnitt 7.3). Dabei wird aufgezeigt, wie grenzüberschreitende Vergesellschaftungsprozesse auf den verschiedenen Internationalisierungsebenen (global, inter-national, glokal, transnational, supranational, diasporisch) ineinandergreifen und sich unterschiedliche kollektive Akteursgruppen sowie institutionelle Regelungen wechselseitig beeinflussen.

7.1 Die VN und andere grenzüberschreitende Organisationen

Obwohl die Vereinten Nationen gerade vor dem Hintergrund wirtschaftlicher Globalisierung, wachsender Migrationsdynamiken, globaler ökologischer Herausforderungen, der Nichteinhaltung fundamentalster Menschenrechte und gewaltsamer Auseinandersetzungen in vielen Regionen der Welt von nicht zu unterschätzender Bedeutung für das grenzüberschreitende Zusammenleben der Menschen sind, hat ihre wissenschaftliche Untersuchung bisher eine eher randständige Bedeutung in den Sozialwissenschaften. Dies gilt für Deutschland und speziell auch für die Soziologie, während die Befassung mit den VN z. B. in dem politikwissenschaftlichen

Arbeitsfeld der Internationalen Beziehungen durchaus eine lange Tradition hat (Gareis/Varwick 2002; Fröhlich 2008). In ihrem Überblick über wissenschaftliche Studien zu den VN stellen Weiss/Daws (2007) wichtige Wandlungstendenzen der Organisation heraus, wobei besonders die Verbindung zu anderen grenzüberschreitenden Organisationen und Herausbildung einer internationalen Governance-Architektur hervorgehoben werden.

Nach Weiss/Daws (ebd.: 4 ff.) sind für die VN durch Themenstellungen wie Umweltzerstörung, Bevölkerungswachstum, Urbanisierung, Frauenbewegung, neuartige Pandemien, menschliche Sicherheit, Terrorismus und (staatliche wie individuelle) Selbstbestimmung neue inhaltliche Herausforderungen erwachsen. Diese neuen Herausforderungen erreichen die VN als Organisation nicht nur und nicht in erster Linie über die sie formal tragenden souveränen Staaten oder über eine globalisierte Öffentlichkeit, sondern vor allem auch über soziale Bewegungen und grenzüberschreitend aktive Non-Profit-Organisationen (NPOs) und internationale Nicht-Regierungs-Organisationen (INGOs).[20] Denn mit den INGOs sind neue kollektive Akteure in der Umwelt der VN entstanden, die für die Organisationen der VN eine Herausforderung für die eigene Legitimität und gleichzeitig eine Chance für neue Bündnisse und Ressourcenmobilisierungen darstellen.

Zu diesen neuen Akteursgruppen zählen in einem weiteren Sinne grenzüberschreitende soziale Bewegungen und Mediennetzwerke sowie die in Diskursen als Referenzpunkt gehandelte ‚globale Zivilgesellschaft‘. In einem engeren Sinne zählen zu diesen neuen Akteuren die vielfältigen internationalen Organisationen sowie die auf internationale bzw. globale Themen ausgerichteten nationalen Organisationen, seien es For-Profit-Organisationen (FPOs) oder NPOs. Die *Union of International Associations* schätzt die Anzahl der in mehr als zwei Ländern tätigen Organisationen auf etwa 25.000. Auch wenn diese Zahl eine sehr hohe Schätzung sein mag – über die überproportionale Zunahme von internationalen FPOs und NPOs im Vergleich zu intergouvernementalen Organisationen (IGOs) besteht weitgehend Einigkeit (vgl. ebd.: 6 f.).

In diesem Zusammenhang ergibt sich eine für die VN relevante Wandlungstendenz: die Transformation staatlicher Souveränität, die auf eigentümliche Art zugleich zu- und abgenommen hat. Einerseits sind die Nationalstaaten nach wie vor die wichtigsten korporativen Akteure. Sie können für sich erfolgreich ein definierbares und von (zumindest der Mehrheit der) anderen Staaten respektiertes Territorium, eine angebbare Bevölkerung als Staatsbürger sowie eine nach innen und außen legale und legitime unabhängige Autorität reklamieren. Die Anzahl so definierter Nationalstaaten, die Mitglied der VN sind, hat sich im vergangenen halben Jahrhundert mehr als verdreifacht (von 60 Mitgliedsstaaten im Jahr 1950 auf

---

[20] Auf die unterschiedliche Verwendung und Reichweiten der Begriffe NPO und NGO kann hier aus Platzgründen nicht näher eingegangen werden, vgl. z. B. Keck/Sikkink 1998 und Tarrow 2005.

fast 200 im Jahre 2010; vgl. http://www.un.org/en/members/). Andererseits hat sich parallel zu dieser Bedeutungszunahme des Nationalstaatsprinzips in den letzten Jahrzehnten die grenzüberschreitende Vernetzung durch völkerrechtliche Verträge, durch Waren- und Kapitalströme, durch internationale Wertschöpfungsketten sowie vor allem auch durch internationale Organisationen (FPOs, NPOs und NGOs) weiterentwickelt. Hierdurch sind alle Nationalstaaten in ihren Entscheidungs- und Aktionsmöglichkeiten wesentlich stärker auf ihre Umwelt verwiesen – in der Sprache der Organisationssoziologie (Scott 2003) haben sie sich von eher ‚natürlichen Systemen' zu eher ‚offenen Systemen' gewandelt.

Die skizzierten Wandlungstendenzen machen deutlich, dass die VN in eine immer komplexer werdende grenzüberschreitende Textur von bi- oder multilateralen Verträgen, Normensystemen und Akteurskonstellationen eingewoben sind. In einer organisationssoziologischen Betrachtung des Systems der VN sind dabei einerseits die intra-organisationalen Strukturen und Prozesse der VN und andererseits deren Einbettung in eine komplexe Umwelt, die aus lokalen, nationalen, supranationalen und globalen sozialen Bewegungen, NGOs, anderen IGOs, NPOs, FPOs (For-Profit-Organisation) und der sogenannten Zivilgesellschaft besteht, von Bedeutung.

Das komplexe Zusammenspiel dieser verschiedenen Ebenen und Akteursgruppen ist für Einzelbereiche in soziologischen Studien bereits untersucht worden. So haben z. B. Keck/Sikkink (1998) grenzüberschreitende *advocacy-networks*, also verschiedene Formen der freiwilligen Unterstützungsarbeit in und zwischen NGOs, analysiert. Eine umfassende Studie über transnationale soziale Bewegungen hat Tarrow (2005) vorgelegt. Vor dem Hintergrund der Terroranschläge vom 11. September 2001 fragt er, ob damit die Konjunktur grenzüberschreitender Bewegungen zu Ende sei bzw. welche Dauerhaftigkeit der transnationale Aktivismus grundsätzlich entwickeln könne. Er kommt zu dem Schluss, dass transnationale soziale Bewegungen nicht wie eine immer weiter anschwellende Flut alles verändern und IGOs wie die VN längerfristig marginalisieren würden, sondern dass sie eher dem Auf und Ab der kleineren Wellenbewegungen am Strand ähnlich seien. Wie diese kämen und gingen auch jene, und sie hinterließen dabei durchaus bleibende Spuren.

Für die VN als komplexe Dachorganisation von internationalen Organisationen lassen sich die analytischen Unterscheidungen von zentraler bzw. dezentraler Ressourcenverteilung und von starken bzw. schwachen Koordinationsmechanismen, wie sie bereits in Kapitel 5 vorgestellt wurden, sinnvoll anwenden. Betrachtet man z. B. die Verteilung der Hauptsitze der wichtigsten UN-Organisationen nach Industrie- und Entwicklungsländern, so zeigt sich, dass diese zum Großteil in Industrieländern anzutreffen sind (ca. 63 %).[21] Ähnliche ‚Schieflagen' in der Ver-

---

[21] Definition laut UNO: http://esa.un.org/migration/index.asp?panel=3#Europe, Zugriff am 28.6.10.

teilungsstruktur der UN-Organisationsressourcen zeigen sich auch, wenn man die Länderherkunft der VN-Beschäftigten betrachtet. Zwar stammen mit 40 % aller VN-Beschäftigten auf den ersten Blick weniger Beschäftigte aus Industrie- als aus Entwicklungsländern, aber dabei muss beachtet werden, dass der Anteil der Industrienationen an der Weltbevölkerung nur ca. 19 % beträgt.[22] Betrachtet man dagegen auch die Verteilung der Pflichtbeiträge nach Industrie- und Entwicklungsländern, so relativiert sich diese ‚Schieflage‘ etwas, da die Industrieländer zwar (im Jahr 2006) ca. 86 % der Pflichtbeiträge zu den VN zahlten, aber demgegenüber auch, wie bereits erwähnt, fast zwei Drittel der Hauptsitze der VN-Organisationen für sich beanspruchen können.

In dem 2006 erschienen *Oxford Handbook on The United Nations* betonen die Herausgeber Thomas G. Weiss und Sam Daws (2006) die herausragende Rolle der VN in der Welt des 21. Jahrhunderts und führen als Beleg den Gipfel der VN in New York vom September 2005 an, an dem mehr als 150 Staatschefs teilnahmen. Gleichzeitig resümieren sie aber auch die weitgehend geteilte (und in der zitierten Anwesenheit von *Staats*oberhäuptern sich widerspiegelnde) Einschätzung, dass die Welt nach wie vor von souveränen Nationalstaaten bestimmt wird: „The world thus still reflects [...] the absence of a central global authority. In spite of the construction of a seemingly ever-denser web of international institutions, there is nothing like a world government in the offing. [...] it still is accurate to point to a fundamental continuity: state sovereignty remains the core of international relations" (ebd.: 4).

Es ist ohne Einschränkung zuzustimmen, dass die Nationalstaaten nach wie vor und wohl auch auf absehbare Zeit eine fundamentale Bedeutung in der sich internationalisierenden Welt einnehmen. Gleichzeitig ist aber eine wachsende Bedeutung grenzüberschreitender Akteurskonstellationen und Governancestrukturen *jenseits* staatlicher Souveräne festzustellen. Aus einer soziologischen Perspektive stellt sich die systematische Frage nach dem Verhältnis von nationalstaatlich verfassten Gesellschaften zu anderen räumlichen Bezugsebenen von Vergesellschaftung. Denn die Vergesellschaftung der Menschen differenziert sich zunehmend in mehrdimensionalen und mehrebenenbezogenen Sozialräumen aus, die auch neue komplexe Konstellationen kollektiver und korporativer Akteure jenseits der Nationalstaaten und des VN-Systems hervorbringen. Aus soziologischer Sicht sollte das VN-System nicht nur im Kontext der Welt*staaten*gemeinschaft im völkerrechtlichen Sinne der „community of peace-loving states"[23] oder im politikwissenschaftlichen Sinne der nationalstaatlichen Souveräne beleuchtet werden. Vielmehr ist es

---

[22] Daten zu VN-Beschäftigten 2006 nach http://www.un.org/geninfo/ir/index.asp?id=160, Zugriff am: 15.06.2010 und Daten zur Weltbevölkerung 2006 nach DSW-Datenreport 2006: http://www.dsw-online.de/pdf/dsw_datenreport_06.pdf, Zugriff am: 15.06.2010
[23] Ebd., S. 6.

zu analysieren als Teil und im Prozess der zunehmenden *Internationalisierung von Vergesellschaftungsbezügen* (vgl. die Internationalisierungstypen in Abschnitt 1.2).

Für die VN ergibt sich aus einer solchen Perspektive, dass diese als in eine *mehrdimensionale Mehrebenenstruktur von Internationalisierung* eingewoben zu analysieren sind, in der die Nationalstaaten mit anderen kollektiven und korporativen Akteuren interagieren. Am Beispiel einer wichtigen Sonderorganisation der VN, der Internationalen Arbeitsorganisation (ILO), wird im folgenden Abschnitt gezeigt, wie aus dieser intergouvernementalen Organisation im Zusammenwirken mit anderen IGOs (wie z. B. der OECD) sowie transnationalen sozialen Bewegungen und Organisationen praktisch globalisierte Rechtsnormen entstanden sind, denen gegenüber alle der VN angeschlossenen Nationalstaaten substantiell (zum Teil de jure, zum Teil de facto) einen Teil ihrer Souveränität an eine emergierende internationale Governance-Textur abtreten.

7.2 ILO-Mindeststandards und internationale Governance-Textur

Versteht man Globalisierung als tatsächlich weltumspannende Verbreitung von sozialen Praktiken, Symbolsystemen und Artefakten, so ist die *Etablierung globaler Mindeststandards* durch die Internationale Arbeitsorganisation (ILO) als Sonderorganisation der Vereinten Nationen ein gutes Beispiel dafür, wie sich eine solche Globalisierung als Teil einer emergenten weltweiten Governance-Textur entwickelt hat. Die ILO ist – wie die Vereinten Nationen selbst – von ihrer Entstehungsgeschichte her ein Ergebnis von völkerrechtlichen Verträgen zwischen Nationalstaaten, also von Prozessen des (im Kapitel 1 näher erläuterten) Typus der Inter-Nationalisierung. Als eine der – neben z. B. der Organisationen für Nahrung und Landwirtschaft (FAO), der United Nations Conference on Trade and Development (UNCTAD), der United Nations Educational, Scientific and Cultural Organization (UNESCO) – wichtigen themenfeldbezogenen Sonderorganisationen der Vereinten Nationen (Gareis/Varwick 2006)[24] beruht sie letztlich auf völkerrechtlich bindenden Vereinbarungen zwischen souveränen Nationalstaaten. Sie hat aber inzwischen auch im Vergleich zu anderen internationalen Organisationen wie z. B. dem Weltwährungsfond (IMF) und der Welthandelsorganisation (WTO) eine vergleichsweise große kritische Masse eigenständiger Organisationsressourcen ausgebildet. Mit ca. 2.500 Beschäftigten in der Zentrale in Genf und in den mehr als 40 verschiedenen Regionalbüros und mit einem regulären Jahresetat von 264.795.000 Euro im Jahre 2005[25] besitzt die ILO nach über 80 Jahren seit ihrer

---

[24] Vgl. S. B. Gareis/J. Varwick 2006, S. 41.
[25] Vgl. United Nations (2004: 5). In diesem Zusammenhang ist jedoch zu beachten, dass viele Mitgliedsstaaten ihre Beiträge nicht oder nicht pünktlich zahlen. In den Haushaltsjahren 2002 und 2003

Gründung (1919) nicht zuletzt auch aufgrund der inzwischen verabschiedeten Normenwerke und Mindeststandards ein so starkes eigenes ‚Trägheitsmoment', dass sie von der Politik und dem Verhalten einzelner Nationalstaaten nur in Grenzen beeinflusst oder gar in Frage gestellt werden könnte. Eine in diesem Zusammenhang erwähnenswerte Besonderheit der ILO im Vergleich zu den anderen UN-Unterorganisationen ist ihre *tripartistische Struktur*: In die jährliche Mitgliederversammlung als dem wichtigsten Organ der ILO werden von allen Mitgliedsländern jeweils zwei Regierungsvertreter, ein Vertreter von Arbeitgeberverbandsseite und ein Vertreter von Gewerkschaftsseite entsandt.

Ein Grundmechanismus der Arbeitsweise der ILO – in dem sich nach wie vor ihr inter-nationaler Charakter niederschlägt – besteht darin, für verschiedene erwerbsbezogene Themenbereiche Mindeststandards zu definieren, die dann von den inzwischen 181[26] Mitgliedsstaaten der ILO sukzessive ratifiziert werden müssen. Grundsätzlich müssen ILO-Übereinkommen *(conventions)* von zwei Dritteln der Stimmen in der jährlich stattfindenden *International Labour Conference* (für jedes Mitgliedsland haben die Regierungsvertreter zwei Stimmen, die Arbeitgeber- und Arbeitnehmer-Vertreter jeweils eine Stimme) verabschiedet werden. Zusätzlich wird ein Übereinkommen nur für diejenigen ILO-Mitgliedsstaaten bindend, die die entsprechende Norm auch als Nationalstaaten ratifiziert haben. Genau in diesem weitgehend als Inter-Nationalisierung zu charakterisierenden Abstimmungsprozess wird eine der wesentlichen Schwächen der ILO gesehen. Denn von den insgesamt 185 ausgearbeiteten und von der Internationalen Arbeitskonferenz verabschiedeten Übereinkommen wurden bisher nur wenige von der Mehrheit aller ILO-Mitgliedsstaaten auch ratifiziert.

Verständlicherweise sperren sich die Einzelstaaten in der Regel, diejenigen Normen zu ratifizieren, die erhebliche Auswirkungen oder Probleme für die nationale Praxis und/oder Rechtslage beinhalten. So haben sich viele Länder des Südens gegen eine enge Auslegung des Verbots von Kinderarbeit (z. B. als alle regelmäßige Arbeit von unter 16- oder gar unter 14-Jährigen) ausgesprochen und die entsprechenden ILO-Resolutionen nicht ratifiziert. Umgekehrt haben sich viele Länder, in denen die Freiheit von Beschäftigten, sich in Gewerkschaften zu organisieren, auf verschiedene Weisen eingeschränkt ist, gegen die Ratifizierung der Normen zur positiven und negativen Koalitionsfreiheit gestemmt. Die Koalitionsfreiheit ist

---

hatte dies zur Folge, dass der ILO bis zum September des jeweiligen Jahres erst ca. die Hälfte des regulären Budgets zur Verfügung stand, obwohl die Mitgliedsbeiträge jeweils im Februar fällig sind (ebd.: S. 35). Andererseits erhält die ILO – wie andere UN-Unterorganisationen auch – weitere freiwillige, meist projektgebundene Zuwendungen, die zwischen 50 und 70 Prozent des regulären, aus Beiträgen der Mitgliedsstaaten finanzierten Budgets ausmachen können. Allgemein zur Finanzierung der Vereinten Nationen und ihrer Unterorganisationen vgl. J. Laurenti 2004, The United Nations: Confronting the challenges of a global society. Boulder.

[26] Quelle: http://www.ilo.org/public/english/standards/relm/country.htm, Zugriff vom 15.6.2010.

auch in Ländern wie der Volksrepublik China sehr stark eingeschränkt, und in den USA beschränkt der National Labor Relations Act die kollektive Vertretung von Beschäftigten durch eine Gewerkschaft auf Betriebe oder Abteilungen, in denen die Mehrheit der Beschäftigten sich in einer Abstimmung dafür entschieden hat. Häufig ratifizieren die ILO-Mitgliedsstaaten gerade diejenigen und nur diejenigen Resolutionen vergleichsweise zügig, die wenig oder keinerlei Auswirkungen auf die Erwerbsregulierung in dem entsprechenden Land haben.

Neben dieser Kritik an der Ratifizierungslogik und -praxis der ILO gibt es erhebliche Bedenken in Bezug auf ihre Möglichkeiten, die Einhaltung der einmal verabschiedeten Arbeitsstandards auch zu kontrollieren und gegebenenfalls zu erzwingen.[27] Zwar werden auf den jährlichen Vollversammlungstreffen der ILO jeweils wichtige Einzelthemen sowie die Einhaltung der vereinbarten Arbeitsnormen durch die ratifizierenden Staaten diskutiert. Grundsätzlich handelt es sich dabei aber im Wesentlichen um den Sanktionsmechanismus des Monitoring, d. h. der öffentlichen Überprüfung und Thematisierung von Normeneinhaltung oder -verletzung durch die Mitgliedsstaaten der ILO. Als letztes Erzwingungsmittel sehen die ILO-Statuten zwar auch die Verhängung von Geldstrafen gegen Mitgliedsstaaten vor, eine solche Maßnahme wurde aber bisher nur einmal in der langen Geschichte der ILO verhängt.[28]

Neben diesen kritischen Einwänden gegen die formellen und praktischen Möglichkeiten internationaler Erwerbsregulierung durch die ILO soll hier aber vor allem der quasi globale, alle Länder und Menschen der Welt betreffende Status der *ILO-Kern-Übereinkommen (core conventions)* erwähnt werden. Denn im Jahre 1998 wurden acht Übereinkommen als Mindestarbeitsnormen von der ILO ausgewählt und in einer „Erklärung zu den fundamentalen Prinzipien und Rechten in der Arbeit" zusammengefasst. Grundsätzlich sind die Kern-Übereinkommen für alle ILO-Mitgliedsländer verbindlich, auch wenn diese eine oder einige der

---

[27] Vgl. z. B. E. Senghaas-Knobloch et al. 2003, Internationale Arbeitsregulierung in Zeiten der Globalisierung, Münster; E. Senghaas-Knobloch 2004, Global economic structures and „global governance" in labour regulation policy, Bremen; W. Sengenberger 2002, Globalization and social progress. The role and impact of international labour standards, Bonn.

[28] Es handelte sich hierbei um finanzielle Sanktionen gegen Burma, die in der ILO-Jahresversammlung 2005 wegen andauernder Verstöße gegen das Zwangsarbeitsverbot verhängt wurden; vgl. allgemein zur ILO-Politik der Ausmerzung von Zwangsarbeit R. Plant/C. O'Reilly 2003, The ILO's special action programme to combat forced labour, in: International labour review, 142:1, S. 73–85; zur Bedeutung von und zum Umgang mit den Mindestarbeitsnormen vgl. H. Kellerson 1998, The ILO Declaration of 1998 on fundamental principles and rights, in: International Labour Review, 137, 2, S. 223; ILO *(International Labour Organisation)* 2002a: A future without child labour. Global report under the follow-up to the ILO declaration on fundamental principles and rights at work. Geneva; ILO *(International Labour Organisation)* 2002b: Report of the Committee on the Application of Standards, http://www.ilo.org/public/english/standards/relm/ilc/ilc90/com-appd.htm, Zugriff am 14.6.2010; Weiss *(2001)*.

Übereinkommen noch nicht ratifiziert haben.[29] Diese Kern-Übereinkommen wurden inzwischen aber von einer so überwältigenden Mehrheit der ILO-Mitgliedsstaaten ratifiziert (die meisten von über 160 Staaten), dass sie tendenziell den Status einer *globalisierten Erwerbsregulierung* annehmen. Die acht ILO-Kern-Übereinkommen zu Mindestarbeitsnormen beziehen sich auf die Grundrechte der (gewerkschaftlichen) Vereinigungsfreiheit und Vertragsfreiheit, auf das Verbot von Zwangsarbeit und die schlimmsten Formen von Kinderarbeit und einem Mindestalter für Arbeit sowie auf das Gebot der Nicht-Diskriminierung und gleichen Bezahlung in der Arbeit[30].

Die ILO-Mindestnormen haben inzwischen auch Eingang in viele internationale, supra-nationale und transnationale Abkommen gefunden. So bekennen sich die Internationalen Rahmenabkommen (IFA: International Framework Agreements), die zwischen internationalen Gewerkschaftsverbänden und großen internationalen Unternehmen abgeschlossen werden, meistens ausdrücklich zu den ILO-Mindestnormen. Auch die freiwilligen Erklärungen großer Konzerne zu ihrer korporativen sozialen Verantwortung *(corporate social responsibility)* nehmen in aller Regel explizit auf diese Mindestnormen als Verpflichtung für das Unternehmensverhalten Bezug. Man kann sagen, dass die ILO-Mindestarbeitsnormen inzwischen immer mehr das Gewicht *globalisierter Mindestrechte der Arbeit*, vergleichbar den Allgemeinen Menschenrechten der Vereinten Nationen, erhalten haben und dass sie zu einem quasi ubiquitären Mindestanspruch für alle Erwerbstätigen geworden sind.

Der *globale* Charakter dieses durch die ILO organisierten Prozesses der Erwerbsregulierung besteht darin, dass ein überschaubarer Bereich von Kernarbeitsnormen inzwischen von jeweils durchschnittlich 158 Ländern ratifiziert wurde. Diese Mindestnormen gelten damit formal für den allergrößten Teil der Weltbevölkerung und haben somit gleichsam formal globale Wirksamkeit – auch wenn sie freilich nicht überall umgesetzt sind. Kein anderer Regulierungsmechanismus im Bereich von Arbeit, Beschäftigung und Erwerb hat eine ähnliche geographische Reichweite. Dieser große Vorteil der fast weltumspannenden formalen Gültigkeit der Kernarbeitsnormen geht allerdings einher mit vergleichsweise eingeschränkten Sanktionsmöglichkeiten. Nur über die systematische Kontrolle der Einhaltung dieser Mindestnormen *(monitoring)* und die entsprechende Öffentlichmachung von Regelverstößen *(blaming)* kann ihnen global auch reales Gewicht zukommen.

---

[29] Vgl. ILO *(International Labour Organisation)* 2002a: A future without child labour. Global report under the follow-up to the ILO declaration on fundamental principles and rights at work. Geneva, S. 2; E. Senghaas-Knobloch et al. 2003, Internationale Arbeitsregulierung in Zeiten der Globalisierung, Münster, S. 46; „In October 2003 75 percent of the 175 ILO member nations had ratified seven or more of these eight conventions" *(Committee on Monitoring International Labor Standards* 2004, Monitoring International Labor Standards. Techniques and Sources of Information. Washington, S. 17).
[30] Vgl. http://www.ilo.org/ilolex/english/docs/declworld.htm, Zugriff vom 24.6.2010.

Es gibt keinerlei erzwingbare Sanktionsmechanismen wie z. B. eine juristische Verfolgung von Unternehmen oder Vertragsstaaten.

Trotz der eingeschränkten Sanktionsmöglichkeiten sollte die globale Wirksamkeit der ILO-Mindeststandards nicht unterschätzt werden. Diese spiegeln eine Globalisierung von Symbolsystemen wider, in diesem Falle eines weltweit zumindest im öffentlichen Diskurs nicht in Frage gestellten Normengerüstes. Die soziale Praxis ist selbstverständlich in sehr vielen Ländern und Regionen der Welt weit von diesen Mindeststandards entfernt. Die konkrete lokale und nationale Umsetzung der globalisierten Normensysteme in soziale Praxis kann nur gelingen, wenn andere Mechanismen und Kanäle der Internationalisierung von Erwerbsregulierung mit einbezogen werden. Für inter-nationale, supranationale, transnationale sowie nationale Akteursgruppen ist die – wenn auch zunächst nur normative – Globalisierung von Erwerbsregulierung ein wichtiger Ankerpunkt für weitergehende Aktivitäten.

Das Beispiel der ILO kann die zunehmende Ausdifferenzierung der internen Strukturen und externen Umwelten der VN verdeutlichen. Wie Weiss/Daws (2007: 16) gezeigt haben, ist es sinnvoll, das Bild von den „‚two United Nations‘ – one being the forum in which states make decisions and the other being the international civil service" – zu erweitern: „However, there is substantial evidence that what might be called the ‚third‘ UN – or perhaps the ‚complementary‘ UN – is becoming increasingly salient. This consists in a host of important players who are part of a parallel world of independent experts and consultants whose job descriptions include research, policy analysis, and idea-mongering. They work along with NGOs, the private sector, and other nonstate actors." (ebd.: 17). Die hier angedeutete Entwicklung der VN ist ein Beispiel dafür, wie sich mit der zunehmenden gesellschaftlichen Internationalisierung grenzüberschreitende Normensysteme und Akteurskonstellationen zu neuen transnationalen Institutionen verdichten können. Diese Makroebene der Internationalisierung und speziell der Transnationalisierung steht im Mittelpunkt des folgenden Teils D mit den Kapiteln 8 und 9.

D Soziale Institutionen

Soziale Institutionen lassen sich allgemein definieren als kollektiv-kulturell vererbte komplexe ‚Handlungsprogramme' von Routinen, Regeln und Normen sowie
wechselseitigen Erwartungen, die für große Verflechtungszusammenhänge (z. B.
ganze Gesellschaften oder ethnische Gruppen) bestimmte Lebensbereiche strukturieren und soziale Identität, Integration und Stabilität stiften. Beispiele solcher
sozialen Institutionen sind etwa die Ehe, das Erziehungssystem, der Arbeitsmarkt
als Mechanismus der Erwerbsstrukturierung, die jeweiligen Sozialtypen des Eigenen und des Fremden oder auch die verfestigten Formen sozialer Ungleichheitsstrukturen. Soziale Institutionen wurden und werden im Allgemeinen im Rahmen
von Nationalgesellschaften betrachtet. So kann man etwa das deutsche System der
dualen Berufsausbildung als eine soziale Institution verstehen, die sich in vielfältigen formalen Regelwerken (Gesetzesbestimmungen, Ausbildungsordnungen,
Ausbildungsverträgen etc.) und informellen Normen (handlungsleitenden Regeln
für Ausbildungsmeister, Eltern, Auszubildende, Politiker, beschäftigende Unternehmen etc.) niederschlagen. Sie konkretisieren sich in den sozialen Praktiken
der Menschen (z. B. Entscheidungen für bestimmte Ausbildungsberufe, Ausüben
bestimmter Professionen), in spezifischen Symbolsystemen (z. B. dem Gesellen-
oder Meisterbrief, sogenannten tariflichen ‚Ecklohngruppen' für Beschäftigte
mit einer Berufsausbildung) und in materialisierten Artefakten (Schulgebäuden,
Ausbildungswerkstätten, Berufskleidungen etc.).

Das Wirken sozialer Institutionen wird in aller Regel auf die sozialräumliche
Bezugseinheit der nationalstaatlich verfassten Gesellschaft bezogen. So betonte
schon Emil Durkheim (1999: 100): „Tatsächlich kann man, ohne den Sinn dieses Ausdrucks zu entstellen, alle Glaubensvorstellungen und durch die Gesellschaft festgesetzten Verhaltensweisen Institutionen nennen" (vgl. auch Fuchs et al.
1988: 345; Schelsky (1970); Lepsius (1995). Im Zuge zunehmender gesellschaft-
licher Internationalisierung können sich grenzüberschreitende komplexere Re-
gel- und Normensysteme auch zu transnationalen Institutionen entwickeln, wenn
es sich nicht einfach um den ‚Export' oder die flächenräumliche Ausdehnung
nationalgesellschaftlich eingefasster Institutionen handelt. In den folgenden drei
Kapiteln werden Tendenzen einer solchen Emergenz transnationaler sozialer Institutionen im Sinne einer Institutionalisierung grenzüberschreitender pluri-lokaler
Handlungsregelmäßigkeiten und Normen behandelt. Zunächst werden Aspekte
der Transnationalisierung von Erwerbsmobilitätsmustern vorgestellt (Kapitel 8).
Anschließend werden verfestigte Typen von grenzüberschreitenden Wanderern und

deren Inkorporationsmuster ausgeführt (Kapitel 9). Schließlich werden Beispiele für die Transnationalisierung der institutionalisierten Muster sozialer Ungleichheit gegeben (Kapitel 10).

8   Transnationalisierung von Arbeitsmärkten

Grenzüberschreitende Arbeitswanderung ist so alt wie die Menschheit. Sie pulsiert mit den Dynamiken von makroregionalen Wachstums- und Entwicklungspolen, mit den mikroregionalen Erwerbs- und Lebenschancen der Menschen und mit kriegerischen Auseinandersetzungen. Mit dem Begriff Arbeitsmärkte werden in der Regel die jeweils spezifischen Normen und Mechanismen von Qualifizierung, Rekrutierung, Arbeitseinsatz und Entlohnung bezeichnet, welche sich in typischen inner- und zwischenbetrieblichen Mustern horizontaler und vertikaler Erwerbsmobilität von Menschen niederschlagen.[1] Während die sozialwissenschaftliche Arbeitsmarkttheorie weitgehend auf die Untersuchung und Erklärung von Erwerbsstrukturierung im Kontext *nationaler* Institutionensysteme ausgerichtet ist, hat sich umgekehrt die Erforschung *internationaler* Migration nur selten auf Arbeitsmarkttheorien bezogen. Angesichts der gegenwärtigen Veränderungen und Herausforderungen sollten aber die Arbeitsmarkt- und die Migrationsforschung systematischer aufeinander bezogen werden. Dabei lassen sich dann auch Tendenzen der Transnationalisierung von relevanten Institutionen ausmachen, die die Arbeitsmobilität der Menschen strukturieren.

Durch die Internationalisierung von Vergesellschaftung und besonders durch die zunehmende Bedeutung von grenzüberschreitenden Arbeitsmigrationsprozessen findet eine generelle Internationalisierung der Erwerbsstrukturierung statt. Für deren wissenschaftliche Untersuchung und Erklärung sollten die sozialwissenschaftliche Arbeitsmarkttheorie und die Soziologie internationaler Migration deshalb stärker integriert werden. Im Folgenden wird grenzüberschreitende Arbeitsmigration im Zusammenhang der Internationalisierung von Arbeitsmobilität insgesamt betrachtet, wodurch eine Brücke zwischen sozialwissenschaftlicher Arbeitsmarkttheorie und Migrationssoziologie geschlagen wird. Denn für immer mehr Arbeitsmigranten ist der einmalige oder häufigere, Ländergrenzen überschreitende Wohnsitzwechsel ein genuiner Bestandteil ihrer Erwerbsstrategien. Innerhalb großer international tätiger Unternehmen, aber auch im Rahmen kleiner

---

[1] Zur Problematisierung des Begriffs Arbeitsmarkt aus soziologischer Perspektive vgl. z. B. Pries 1998 und 2010e, Kapitel 2). Da durch die Internationalisierung von Vergesellschaftung im 21. Jahrhundert die Erforschung von Arbeitsmärkten und von Arbeitsmigration sinnvoll nur noch in einem explizit internationalen Bezugsrahmen möglich ist, wird hier als Klammer für eine Arbeitsmarkt und Arbeitsmigration integrierende Perspektive der Ausdruck *internationale Erwerbsmobilität* verwendet.

Spezialunternehmen müssen immer mehr Arbeitnehmer für kürzere oder längere Aufenthalte in verschiedenen Ländern als Monteure, Projektmitarbeiter, Unterweiser oder längerfristige Expatriates tätig sein. Vor dem Hintergrund verbesserter Transport- und Kommunikationstechnologien entwickeln gleichzeitig auch immer mehr Menschen Erwerbsstrategien über die Grenzen ihres Herkunfts- und Wohnsitzlandes hinweg. Dies gilt für polnische Facharbeiter, die mit befristeter Arbeitserlaubnis in England oder Irland tätig sind ebenso, wie für deutsche Ärzte, die in der Schweiz oder Skandinavien arbeiten, und für ukrainische Krankenschwestern, die als Touristinnen in EU-Länder einreisen und dann ohne gültige Arbeitsdokumente ihren Aufenthalt verlängern, um als Altenpflegerinnen zu arbeiten.

Im Folgenden werden zunächst relevante Entwicklungstendenzen internationaler Erwerbsmobilität zu Beginn des 21. Jahrhunderts dargestellt. Hierbei wird gezeigt, dass die Internationalisierung von Arbeitsmobilität in allen Qualifikationssegmenten und Berufsfeldern stattfindet, was beispielhaft für die Gruppe qualifizierter Expatriates (bei denen es sich vor allem um männliche Führungskräfte handelt) einerseits und für häusliche Dienstleistende (bei denen es sich nicht selten um prekär beschäftigte Frauen ohne Aufenthaltspapiere handelt) andererseits skizziert wird (Abschnitt 8.1). Weil die Internationalisierung der Erwerbsmobilität weder nur marginalisierte noch nur hochqualifizierte Beschäftigtengruppen betrifft und weil von ihr auch diejenigen indirekt (z. B. durch Arbeitsplatz- oder Lohnkonkurrenz) betroffen sind, die überhaupt nicht wandern, beeinflusst sie Erwerbsarbeit insgesamt und überall auf der Welt. Vor allem gewinnen grenzüberschreitende dauerhafte Mobilitäts- und Migrationsmuster an Bedeutung. Die hieraus für die soziologische Forschung und Theoriebildung erwachsenden Herausforderungen und mögliche zukünftige Entwicklungslinien werden abschließend diskutiert (Abschnitt 8.2).

8.1 Internationalisierung der Erwerbsmobilitätsmuster

Als jahreszeitlich-saisonale Pendelwanderung und auch als dauerhafte Auswanderung findet grenzüberschreitende Arbeitsmigration bereits seit vielen Generationen statt, wobei die Grenzen zwischen freiwilliger und unfreiwilliger sowie zwischen ökonomisch, religiös, politisch oder ethnisch bedingter Migration fließend sind. So kamen z. B. vor dem Hintergrund massiver Verfolgung in Frankreich im 17. Jahrhundert Hunderttausende von Hugenotten in bestimmte deutsche Königreiche und Städte, um sich dort dauerhaft niederzulassen. Umgekehrt siedelten auf Einladung der russischen Zaren vor allem im 18. Jahrhundert Hunderttausende deutscher Migranten als Akademiker und Handwerker in den großen Städten und als Bauern im Wolgagebiet. Kürzere Distanzen hatten dagegen die deutschen Torfstecher aus Niedersachsen im 19. Jahrhundert zurückzulegen, die sich in Holland saisonal für mehrere Monate verdingten. Ähnlich verließen Ziegelbrenner, auch ‚Wanderziegler' genannt, aus dem Lipperland im 19. und noch im 20. Jahrhundert jeweils nur für bestimmte Jahreszeiten ihre dörfliche Heimat, um sich in dynamischen Wachstumsregionen wie z. B. dem Ruhrgebiet ein zusätzliches Einkommen zu ihrer stark subsistenzlandwirtschaftlichen Lebensweise zu verdienen (vgl. Bade 2000). Neben diesen Formen einer eigentlich sedentären Lebensweise[2] existierte immer auch die grenzüberschreitende Arbeitsmigration im Sinne einer permanenten Bewegung von Ort zu Ort. Dies betraf aber bis ins 20. Jahrhundert hinein immer nur sehr kleine Gruppen von Erwerbstätigen wie z. B. fahrende Händler ohne festen Wohnsitz, Seefahrer oder Bauhandwerker an großen Sakralbauten wie Kathedralen (vgl. z. B. Bade 2000).

Während also geographische Arbeitsmobilität über mehr oder weniger weite Strecken und für mehr oder weniger lange Zeiträume schon seit Jahrtausenden die Lebenswirklichkeit sehr spezifischer, zahlenmäßig eingeschränkter Bevölkerungsgruppen bestimmte, wurde hieraus erst durch den doppelten Prozess von Nationalstaatsbildung und industriell-kapitalistischer Entwicklung die moderne internationale Arbeitsmigration. Erst das Ende der Feudalherrschaft machte gewaltige Menschengruppen im doppelten Sinne frei: frei von der Hörigkeit und damit der Ortsgebundenheit an den Herrn und frei vom Besitz eigener Ländereien oder anderer Produktionsmittel. Was in vielen Regionen Europas und der Welt die Form von mikroregionaler Binnenmigration in die wachsenden Städte und industriellen Ballungszentren annahm, wurde aufgrund der ungleichmäßigen und ungleichzeitigen wirtschaftlich-industriellen Entwicklung ganzer Länder durch grenzüberschreitende Arbeitswanderung überlagert. Dies lässt sich plastisch am Ruhrgebiet zeigen, in das zunächst vor allem Menschen aus dem näheren Umland, z. B. dem Oberbergischen und dem Siegerland, und später dann auch aus Polen und anderen Ländern wie etwa der Türkei einwanderten. Mit der Herausbildung von Nationalstaaten wurden geographische Grenzlinien vermessen und markiert, und auch die Angehörigen der einzelnen entstehenden Staatsgebilde bekamen eine ‚Markierung'. Ein Reisedokument oder Pass zeichnete sie als Angehörige eines ganz bestimmten Nationalstaates aus. Auf diese Weise gewannen die modernen Nationalstaaten gegen Kirchen und private Organisationen das „monopoly of the legitimate means of movement" (Torpey 2000: 1).

Aufgrund vielfältiger Triebkräfte (Internationalisierung von Warenströmen, Wertschöpfungsketten und Unternehmen, Globalisierung von Informationen und neuen Kommunikationstechnologien, Verbesserung und Verbilligung internatio-

---

[2] Als sedentär im Sinne von dauerhaft sesshaft lässt sich eine Lebensweise bezeichnen, bei der eine deutlich identifizierbare Gebundenheit an einen Wohnsitz als (lokalen, regionalen und/oder nationalen) räumlichem Bezugspunkt der alltäglichen sozialen Praxis und der symbolischen Selbst- und Fremdzuschreibungen vorliegt.

naler Transportmöglichkeiten etc.) hat sich seit der zweiten Hälfte des 20. Jahrhunderts eine quantitative Ausweitung und qualitative Ausdifferenzierung der internationalen Arbeitsmigration und Erwerbsmobilität entwickelt. Am Ende der ersten Dekade des neuen Jahrhunderts 2005 lebten mehr Menschen als je zuvor in einem anderen Land als dem, in dem sie geboren wurden, nämlich über 210 Millionen.[3] Dies entspricht ca. drei Prozent der Weltbevölkerung (UN 2005a). Die Zahl der Flüchtlinge lag bei 13,5 Millionen Menschen, das entspricht etwa sieben Prozent der Gesamtzahl internationaler Migranten. In diesem Zusammenhang ist allerdings zu beachten, dass in einigen Regionen der Prozentsatz an Flüchtlingen unter den Migranten wesentlich über dem Durchschnitt liegt, so etwa in Afrika (18 Prozent) und Asien (15 Prozent; UN 2005a: 2). Während der zweiten Hälfte des 20. Jahrhunderts hat sich im Vergleich zur Entwicklung der Weltbevölkerung (die sich nur um den Faktor von etwa 2,4 vergrößert hat) die Zahl der Flüchtlinge und Vertriebenen, die unter dem Schutz des Flüchtlingskommissars der Vereinten Nationen (UNHCR) stehen, mehr als verzehnfacht. Grenzüberschreitende Arbeitsmigration war immer und ist auch im 21. Jahrhundert äußerst vielschichtig. Sie betrifft den deutschen hochqualifizierten Ingenieur oder Manager, der im Auftrag und mit Arbeitsvertrag eines großen internationalen Konzerns für einige Jahre in eine ausländische Niederlassung geht, ebenso wie die ukrainische Krankenschwester, die ohne gültige Aufenthalts- und Arbeitspapiere in Privathaushalten alte Menschen pflegt.

Die Hauptankunftsregionen internationaler Arbeitsmigration sind zu Beginn des 21. Jahrhunderts die USA und Kanada, Westeuropa, die Golfstaaten, Südafrika, Australien und Japan. Die Hauptströme qualifizierter Arbeitsmigration bewegen sich in die USA und nach Europa, sie kommen vor allem aus Russland und den ehemaligen GUS-Staaten, Indien, den Philippinen und Südkorea. Weniger oder nicht qualifizierte Arbeitsmigranten wandern auch in die USA und nach Europa, sind aber dominierend in den Ankunftsregionen Südafrika, Golfstaaten und Australien. Es zeigt sich, dass die Internationalisierung von Arbeitsmobilität in allen Segmenten und für viele Berufsfelder stattfindet. Beispielhaft lässt sich dies

---

[3] „There are far more international migrants in the world today than ever previously recorded, and their number has increased rapidly in the last few decades. There were an estimated 214 million international migrants in the world in 2010, representing an increase of almost 40 million in the first decade of the 21st century, and over double the number of international migrants in 1980." (http://www. iom.int/jahia/Jahia/policy-research/migration-research/world-migration-report-2010); vgl. auch UN 2005a; die Schätzungen der Vereinten Nationen basieren auf Zensusdaten aus 228 Ländern; hierbei werden in etwa drei Viertel der Länder diejenigen als Migranten gezählt, die in einem anderen als dem gegenwärtigen Aufenthaltsland geboren sind; in den anderen Ländern werden Migranten hingegen anhand der vom Aufenthaltsland abweichenden Nationalität definiert. Zu Begriffsdefinitionen und Methodologie vgl. UN 2005a: 8 und UN 2005b.

für die beiden Extremsegmente qualifizierter Expatriates und häuslicher Dienstleistenden zeigen.

Expatriates – die ‚Aristokratie' internationaler Arbeitsmigration?
Im Zusammenhang mit der Internationalisierung von Wertschöpfungsketten und
Leistungserstellungsprozessen wächst das Gesamtvolumen von im Ausland eingesetzten Führungskräften in der Wirtschaft an und differenziert sich hinsichtlich der
Beschäftigungsbedingungen immer stärker aus. Große internationale Konzerne
beschäftigen in der Regel an allen weltweit relevanten Standorten Hunderte von
nicht aus dem jeweiligen Land stammenden Arbeitnehmern. Ein Großteil dieser
kommt aus dem Stammsitzland des Unternehmens, aber es werden zunehmend
auch Beschäftigte aus anderen Ländern zum Zwecke der Entwicklung interkultu-
reller Kompetenzen oder aus beruflich-fachlichen Gründen eingesetzt. Mit der
quantitativen Zunahme dieses Segmentes internationaler betriebsinterner Arbeitsmärkte wächst auch seine interne Differenzierung. In einer vertikalen Hierarchie
stehen an oberster Spitze die vom Stammsitzland entsandten Führungskräfte, für
die mehrjährige Auslandsaufenthalte zunehmend zu einer notwendigen Voraussetzung für eine innerbetriebliche Karriere werden (während noch vor einigen
Jahrzehnten Auslandsentsendungen in vielen Unternehmen eher als Marginali-
sierungsaktionen gegen karriereschwache Führungskräfte angesehen wurden).
     Diese entsandten Führungskräfte genießen in der Regel viele Privilegien wie
z. B. steuerfreies und erhöhtes Gehalt, Kompensationszahlungen für Schulgeld und
Wohnen, komplette Organisation und Finanzierung des Umzuges etc. In einer ähnlich privilegierten Situation befinden sich Fachkräfte mit einem Arbeitsvertrag des
Stammsitzlandes, die für mehrere Monate mit sehr spezifischen Arbeitsaufträgen
in ausländische Standorte entsandt werden. Am unteren Ende der Hierarchieskala
werden Fachkräfte eingesetzt, die die Nationalität oder ethnische Abstammung
des Stammsitzlandes aufweisen, aber zu den jeweils lokalen Bedingungen des
Auslandsstandortes eingestellt werden (Stalker 2000: 109 f.; für Mitteleuropa Hill-
mann/Rudolph 1997).

Häusliche Dienstleistungsarbeiterinnen – das ‚Proletariat' der Migration?
Während sich bei der Gruppe der qualifizierten Expatriates zwar eine große Varia-
tionsbreite hinsichtlich der realen Beschäftigungssituation, der Karrieremöglich-
keiten und auch der Interessenvertretung aufzeigen lässt, so haben diese doch
gemeinsam, dass es sich in aller Regel um formale Beschäftigungsverhältnisse
mit gültigen Aufenthalts- und Arbeitsdokumenten handelt, die überwiegend mit
Männern besetzt werden. Hierdurch unterscheidet sich diese Gruppe erheblich von
der eher am unteren Ende der Erwerbsbedingungen und -chancen angesiedelten
(meistens weiblichen) Haushaltshilfen z. B. in der Altenpflege. Dieses im Kontext
des demographischen Wandels enorm an Bedeutung zunehmende Arbeitsmarkt-

segment ist in vielen Ländern charakterisiert durch Beschäftigungsverhältnisse niedrig qualifizierter Frauen ohne formale Arbeitserlaubnisse.

Häufig gelangen diese Menschen durch informelle persönliche Netzwerke und mithilfe von Touristenvisa oder vermittelt über informell arbeitende spezialisierte grenzüberschreitend tätige Dienstleister (von altruistischen Hilfsnetzwerken bis zu illegalen Schlepperbanden) in die Privathaushalte, in denen sie fast vollständig (in Bezug auf Entlohnungshöhe, Arbeitszeiten, Aufenthaltsstatus etc.) von dem individuellen Beschäftiger abhängig sind. Zwar ist die öffentliche Aufmerksamkeit inzwischen in vielen Ländern gegenüber dieser internationalen Arbeitsmigration durchaus wohlwollend sensibilisiert und es existieren entsprechende Hilfsorganisationen; gleichwohl bleibt die Lage vieler der in diesem internationalen Arbeitsmarktsegment Tätigen besonders prekär. Allerdings zeigen wissenschaftliche vergleichende Studien auch, dass unter Umständen die nur wenig formalisierten und auf persönlichem Vertrauen basierenden Beziehungen in diesem Sektor häuslicher Dienstleistungsarbeit hinsichtlich der realen Machtverteilung zwischen Beschäftigern und Beschäftigten relativ ausbalanciert sind und eher einer Gefangenendilemma-Situation als einer ausgeprägten Prinzipal-Agenten-Konstellation entsprechen (Grasmuck/Pessar 1991: 162 ff.; Alt 2003; Gordon 2005; Lutz/Schwalgin 2006; Rerrich 2006; Lutz 2007).

Triebkräfte der Internationalisierung von Arbeit und Migration
Die Beispiele zunehmender internationaler Migration qualifizierter Expatriates und prekärer Dienstleistungsarbeiterinnen deuten auf Faktoren hin, durch deren Wirken sich im 21. Jahrhundert das Ausmaß und die Dynamik internationaler Migration voraussichtlich sehr stark verändern – und die im Übrigen auch für die anderen Formen grenzüberschreitender Migrationsprozesse gelten. Ein erster Faktor ist die weiter voran schreitende Internationalisierung von Wertschöpfungsketten und Leistungserstellungsprozessen. Die Erstellung von Gütern und Dienstleistungen ist weltweit immer weniger lokal oder in den Grenzen von nationalen Wirtschaftsräumen organisiert. Arbeitsintensive Vorleistungen, Zwischenprodukte, Zwischenmontagen oder Dienstleistungsteilschritte werden – nicht zuletzt wegen komfortabler Transport- und Kommunikationsmöglichkeiten – immer stärker über die ganze Welt an die Orte mit niedrigen Arbeitslöhnen und vorhandenen Arbeitskräftepools verlagert. Forschungs- und entwicklungsintensive Arbeitsschritte werden in universitätsnahen Wissensclustern konzentriert. Kundennahe Produktdesignaktivitäten und After-Sales-Dienstleistungen werden in den Hauptabsatzgebieten angesiedelt. Diese Internationalisierung von Leistungserstellung bringt alle hieran beteiligten Menschen in verschiedenster Weise zusammen: durch internetbasierte Kommunikationsprozesse, durch kurzzeitige Arbeitsaufenthalte in anderen Ländern, durch internationale Firmenmeetings und Fachkonferenzen. Hierdurch entstehen immer dichter gespannte grenzüberschreitende soziale Netz-

werkbeziehungen, die zunächst unsichtbar und latent ein enormes Potential für internationale Arbeitsmigration generieren.[4]

Ein zweiter Faktor, der im neuen Jahrhundert für internationale Arbeitsmigration an Bedeutung gewinnen wird, ist die nach Ländern völlig unterschiedliche demographische Entwicklungsdynamik. Während im Jahre 1950 nur etwa 200 Millionen Menschen weltweit älter als sechzig Jahre waren, betraf dies zur Jahrtausendwende bereits 600 Millionen, und im Jahre 2050 werden sich etwa 2 Milliarden Menschen mindestens im siebten Lebensjahrzehnt befinden (Doyle 2004:1). Während die langfristige Wachstumsrate der Bevölkerung in den ‚alten' westeuropäischen Industrieländern Deutschland, Frankreich, Italien, Spanien, Niederlande und Belgien von 1850 bis 1950 nur etwa 72 Prozent betrug und für den Zeitraum von 1950 bis 2050 auf etwa 11 Prozent geschätzt wird, lag sie im Zeitraum 1850 bis 1950 für die Nicht-EU-Mittelmeerländer Türkei, Algerien, Ägypten, Marokko, Tunesien und Lybien bei 181 Prozent und wird für das Jahrhundert von 1950 bis 2050 auf 457 Prozent prognostiziert (Brauch 1997: 60). Schon diese begrenzten Vergleiche lassen erkennen, dass die demographische Gesamtentwicklung der Weltbevölkerung sowie die nach Ländern und Regionen sehr unterschiedlichen Verläufe einen nachhaltigen Einfluss auf die weitere Internationalisierung der Arbeitsmärkte und die internationale Arbeitsmigration ausüben werden. Speziell für Europa ergibt sich aufgrund der demographischen Entwicklung (und hier besonders wegen des Verhältnisses von Menschen im Erwerbsalter zu denen im Ruhestand) eine zunehmende Nachfrage und Sogwirkung für Einwanderer: „The potential support ratio (the number of persons aged 15 to 64 for each person 65 or older), which measures social security and other potential burdens, decreased from 12 to nine from 1950 to 2000 and will fall to four by 2050. This will particularly impact the health-care sector, where the number of persons older than 85 is also rising steeply. One implication is that the demand for immigrant labor is very likely to rise, particularly in Western Europe and Japan" (Doyle 2004: 2).

Die weltweiten, sich lokal aber jeweils sehr spezifisch niederschlagenden Veränderungen der klimatischen Bedingungen (z. B. Erderwärmung), der Nutzungsmöglichkeiten knapper Ressourcen (z. B. fossile Brennstoffe, Wasser, erneuerbare Energien) und die Auswirkungen von Katastrophen wie Pandemien und von kriegerischen Auseinandersetzungen stellen einen dritten Faktor dar, der die grenzüberschreitenden Wanderungsströme im 21. Jahrhundert aller Voraussicht nach entscheidend beeinflussen wird. Während große Aufnahmeregionen gegenwärtiger Arbeitsmigration (wie z. B. der andalusische Teil Spaniens für die Wanderung aus Marokko) aufgrund von Trockenheit zukünftig zu Exporteuren von Arbeitsmigranten werden, wird der Massenexodus aus anderen Regionen

---

[4] Als interessante Studie zur Internationalisierung von Programmieraktivitäten, die als ‚virtuelle Migration' bezeichnet wird, vgl. Aneesh Aneesh 2006.

(wie z. B. dem Nahen Osten) eventuell von anhaltenden gewaltsamen Konflikten genährt. Schubweise werden auch (teilweise durchaus menschenverursachte) Naturkatastrophen die Bewohner ganzer Bevölkerungsgebiete in internationale Wanderungsprozesse spülen. Diese Entwicklungen werden die (in Abschnitt 2.3) skizzierten Unterscheidungen zwischen freiwilliger ökonomischer Arbeitsmigration und unfreiwilliger politischer Wanderung als zunehmend weniger trennscharf erscheinen lassen. Klimatische Veränderungen, Ressourcenknappheit und Katastrophen werden das Gesamtvolumen internationaler Migration erhöhen und zu einer Ausdifferenzierung der Voraussetzungen, Formen und Folgewirkungen dieser Wanderungsströme führen.

Ein vierter Faktor schließlich, der die Internationalisierung der Arbeitsmärkte und der Arbeitsmigration im 21. Jahrhundert forcieren wird, ist die zunehmende Transnationalisierung sozialer Lebensräume selbst. Migration ist immer weniger auf zwei Raumpunkte (Herkunfts- und Ankunftsregion) und einen oder zwei Zeitpunkte (Auswanderung, Rückwanderung) beschränkt, sie ist für viele Menschen kein Ausnahmevorgang im Lebensverlauf. Vielmehr muss häufigere Hin- und Her- oder auch Dreiecks-Migration als genuiner Bestandteil durchaus kontinuierlicher Lebensläufe von transnationalen Migranten verstanden werden. Das Alltagsleben einer wachsenden Zahl von (Arbeits-) Migranten, ihre Erwerbserwartungen und Karrierewege, ihre Haushaltsstrategien und biographischen Orientierungen sind nicht in nur einer lokalen Gemeinde, in nur einer Nationalgesellschaft verankert. Vielmehr verdichten sich transnationale soziale Beziehungsnetze durch soziale Praktiken, Symbolsysteme und Artefakte zu neuen transnationalen Sozialräumen, die sich über mehrere Plätze in unterschiedlichen nationalen Gesellschaften aufspannen (Pries 2008). Solche transnationalen Arbeitsmigrationsnetzwerke und Sozialräume wurden für den nordamerikanischen Raum (Besserer 2002; Smith 2005) und auch für Europa (Pallaske 2001; Pries 2005; Mau 2007) in ersten Formen bereits nachgewiesen. Sie werden zukünftig im Wechselspiel mit der generellen Internationalisierung der Vergesellschaftung von wachsender Bedeutung sein und erfordern eine stärkere Integration von Forschungsperspektiven.

8.2 Integration von Arbeitsmarkt- und Migrationssoziologie

Aufgrund der zunehmenden Internationalisierung von Vergesellschaftung zu Beginn des 21. Jahrhunderts ergibt sich die Notwendigkeit, die sozialwissenschaftliche Arbeitsmarkttheorie und die Soziologie internationaler Migration stärker zu integrieren. Bezogen auf Arbeit und Erwerb gilt generell, dass alle Formen von Beschäftigung – selbst die scheinbar ‚bodenständigsten' und traditionellsten – immer stärker von Voraussetzungen bestimmt werden, die die Grenzen von Nationalgesellschaften überschreiten. Dies bedeutet allerdings nicht, dass sie sich in einer

‚de-territorialisierten globalisierten Netzwerkgesellschaft' verflüchtigen und jeden Raumbezug verlieren. Vielmehr nimmt das Arbeiten und Zusammenleben von immer mehr Menschen Formen an, die nicht mehr einfach lokal, mikro-regional oder national eingebunden sind, sondern die sich selbst über Ländergrenzen hinweg pluri-lokal erstrecken. Aufgrund der internationalen Verkettungen greifen auch die Folgewirkungen von Erwerbsarbeit – die an einem bestimmten Ort geleistet wird – immer tiefer in die Lebenszusammenhänge und Arbeitsbedingungen an anderen, unter Umständen sehr weit entfernten, Orten ein. Auf diese Weise sind die Bedingungen von Arbeit und Beschäftigung überall auf der Welt durch verschiedene Internationalisierungsprozesse einem radikalen Veränderungsdruck ausgesetzt. Umgekehrt macht gerade der Wandel von Arbeits- und Erwerbszusammenhängen den Kern vieler Prozesse der Internationalisierung aus.

Während die realen Bedingungen von Arbeit und Beschäftigung einerseits immer stärker von internationalen Vergesellschaftungstendenzen beeinflusst werden, findet andererseits die Erwerbsregulierung, d. h. die Aushandlung, Festlegung und Kontrolle der konkreten Arbeits-, Beschäftigungs- und Partizipationsbedingungen für die Beschäftigten formell nach wie vor weitgehend national statt. Sowohl der legale Rahmen von Gesetzgebung und Arbeitsgerichtsbarkeit, als auch die Arbeitgeberverbände und Gewerkschaften sind vorrangig nationalstaatlich organisiert. Selbst zwischen geographisch benachbarten und in ihrer historischen Entwicklung eng miteinander verbundenen Ländern wie z. B. Deutschland und Frankreich, Mexiko, Kanada und den USA, Indien und Thailand oder China und Malaysia unterscheiden sich die institutionellen Rahmenordnungen der Erwerbsregulierung ganz erheblich. Die einzige Ausnahme hiervon bildet die vergleichsweise weit vorangeschrittene Europäisierung von Arbeitsmärkten und von Institutionen der Erwerbsregulierung im Rahmen der EU.

Vor diesem Hintergrund stellen sich zwei wesentliche Herausforderungen für die zukünftige Erforschung der Internationalisierung von Arbeitsmärkten und Arbeitsmigration. Erstens muss ein angemessenes Analyseraster für die verschiedenen Ausformungen der Internationalisierung von Arbeit und Migration entwickelt werden, welches einerseits den methodologischen Nationalismus überwindet, aber andererseits dabei nicht die Raumbindung alles Sozialen generell in einem Konzept der ‚De-Territorialisierung' auflöst. Zweitens fehlen theoretisch-konzeptionelle Rahmungen für die Analyse grenzüberschreitender Strukturierungsmuster von Erwerbsmobilität und Migration in einer die Arbeitsmarkt- und Migrationsforschung integrierenden Perspektive.

Grenzüberschreitende Strukturierungsmuster von Erwerbsmobilität
und Migration
Wie gezeigt wurde, sind Begriffe wie Globalisierung oder Glokalisierung allein
entweder zu begrenzt (die betrifft die übliche Verwendung von Glokalisierung)
oder zu diffus (wie der übliche Gebrauch des Begriffs Globalisierung), um die
spezifischen Dynamiken der Internationalisierung von Vergesellschaftung angemessen zu charakterisieren. Die im Kapitel 1 vorgestellten sieben Idealtypen von
Internationalisierung können hier als ein aus der Globalisierungs- und Transnatio-
nalismusforschung entwickelter Differenzierungsvorschlag verstanden werden.
Daneben kann im Anschluss an die sozialwissenschaftliche Arbeitsmarktforschung
und an den soziologischen (Neo-) Institutionalismus systematischer gefragt werden, welche eigenständigen und mehr oder weniger klar identifizierbaren sozialen
Institutionen vornehmlich die Arbeits- und Beschäftigungsbedingungen, -chancen
und -verläufe unter den Bedingungen grenzüberschreitender Erwerbsmobilität
strukturieren (vgl. Pries 2010e, Kapitel 2). Aus der deutschen Arbeitsmarktseg-
mentationsforschung sind die drei Institutionen des (1) *Marktes*, des (2) *Betriebs*
und des (3) *Berufes* bekannt. Darüber hinaus spielt das (4) *öffentliche Regime*
der rechtlichen Normierungen, der sozialpolitischen Sicherungssysteme und der
kollektiven Erwerbsregulierung als vierte Institution eine präformierende Rolle.
Schließlich darf – zumal für die Dynamik internationaler Arbeitsmigration – die
Bedeutung (5) *sozialer Netzwerke* als strukturierender Institution internationaler
Erwerbsmobilität nicht unterschätzt werden.

Die erwähnten fünf sozialen Institutionen unterscheiden sich vor allem
(a) nach dem jeweils dominanten Typ von Ressourcen, welcher die Positionierungen, Teilhabechancen und die Handlungsmöglichkeiten der Menschen strukturiert,
(b) nach den jeweils vorherrschenden Handlungslogiken und -normen, (c) nach
den jeweils spezifischen wichtigsten Medien der Kommunikation in dem entsprechenden Verflechtungszusammenhang sowie (d) nach den je typischen Kontexten, in denen die Handlungsprogramme der verschiedenen Institutionen Vorrang
haben (vgl. die nachfolgende Tabelle; Pries 1998 und 2010e; Verwiebe 2004). Sie
strukturieren Arbeit und Beschäftigung nicht nur auf der nationalen Ebene, sondern auch international. Für nationalgesellschaftliche settings und für bestimmte
internationale Erwerbs- und Migrationsbereiche lassen sich jeweils spezifische
Kombinationen dieser fünf erwerbsstrukturierenden Institutionen identifizieren.

Tabelle 5   Strukturierende Institutionen internationaler Erwerbsmobilität

Bestimungs-dimension / Soziale Institution	Hauptsächl. Handlungs-Ressource	Dominante Handlungsnorm	Wichtigstes Kommunika-tionsmedium	Kontext/setting
Soziales Netz-werk/Familie	Soziales Kapital	Wechselseitige Gunst; genera-lisierte Rezipro-zität	Vertrauen; nicht-monetärer Tausch	Nicht-standardi-sierter Austausch
Markt	Ökonomisches Kapital	Wettbewerb; Optimierung individuellen Nutzens	Geld; Äquiva-lententausch	Berechenbare, anonym tausch-bare Güter
Beruf	Kulturelles Kapital	Berufsehre, wissenschaft-liches Wissen und Ethos	Zertifikate, Ehre/Reputati-on, Zünfte	Individuen-gebun-dene, standardi-sierte Ressourcen
Organisation/Betrieb	Organisationa-les/positionales Kapital	Organisationale Regeln, Loyalität	Organisations-kultur, Anord-nungen	Rollenübernah-me und Funk-tionsausübung
Öffentliches Regime	Politisches Kapital	Normen- und Regelorientie-rung	Gesetze, (Tarif-)Verträge	contested terrains; widerstreitende Interessen

Die erwerbsstrukturierende Bedeutung der Institution des Marktes äußert sich z. B. in den skizzierten Angebots- und Nachfragelogiken ökonomischer Theorien internationaler Migration, aber auch in der generellen Bedeutung, die ökonomisch-marktlichen Triebkräften in der Internationalisierungs- und Migrationsforschung eingeräumt wird. Dass die institutionelle Prägung von Erwerbsmobilität durch die betriebliche und generell organisationale Logik eine wichtige Klammer zwischen Arbeitsmarkt- und Migrationsforschung sein kann, wurde am Beispiel der internationalen Expatriates-Mobilität bereits skizziert. Gerade für den Bereich von Facharbeit, qualifizierter Wissensarbeit und künstlerischer Tätigkeit wirkt die Beruflichkeit von Arbeit auch über die Ländergrenzen hinweg strukturierend. Die neuere Forschung zur transnationalen Arbeitsmigration hat gerade die Bedeutung sozialer Netzwerke als grenzüberschreitendes institutionelles Kräftefeld hervorgehoben. Und schließlich zeigt die neuere Forschung zur internationalen und transnationalen Governance, dass die Institution des öffentlichen Regimes zwar nach wie vor vornehmlich nationalstaatlich verankert ist, dass aber gleichwohl immer stärker auch transnationale Texturen z. B. von Erwerbsregulierung emergieren (vgl. Kapitel 5 und 7).

Die empirische Forschung und die Theoriebildung im Feld der Internationalisierung von Arbeitsmärkten und Arbeitsmigration werden immer bedeutsamer. Hierzu können vielfältige Vorarbeiten und Anregungen aus dem reichen Fundus der vornehmlich national ausgerichteten sozialwissenschaftlichen Arbeitsmarktforschung, der neueren Migrationsforschung und der allgemeinen Globalisierungs- und Transnationalisierungsforschung genutzt werden. Von besonderem Interesse ist dabei, die Transnationalisierung sozialer Institutionen theoretisch und empirisch stärker auszuleuchten. Diese kann sich – ähnlich wie die Transnationalisierung von Organisationen – entweder als grenzüberschreitende Ausdehnung bereits (nationalgesellschaftlich) bestehender Institutionen vollziehen oder als zunehmende Habitualisierung, Objektivation und generationenüberspannende Verfestigung neuer Erfahrungen und Verhaltensmuster.[5]

9 Transnationalisierung sozialer Ungleichheit

Soziale Ungleichheit bezieht sich auf die asymmetrische Verteilung von begehrten Gütern auf soziale Positionen, die zu sozialer Verschiedenwertigkeit von Lebensbedingungen und Lebenschancen führt. Soziale Ungleichheit bezieht sich also auf nicht zufällige und nicht vorübergehende, sondern gesellschaftlich institutionalisierte Formen asymmetrischer Ressourcen- und Chancenverteilungen. Jede Form der Untersuchung und Messung sozialer Ungleichheit benötigt raum-zeitliche Bezugseinheiten, auf die sich diese Bestimmung von Klassenlage, Status, horizontaler und vertikaler Selbst- und Fremdverortung sowie der Verteilung von Teilhabechancen bezieht. Als Referenzrahmen dienen dabei normalerweise Entitäten wie Gemeinden, Städte und vor allem Nationalgesellschaften, also räumlich-territorial eindeutig begrenzbare Ganzheiten. Durch die verschiedensten Formen der Internationalisierung sozialer Phänomene und Prozesse ist die Soziologie sozialer Ungleichheit jedoch seit etwa zwei Jahrzehnten herausgefordert. Denn welche sozialen Verflechtungsbeziehungen Gegenstand der Ungleichheitsforschung

---

[5] Berger/Luckmann (1980) benennen vier wesentliche Aspekte des allgemeinen Prozesses der Institutionalisierung: (1) Objektivation als Vergegenständlichung menschlicher Erfahrung durch Symbole, vor allem Sprache (als „Koordinatensystem des Lebens in der Gesellschaft", ebd.: 24); (2) Habitualisierung von Verhaltensmustern durch reziproke Erkennung und Anerkennung durch spezifische Typen von Handelnden (ebd.: 57ff.); (3) Historisierung von Institutionen durch deren inter-generationelle Übergabe bzw. Übernahme und (4) Legitimation von Institutionen, wenn deren Entstehung, Begründung bzw. Gewissheitscharakter nicht mehr durch direkte Erinnerung und die selbst erfahrene Habitualisierung vergegenwärtigt werden kann bzw. muss (ebd.: 98ff.).

sein sollten, lässt sich nicht mehr einfach mit dem Hinweis auf die nationalen ‚Container-Gesellschaften' beantworten. Durch die Transnationalisierung von Vergesellschaftungsbezügen verändern sich einerseits die nationalen Dynamiken sozialer Ungleichheit, andererseits entstehen neue, grenzüberschreitende sozialräumliche Bezugseinheiten sozialer Ungleichheit. Deshalb sollte neben der nationalen, der europäischen und einer weltgesellschaftlichen Sicht auf soziale Ungleichheit auch eine transnationale Perspektive entwickelt werden.[6]

Wenn Menschen ihre Lebensstrategien nicht mehr nur auf eine nationale Gesellschaft ausrichten, sondern auf eine Makroregion (wie z. B. die Europäische Union) oder auf mehrere Länder (wie z. B. Deutschland, die Türkei und die USA), dann verändert sich auch der Bezugsrahmen ihrer objektiven und subjektiven Mobilitätschancen. Welches Gewicht haben unter diesen Umständen der europäische und der jeweils nationale Bezugsrahmen sozialer Ungleichheit für die Entwicklung Europas, seiner Nationalgesellschaften und der darin lebenden Menschen selbst? Wie soll die soziale Positionierung von Menschen wissenschaftlich vorgenommen werden, die sich z. B. als Migranten *zwischen* Deutschland und der Türkei hin- und herbewegen und sich selbst beiden nationalen Gesellschaften (teil-)zugehörig fühlen? Wie kann die soziale Ungleichheitsstruktur Polens angemessen untersucht werden, ohne die *transnationalen* Wirkungsbezüge der Hunderttausenden Arbeitsmigranten systematisch aufzunehmen?

Die Ungleichheitsforschung wird auch dadurch komplizierter, dass sich im Rahmen von Europäisierung und Globalisierung immer mehr Menschen nicht mehr nur einer lokalen und nationalen, sondern auch einer makroregionalen oder transnationalen Einheit oder gar der ‚Weltgemeinschaft' als Ganzer zugehörig fühlen: Wie soll beispielsweise die Ungleichheitsforschung den Umstand berücksichtigen, dass Menschen sich selbst nicht innerhalb nationalgesellschaftlicher ‚Container' einordnen, sondern z. B. im Rahmen der weltweiten jüdischen Diaspora oder der transnationalen muslimischen Religionsgemeinschaft der Umma.[7] Immer mehr Menschen richten ihre Selbstverortungen und ihre Lebensstile an sehr komplexen Kombinationen unterschiedlicher räumlicher Referenzrahmen aus. Schließlich stellt sich die Frage, ob die Soziallagen derjenigen Menschen, die sich subjektiv und von ihrer Lebenspraxis her in dem klassisch nationalgesellschaftlichen ‚Containerraum' eingerichtet haben, tatsächlich durch ein nur darauf

---

[6] Ich danke Barbara Laubenthal, Peter A. Berger und Anja Weiß für hilfreiche Kritik und Anregungen zu diesem Kapitel.
[7] Die *Umma* geht auf das 7. Jahrhundert zurück und bezeichnet die sich im Laufe der Jahrhunderte häufiger rekonstituierende ‚Gemeinschaft der Muslime' (vgl. Mandaville 2001: 70 ff.); da diese Gemeinschaft der Muslime kein einheitliches und dauerhaftes Zentrum hat, kann die Umma als eher transnationales Phänomen bezeichnet werden (Mekka ist zwar ein zentraler ritueller Ort, hat aber – etwa im Vergleich zur Rolle von Rom als Zentrum des Katholizismus – nur begrenzt eine umfassendere Zentrumsfunktion für alle Menschen muslimischen Glaubens).

bezogenes wissenschaftliches Ungleichheitskonzept erfasst werden können, wenn diese Soziallagen und Lebenspraxen gleichzeitig immer stärker durch grenzüberschreitende Wirkungskräfte beeinflusst werden.

In welchem Referenzrahmen also soll soziale Ungleichheit gemessen werden? Ist die nationalgesellschaftlich ausgerichtete Analyse nicht trotz der beschriebenen Vorbehalte vielleicht aufgrund der besseren Zugänglichkeit relevanter Daten, der recht einfachen formalen Abgrenzung der Bezugseinheiten und der entsprechenden Ausrichtung bewährter Theorien die beste Strategie? Oder sollte man für (West-) Europa nicht aufgrund der fortgeschrittenen wirtschaftlichen, kulturellen, sozialen und politischen Integration und der zunehmend besseren Zusammenführung nationaler Datenbestände den Bezugsrahmen der Europäischen Union wählen (Heidenreich 2006)? Wäre es nicht vielleicht gar angezeigt, angesichts fortschreitender weltweiter Abhängigkeiten soziale Ungleichheitsanalysen direkt auf die weltgesellschaftliche Ebene zu heben (Sklair 1995; Stichweh 2000)? Schon die Fragestellungen selbst lassen erkennen, dass es keinen Königsweg für die Weiterentwicklung der Ungleichheitsforschung im Zeitalter zunehmender Internationalisierung geben kann. Im Folgenden wird argumentiert, dass die drei Perspektiven der Ungleichheitsforschung (international vergleichende, Weltgesellschafts- und transnationale Untersuchungen) *komplementär* behandelt werden sollten.

Jenseits der Frage nach dem nationalen, supranationalen oder weltgesellschaftlichen Bezugsrahmen sozialer Ungleichheitsforschung ergibt sich eine Herausforderung noch anderer und in vielerlei Hinsicht weiter gehender Art aus der zunehmenden *Transnationalisierung* sozialräumlicher Bezüge. Denn die zuvor erwähnten Charakterisierungen der Internationalisierung von Vergesellschaftung und sozialer Ungleichheit, nämlich Europäisierung und Globalisierung, basieren auf einem *essentialistischen* bzw. substantiellen Raumverständnis (vgl. Kapitel 1). Zwiebelringen ähnlich ist dabei eine kleinere (lokale) Einheit in eine größere (nationale) Einheit eingebunden, diese wiederum in eine makroregionale (z.B. europäische) Einheit und diese schließlich in den ‚Container‘ des gesamten Globus. Auf jeder dieser Ebenen sind die jeweiligen Flächenräume und die dazu gehörenden Sozialräume passungsgleich ineinander gefügt. Jeder Sozialraum ‚besitzt‘ genau einen Flächenraum, und in jedem Flächenraum existiert nur genau ein Sozialraum, der zum Gegenstand der entsprechenden Ungleichheitsanalyse gemacht wird. Entsprechend untersucht man z.B. ‚die soziale Ungleichheitsordnung Deutschlands‘ bzw. ‚die soziale Ungleichheitsordnung der EU‘. Umgekehrt wird ein sozialräumlicher Bezugsrahmen hierbei immer nur auf einen entsprechenden flächenräumlichen Bezugsrahmen projiziert. So wird z.B. ‚die soziale Ungleichheitsordnung Deutschlands‘ nur im Rahmen des entsprechenden flächenräumlichen Territoriums analysiert, nicht aber unter Einschluss der ehemaligen deutschen Kolonialgebiete oder der US-Bundesstaaten mit starken deutschen Minderheiten.

Für *transnationale* Sozialräume wie z. B. die der oben erwähnten polnischen Arbeitsmigranten oder der islamischen *Umma* lässt sich dieses essentialistische Raumkonzept nicht anwenden, hier ist ein *relationales* Raumkonzept gefordert.[8] Danach können sich Sozialräume auch über unterschiedliche Flächenräume hinweg pluri-lokal aufspannen (und umgekehrt innerhalb eines Flächenraumes unterschiedliche Sozialräume ‚aufstapeln'). Die Erforschung von Ungleichheitsstrukturen steht hier vor neuen theoretischen und methodischen Herausforderungen. Denn auf welche Weise sollen die sozialräumlichen Bezugseinheiten begrenzt werden, wenn sich aus dem Untersuchungsansatz selbst nicht ein zwingender flächenräumlicher Rahmen ergibt? Zweifelsohne besteht hier eine Tautologiefalle: Einerseits wird die Existenz transnationaler Sozialräume unterstellt, deren (transnationale) soziale Ungleichheitsstrukturen jeweils analysiert werden sollen und deren flächenräumlicher Bezugsrahmen sich entsprechend jeweils aus der Definition dieser Sozialräume ergibt. Andererseits soll die Existenz transnationaler Sozialräume unter anderem gerade dadurch begründet werden, dass deren jeweils eigene transnationale soziale Ungleichheitsstrukturen nachgewiesen werden.

Allerdings ist diese Gefahr einer tautologischen Konstruktion der Bezugseinheiten sozialer Ungleichheitsforschung nicht ein Spezifikum der transnationalen Untersuchungsperspektive, sondern aller Ungleichheitsforschung schlechthin. Sie besteht immer dann, wenn die raum-zeitliche Definition der Bezugseinheiten für Ungleichheitsanalysen mit dem Hinweis auf die Spezifika sozialer Ungleichheit in eben diesen begründet wird. In Bezug auf den nationalen Referenzrahmen hat z. B. über mehr als hundert Jahre diesbezüglich ein folgenreicher Gewöhnungsprozess stattgefunden, der den Nationalstaat zur gleichsam ‚natürlichen' Bezugseinheit für Ungleichheitsanalysen macht. Tatsächlich lässt sich aber im Kontext der Transnationalisierung von Vergesellschaftung auch die institutionelle Verfestigung von transnationalen Bezugsmustern sozialer Ungleichheit beobachten. Dies soll im Folgenden am Beispiel transnationaler Haushalts- und Familienzusammenhänge in der mexikanisch-US-amerikanischen Migration dargestellt werden.

9.1 Transnationale Migration und soziale Ungleichheit

Die wohl immer noch beste systematische Verknüpfung von Migrations- und Ungleichheitsforschung hat für die Soziologie Hoffmann-Nowotny (1970) vorgelegt. Danach erfahren Mitglieder einer Gesellschaft *strukturelle* Spannungen, wenn sie das Verhältnis von Macht und Prestige für sich nicht als ausgeglichen erleben. Macht wird hierbei als der Grad verstanden, zu dem ein Anspruch auf Teilhabe

---

[8] Die Gegenübersetzung absoluter (bzw. essentialistischer) und relativer Raumkonzepte durchzieht seit mindestens drei Jahrhunderten die wissenschaftliche Raumdiskussion, (vgl. Gosztonyi 1976).

an zentralen geteilten sozialen Werten (z. B. Reichtum, Ansehen etc.) auch tatsächlich durchgesetzt werden kann. Prestige ist dagegen für Hoffmann-Nowotny der Legitimitätsgrad dieses Anspruchs auf Teilhabe. Die Menschen reagieren auf diese strukturellen Spannungen einzeln oder gemeinsam – in den Begriffen von Hirschmann (1970) – durch *voice*- oder *exit*-Strategien, d. h. durch Aufbegehren und den Versuch, ihre soziale Situation im Land zu verändern, oder durch Auswanderung ihrer strukturellen Spannungssituation zu entkommen. Gelingt weder das eine noch das andere oder verharren sie (zu lange) in Passivität *(loyalty)*, so können die strukturellen Spannungen in *anomische* Spannungen umschlagen.

In diesem Argumentationsgang sind aufgrund der Breite des Konzeptes viele der sonstigen partiellen Erklärungsansätze für internationale Migration enthalten (Pries 2001). Gleichzeitig ist dieses Modell aber auch sehr direkt im ‚methodologischen Nationalismus' verankert, und zwar sowohl hinsichtlich seiner sozialen Ungleichheitsannahmen als auch bezüglich der internationalen Migration. Denn strukturelle Spannungen ergeben sich bei Hoffmann-Novotny im wahrgenommenen Rahmen der *Bezugseinheit* Nationalgesellschaft. Der Referenzrahmen für den Vergleich von als legitim erachtetem und von tatsächlich realisiertem Teilhabeanspruch ist weder global die Weltgesellschaft noch ist es ein transnationaler Sozialraum mit verschiedenen Plätzen in mehreren Nationalgesellschaften. Genau das Letztere aber ist im Falle transnationaler Migration und Sozialräume gegeben. Denn transnationale Wanderung oder ‚Transmigration' unterscheidet sich von anderen Formen der internationalen Migration, namentlich der Aus- bzw. Einwanderung und der Rückkehr-Migration, gerade dadurch, dass die betreffenden Menschen nicht einfach einmalig von einer nationalgesellschaftlichen Bezugseinheit in eine andere wandern. Vielmehr ist die *Bezugseinheit der sozialen Positionierung von transnationalen Migranten selbst ein transnationaler Sozialraum.*

Dies lässt sich recht gut am Beispiel der Arbeitswanderung zwischen Mexiko und den USA zeigen, denn hier sind transnationale Migrationsphänomene besonders ausgeprägt und besser als für andere Regionen untersucht. So wurden z. B. im Rahmen einer vom Autor geleiteten lebensverlaufsorientierten Studie die kompletten Ausbildungs-, Wohn-/Migrations- und Arbeitsverläufe von 648 mexikanischen Männern (69 %) und Frauen (31 %) aufgenommen, die erstens mindestens 18 Jahre alt waren, zweitens aus einer von fünf definierten Herkunftsregionen (Bundesstaaten Puebla und Tlaxcala in Mexiko) stammten und drittens mindestens einmal zur Arbeit in die Großregion New York migriert waren.[9] Mit einem Gesamtwert von

---

[9] Das Projekt wurde von Oktober 1995 bis Sommer 1999 durchgeführt und vom Mexikanischen Rat für Wissenschaft und Technologie (CONACYT) sowie der Autonomen Metropolitanen Universität in Mexiko Stadt (UAM-Iztapalapa) finanziert. Das Durchschnittsalter der befragten Personen lag bei 32,3 Jahren. Aus den fünf Herkunftsmikroregionen wurden jeweils zwischen 105 und 161 Personen interviewt.

3060 gültigen Beschäftigungsereignissen entfallen auf jede interviewte Person im Durchschnitt 4,7 ‚Jobs'. Im Durchschnitt dauerten die Beschäftigungsverhältnisse 3,6 Jahre – es handelt sich also nicht um saisonale Pendelwanderung. Durchschnittlich wanderte jede befragte Person 2,4 Mal zwischen Mexiko und den USA. 126 der interviewten Personen unternahmen mindestens vier Arbeitswanderungen zwischen den beiden Ländern.

Schon diese Daten lassen den Schluss zu, dass zumindest diejenigen Migranten, die eine sehr häufige Anzahl von Landeswechseln aufweisen (wie z.B. die 126 Personen mit jeweils mindestens vier Grenzüberschreitungen), ihre Erwerbsstrategie nicht an den Opportunitätsstrukturen *einer* Nationalgesellschaft bzw. *eines* nationalen oder lokalen Arbeitsmarktes ausrichten. Umgekehrt besteht der Optionenraum für diese Menschen auch nicht einfach aus abstrakten, weltweit zugänglichen Jobmöglichkeiten, über die sie sich eventuell über das Internet informieren würden. Vielmehr leben diese Menschen in Bezug auf ihre Erwerbsstrategien (aber auch hinsichtlich ihrer Ausbildungs-/Qualifizierungspläne, ihrer Freundschaftsbezüge und ihrer Heiratsabsichten) in einem *pluri-lokalen Sozialraum*, der – je nach sozialen Netzwerken – eine oder einige konkrete Plätze im Herkunftsland (ländliche Gemeinden wie Piaxtla oder Amatitlán, Kleinstädte wie Huajuapan de León oder Metropolregionen wie Puebla) mit einem oder einigen konkreten Plätzen im Ankunftsland (Queens, Brooklyn, Manhattan in New York City, Yonkers, Newark, Newburgh/NY oder Wyoming/WI) verbindet. Die Entscheidungen über Beschäftigungswechsel und vor allem über solche Beschäftigungswechsel, die mit einem Landeswechsel verbunden sind, werden dabei mehrheitlich unter Berücksichtigung von pluri-lokalen Einflussfaktoren getroffen.

Ein generelles Muster besteht darin, aus ökonomischen Erwägungen von Mexiko kommend einen Job in den USA zu beginnen oder zwischen Jobs in den USA zu wechseln, und aus familiären Gründen Jobs in den USA zu beenden, um nach Mexiko zu einem anderen Job oder zu einer Beschäftigungsunterbrechung zurückzukehren. Aus den quantitativen Befragungen und aus durchgeführten qualitativen Erhebungen und Feldbeobachtungen (vgl. z.B. Herrera 2002) ergibt sich, dass in die Entscheidung von Beschäftigungs- und Landeswechseln fast immer Familienmitglieder einbezogen sind, die in dem entsprechenden Moment jeweils im anderen Land leben. Beschäftigungsopportunitätsstrukturen werden transnational mit Familiennotwendigkeiten abgeglichen, und Entscheidungen werden im Großfamilienzusammenhang transnational getroffen. Der Referenzrahmen für soziale Selbst- und Fremdpositionierungen ist transnational: pluri-lokal grenzüberschreitend, aber nicht global, dauerhaft und gleichzeitig dynamisch, um das soziale Netzwerk der (lokal verteilt lebenden) Familie zentriert und gleichzeitig in komplexere grenzüberschreitende soziale Beziehungsstrukturen eingebunden (Besserer 2002).

Bezogen auf die berufliche Mobilität als einem klassischen Aspekt der sozialen Ungleichheitsforschung ergeben sich statistisch mit einer Wahrscheinlichkeit von mehr als 99 % signifikante Muster.[10] In der Tabelle 6 sind in den einzelnen Zellen jeweils die beobachteten Häufigkeiten von Beschäftigungseinmündungen in bestimmte Wirtschaftssektoren den Häufigkeiten gegenübergestellt, die unter der Bedingung zu erwarten wären, dass zwischen der Branchenpositionierung im Rahmen eines Beschäftigungswechsels (Landwirtschaft, manuell-industriell, Handel, Verwaltung etc.) und dem damit verbundenen Typ von Landeswechsel (keiner/ nur Jobwechsel, von Mexiko nach USA, von USA nach Mexiko) kein direkter Zusammenhang besteht. Es zeigt sich hier, dass z. B. insgesamt 337 der angegebenen Jobwechsel in landwirtschaftliche Beschäftigungen mündeten, 628 Jobwechsel in manuell-industrielle Beschäftigungen, fast ebenso viele in Handel, Verwaltung, Hotel und Gaststätten, 343 in einfache personenbezogene Dienstleistungen und nur 32 in technische oder akademische Beschäftigungen.

Tabelle 6   Beschäftigungseintritte nach Sektor und vorherigem Wohnort

| | | Job-/Landeswechsel im Verhältnis zu vorhergehendem Job | | | Gesamt |
		Nur Job-wechsel	Von Mexiko nach USA	Von USA nach Mexiko	
Landwirtschaft	Beob.Anz.	102	54	181	337
	Erw.Anz.	159	112	66	337
Manuell-Industrie	Beob.Anz.	324	248	56	628
	Erw.Anz.	296	209	123	628
Handel, Verw., Hotel, Gastst.	Beob.Anz.	338	238	50	626
	Erw.Anz.	295	208	123	626
Einf. pers.bez. DL	Beob.Anz.	140	114	89	343
	Erw.Anz.	162	114	67	343
Techniker, Akad.	Beob.Anz.	23	0	9	32
	Erw.Anz.	15	11	6	32
Gesamt	Beob.Anz.	927	654	385	1966
	Erw.Anz.	927	654	385	1966

Betrachtet man zusätzlich, mit welcher Art von Landeswechseln diese Beschäftigungswechsel verbunden waren, so zeigen sich statistisch nicht zufällige Muster der Erwerbsmobilität nach Tätigkeiten und Branchen. Landwirtschaftliche Jobs

---

[10] Mithilfe des Chi[2]-Testes lässt sich die Wahrscheinlichkeit für das jeweilige Verteilungsmuster der Residuen als den Differenzen zwischen beobachteten und erwarteten Häufigkeiten in den Zellen berechnen.

werden viel häufiger (181) als (statistisch) erwartet (66) nach einem Landeswechsel von den USA nach Mexiko aufgenommen und umgekehrt nur etwa halb so oft wie erwartet (54 zu 112), wenn die Beschäftigungsaufnahme nach einem Landeswechsel von Mexiko in die USA erfolgte. Insgesamt finden auch weniger Beschäftigungseinmündungen in einen landwirtschaftlichen Job als erwartet statt (102 zu gerundet 159), wenn die vorhergehende Beschäftigung im gleichen Land erfolgte. Dagegen finden signifikant häufiger als erwartet Beschäftigungsaufnahmen im manuell-industriellen und im Handels-/Verwaltungs-/Hotel- und Gaststättenbereich statt, wenn die vorhergehende Beschäftigung im gleichen Land erfolgte oder mit einem Wechsel von Mexiko in die USA verbunden war. Weniger als die Hälfte der erwarteten Anzahl von Jobwechseln in Mexiko erfolgen in manuell-industrielle oder Handels-/Verwaltungs-/Hotel- und Gaststätten-bezogene Beschäftigungen, wenn vorher eine Beschäftigung in den USA angegeben wurde.

Betrachtet man nun auch noch den Wirtschaftssektor der vorhergehenden Beschäftigung, so ergibt sich das in Abbildung 2 dargestellte Bild. Die innersektorale und zwischensektorale Wanderung der Befragten variiert ganz erheblich mit dem jeweiligen Landeswechsel (von Mexiko in die USA oder von den USA nach Mexiko) bzw. Verbleib in dem Land, in dem auch die vorherige Beschäftigung ausgeübt wurde. Die höchsten überdurchschnittlichen innersektoralen Beschäftigungswechsel (gemessen durch die standardisierten Residuen, die sich vereinfacht aus der Differenz der in Tabelle 6 dargestellten beobachteten und erwarteten Häufigkeiten berechnen) ergeben sich für Jobwechsel innerhalb des jeweils selben Landes. Dies gilt mit einem standardisierten Residuum (= S-Residuum) von 23,1 (wo ein Wert von 0 bei statistisch zufälliger Verteilung zu erwarten wäre) besonders für die technischen und akademischen Beschäftigungen (in der Abbildung 2 sind aus Gründen der Übersichtlichkeit nur Standardresiduen eingetragen, die einen Wert größer 1 aufwiesen). Grundsätzlich ist aber auch für alle anderen Wirtschaftssektoren das Standardresiduum bei Beschäftigungswechseln im gleichen Land immer höher als bei den beiden anderen Möglichkeiten von Landeswechseln. Berufliche Beschäftigungskarrieren im Sinne von Kontinuität im gleichen Tätigkeitsfeld werden offensichtlich nur innerhalb, aber nicht zwischen den Ländern realisiert.

Dagegen lässt sich eine Beschäftigungsaufwärtsmobilität – im Sinne der traditionellen Mobilitätsforschung (z. B. Muñoz et al. 1982) – von landwirtschaftlichen Tätigkeiten in Mexiko zu Handels-/Verwaltungs-/Hotel- und Gaststätten-Tätigkeiten in den USA (S-Residuum von 1,5) und von diesem Tätigkeitsbereich zu technischen und akademischen Beschäftigungen in Mexiko (S-Residuum von 1,5) feststellen. Bei den Wechseln aus den USA nach Mexiko finden allerdings auch Abwärtsmobilitätsprozesse vom Handels-/Verwaltungs-/Hotel- und Gaststätten-Bereich zum manuell-industriellen Bereich (S-Residuum von 1,3) und von diesem zum Bereich einfacher personenbezogener Dienstleistungen (S-Residuum von 1,5) statt. Diese beiden zuletzt genannten Mobilitätsmuster haben einen deutlichen *gender*-Bezug: Aufwärtsmobilität von Männern in technisch-akademischen Tätig-keiten, Abwärtsmobilität von Frauen im Bereich personenbezogener einfacher Dienstleistungen (häufig Arbeit als Hausangestellte).

Abbildung 2   Tätigkeitsbereichs- und Landeswechsel mexikanischer Arbeitsmigranten

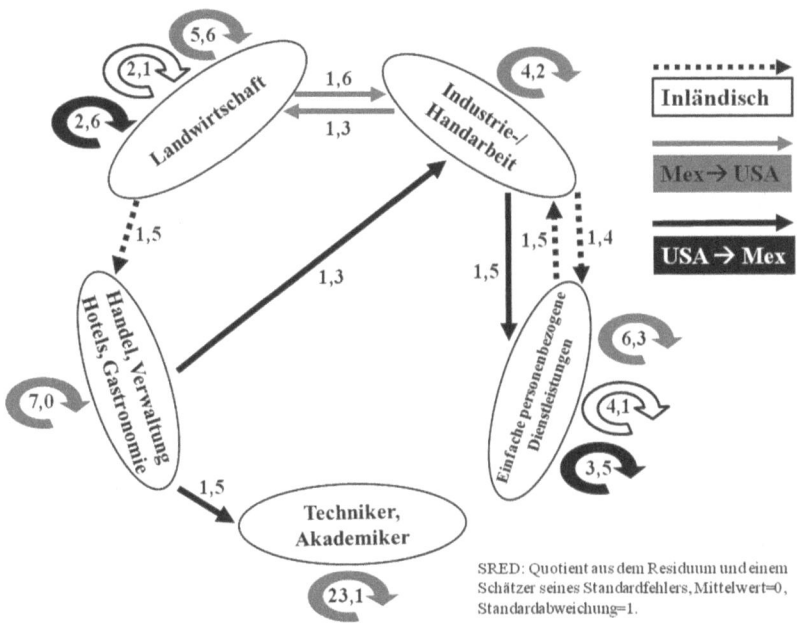

SRED: Quotient aus dem Residuum und einem
Schätzer seines Standardfehlers, Mittelwert=0,
Standardabweichung=1.

Vergleicht man die dargestellten Beschäftigungsmobilitätsmuster nun mit den subjektiven Beurteilungen und Erwartungen, die sich aus den durchgeführten In-terviews ergeben (vgl. Pries et al. 1998), so sind die hier zunächst in Anlehnung an die traditionelle, auf ein Land bezogene Mobilitätsforschung als Auf- und Abwärts-mobilität bewerteten Bewegungen anders zu interpretieren. Diejenigen Migranten, die sehr häufig und über mehrere Generationen zwischen Mexiko und den USA für jeweils mehrjährige Aufenthalte pendeln und die man als transnationale Mi-granten bezeichnen kann, nehmen ihre berufliche und soziale Positionierung und soziale Ungleichheitsstrukturen insgesamt nicht in *einem* Bezugsrahmen, sondern im Kontext von *drei unterschiedlichen Bezugseinheiten* wahr. Zum einen diffe-renzieren sie deutlich zwischen den *nationalgesellschaftlichen Bezugseinheiten sozialer Ungleichheitsstrukturen* Mexiko und USA. Einfache personenbezogene Dienstleistungen in den USA z. B. als Kindermädchen oder Gärtner haben für sie eine völlig andere gesellschaftliche Einbettung als die gleichen Tätigkeiten in Mexiko. In den USA handelt es sich hierbei in der Regel um stundenweise abhängige Erwerbsarbeit, die sich nicht wesentlich von anderen Dienstleistungsarbeiten unterscheidet; wenn sie in der sozialen Prestigeskala der Erwerbstätigkeiten auch nicht weit oben rangiert, so handelt es sich sozial gesehen doch um eine abhängige Dienstleistungstätigkeit wie andere. In Mexiko dagegen sind solche Tätigkeiten historisch in ein immer noch wirksames paternalistisches System von Abhängigkeits- und Fürsorgebeziehungen – auf der einen Seite die ‚muchachas', auf der anderen Seite die ‚patrones' – eingebunden, die weniger mit modernen Lohnarbeits- als mit traditionalen Besitzbeziehungen assoziiert werden; entsprechend ist abhängige häusliche Dienstleistungsarbeit in Mexiko traditionell eher als sozial unterwertig angesehen.

Ähnlich ausgeprägte Unterschiede in der sozialen Positionierung ließen sich auch für landwirtschaftliche Tätigkeiten aufzeigen. Landwirtschaftliche Erntearbeit in den USA, die saisonal auf großen Plantagen oder bei mittelgroßen Farmern zu erledigen ist, unterscheidet sich von ihrer sozialen Konnotierung her grundsätzlich von der selbständigen Arbeit kleiner Subsistenzbauern in Mexiko. Im Gaststättenbereich z. B. arbeiteten viele der Interviewten in New York City in größeren und vor allem sehr arbeitsteilig organisierten Schnellrestaurantbetrieben, während für Mexiko die gleichen Tätigkeiten mit kleinen Betrieben, wenigen Beschäftigten und geringer Arbeitsteilung korrelierten. Zusammengefasst lässt sich sagen, dass die Interviewten bei Beschäftigungswechseln, die mit einem Landeswechsel einhergingen, auch den Referenzrahmen ihrer sozialen Positionierung austauschten. Neben diesen beiden Bezugseinheiten sozialer Ungleichheit orientierten sich transnationale Migranten aber auch noch in einer dritten Bezugseinheit ihrer sozialen Positionierungen, die sich aus dem Vergleich mit anderen transnationalen Migranten und aus der Einordnung in ihre eigenen transnationalen sozialräumlichen Lebenswelten ergab.[11] So kann sich z. B. eine Person, die sich in der Herkunftsgemeinde und auch in der Ankunftsregion marginalisiert oder depriviert fühlt, in ihrem transnationalen Sozialraum als relativ privilegiert gegenüber den anderen Bezugspersonen dieses (transnationalen) Sozialraumes einordnen. Bei den empirischen Untersuchungen im Süden des Bundesstaates Puebla in Mexiko fanden sich z. B. viele Familien, die in den Herkunftsgemeinden zu den ärmeren oder marginalisierten Gruppen zählten und die ebenso im Großraum New York als prekäre Arbeitsmigranten ohne gültige Aufenthaltspapiere zu den ‚underdogs'

---

[11] Wie komplex diese transnationalen Lebenswelten sich über mehrere Generationen entwickeln können, hat Herrera (2002) eindrücklich am Fallbeispiel der Familie von Doña Rosa gezeigt; vgl. auch Pries (2007) und für Haiti z. B. Glick Schiller et al. (1992) und Basch et al. (1997).

gezählt wurden (und sich selber auch so einordneten). Da einige dieser Familien aber in dem Bezugssystem der transnationalen mexikanischen Migranten von Puebla nach New York vergleichsweise erfolgreich waren (entweder in der Aufwärtsmobilität bezüglich Erwerbstätigkeiten, hinsichtlich von Geldersparnissen oder in Bezug auf intelligente Investitionen von Geldrücküberweisungen in der Herkunftsregion), wurden sie innerhalb dieses transnationalen Sozialraums (von anderen und sich selbst) wesentlich höher eingestuft als in den Sozialräumen der Herkunfts- und der Ankunftsregion.

Die Komplexität der transnationalen Beziehungen spiegelt sich auch in den Daten zu den Haushaltszusammensetzungen der befragten Migranten wider. Die Tabelle 7 präsentiert die Zusammensetzung der Haushalte, in denen die Interviewten in Mexiko und in den USA jeweils im Laufe ihres Lebens gewohnt haben. Um die Tabelle übersichtlich zu halten, werden nur die ersten sechs Wohnsitze der Befragten widergegeben (immerhin 15 Befragte gaben 14 Wohnsitze an, an denen sie mindestens für drei Monate, also nicht nur als Touristen, gelebt hatten!). In den Spalten für den ersten, zweiten usw. Wohnsitz werden solche in Mexiko und den USA getrennt ausgewiesen, wobei es sich auch bei den Wohnsitzen innerhalb Mexikos durchaus um solche außerhalb der Herkunftsgemeinde handeln kann.[12]

Die in dem Haushalt der Befragten jeweils Mitlebenden wurden in verschiedene Verwandtschaftsgruppen und sonstige Personen eingeteilt. Die Tabelle 7 lässt selbst für den ersten Wohnsitz recht komplexe Haushaltsstrukturen erkennen. Wie zu erwarten werden am häufigsten die Eltern und Geschwister als mit im Haushalt lebend genannt. Bei den Mehrfachantwortmöglichkeiten weisen aber immerhin 161 der 601 gültigen Antworten für den ersten Wohnsitz mindestens drei der abgefragten Gruppen aus. Hier handelt es sich in der Regel um komplexere Drei-Generationenhaushalte. 34 Mal wurden vier verschiedene Gruppen für den ersten Wohnsitz genannt. Beim ersten Migrationsaufenthalt in den USA lebten die Befragten vorwiegend ‚mit anderen' zusammen (n = 357), also in der Regel als allein aus einem mexikanischen Haushalt Migrierende mit anderen Migranten, häufig aus der gleichen Gemeinde, Region oder zumindest aus Mexiko. Aber selbst schon bei diesem zweiten Wohnsitz, der fast immer (bis auf die drei bereits in den USA geborenen Befragten) den ersten Migrationsaufenthalt in den USA indiziert, finden sich recht komplexe Haushaltszusammensetzungen in den USA. 22 Befragte gaben mindestens drei verschiedene Gruppen von Mitwohnenden an, also mindestens zwei Verwandtschaftsgruppen. Über den gesamten Lebens- und Wohnsitzverlauf werden die Verwandtschaftsgruppen bei den Wohnaufenthalten in den USA gegenüber den ‚Anderen' immer bedeutsamer. Dies deutet auf das Anwachsen komplexer und gruppen- sowie generationengemischter Haushalte in den USA hin.

---

[12] Da einige der Befragten mit ‚Ich weiß nicht' oder gar nicht auf die Frage nach dem ersten Wohnsitz antworteten, summiert sich diese Zahl nicht auf 648.

Tabelle 7   Haushaltszusammensetzung im Wohnsitzverlauf
                   mexikanischer Arbeitsmigranten

	1. Wohnsitz		2. Wohnsitz		3. Wohnsitz		4. Wohnsitz		5. Wohnsitz		6. Wohnsitz		Ges.
	MEX	USA	MEX	USA	MEX	USA	MEX	USA	MEX	USA	MEX	USA	
Großeltern	72	0	9	8	11	2	4	0	3	0	1	0	110
Eltern	596	3	40	14	262	3	21	8	57	0	7	0	1011
Geschwister	482	2	66	41	211	27	24	52	48	10	8	14	985
Schwiegerelt.	0	0	3	43	3	3	4	1	4	2	2	0	65
Partner	85	0	18	43	57	11	19	23	27	8	9	6	306
Kinder	85	0	7	17	76	6	8	10	27	6	8	4	254
Andere	38	0	87	357	47	53	27	131	14	17	5	32	808
Gesamt	601	3	164	410	416	75	78	170	146	28	27	47	

Bemerkung: Mehrfachantworten, hier ohne die Kategorien ‚Ich weiß nicht' und ‚ohne Antwort'

Während für den zweiten Wohnsitz 87 % (357 von 410) der Antworten die Option ‚Andere' mit beinhaltete, waren es beim sechsten Wohnsitz nur noch – oder für europäische Verhältnisse: immerhin noch – 68 % (32 von 47). Umgekehrt wurden in nur 41 % der Antworten für den zweiten Wohnsitz, aber in 51 % der Antworten für den sechsten Wohnsitz Familienmitglieder genannt. Bei den sechsten Wohnsitzen in den USA gaben immerhin elf der insgesamt 47 Antwortenden (das entspricht 23 %) mindestens zwei verschiedene Gruppen als mit ihnen zusammenwohnend an; drei gaben drei verschiedene Gruppen an. Bei den sechsten Wohnsitzen in Mexiko gaben 11 von 27 Antwortende (41 %) mindestens zwei und acht Antwortende (30 %) mindestens drei Gruppen an. Insgesamt zeigen die Daten, dass die befragten mexikanischen Migranten in sehr komplexen Haushaltsstrukturen mit verschiedenen Verwandtschaftsgruppen und ‚Anderen' leben, wobei diese Haushalte in Mexiko vielschichtiger zusammengesetzt sind als in den USA.

Aber selbst in den USA leben diese Migranten mit vielen der abgefragten Verwandten- und ‚Andere'-Gruppen zusammen, wobei die verwandtschaftlichen Gruppen gegenüber den ‚Anderen' im Lebensverlauf an Bedeutung gewinnen. Die qualitativen Befragungen und Felderhebungen zeigen zudem, dass die Haushaltsstrukturen an einem Ort (z. B. in der mexikanischen Herkunftsgemeinde, an einem anderen mexikanischen Migrationsort oder in der Ankunftsregion in New York) nur angemessen verstanden und erklärt werden können, wenn sie in die real bestehenden wirtschaftlichen, sozialen, kulturellen und auch familienpolitischen

Zusammenhänge mit den jeweils anderen Orten bzw. Teilen der transnationalen Haushalts- und Familienstrategien gestellt werden. Deshalb lassen sich auch die Ungleichheitsstrukturen im migrantischen Sozialraum z. B. der Ankunftsregion nicht hinreichend ohne Bezug auf die Ungleichheitsstrukturen in der Herkunftsregion *und* im transnationalen Sozialraum untersuchen.

Die hier dargestellten Aspekte zeigen, dass soziale Ungleichheitserfahrungen und soziale Eigen- wie Fremdpositionierungen bei den befragten transnationalen Arbeitsmigranten auf drei unterschiedliche *Bezugseinheiten* ausgerichtet sind. Ähnliche Befunde bieten auch andere neuere wissenschaftliche Untersuchungen. So rekonstruiert z. B. Besserer (2002) auf der Basis quantitativer Analysen (z. B. der telegrafischen Geldanweisungen) und ausführlicher Feldforschungen in fünf Gemeinden der Verwaltungseinheit San Juan Mixtepec im mexikanischen Bundesstaat Oaxaca, wie das alltägliche Leben der in den Migrantenhaushalten und in den Gemeinden mit hohen Migrantenanteilen in Mixtepec Wohnenden auf vielfältigste Art in einer ‚transnationalen Gemeinde‘ mit den wichtigsten Orten zusammenfließt, an denen die Migranten aus Mixtepec in Mexiko und den USA leben, arbeiten, sich ausbilden und anderen Aktivitäten nachgehen. Federico Besserer legt dabei besonderes Augenmerk auf die geographisch-räumliche Verteilung unterschiedlicher lebensweltlicher Aktivitäten in den Dimensionen von Ökonomie, Politik, Kultur, Erziehung und rituellem Leben. Viele der befragten Migranten orientieren sich in ihrer allgemeinen Weltsicht und in ihrer konkreten sozialen Selbst- und Fremd-Positionierung an den verschiedenen Bezugsrahmen der Herkunftsgemeinde, der verschiedenen Ausbildungs- und Arbeitsorte sowie ihrer transnationalen Sozialräume (vgl. für weitere Beispiele Pries 2007, Kapitel 7.2). Aus den Studien zur transnationalen Migration lassen sich generell einige Schlussfolgerungen und Fragestellungen für die Ungleichheitsforschung formulieren.

9.2 Transnationalisierung und Ungleichheitsforschung

Im 21. Jahrhundert kann soziale Ungleichheit nicht mehr ausschließlich im Rahmen des *methodologischen Nationalismus* untersucht werden. Die *Ausweitung* der Bezugseinheit von Ungleichheitsforschung auf die supranationale Ebene, wie z. B. die Europäische Union, oder auf die globale Ebene, etwa mit dem Konzept der Weltgesellschaft, ist eine mögliche und wichtige Option. Daneben sind aber auch transnationale Studien zur sozialen Ungleichheit von wachsender Bedeutung. Dies nicht, weil sich die nationalen Containergesellschaften auflösen und an Bedeutung für Sozialstrukturen verlieren. Nationalstaatlich eingefasste Gesellschaften bleiben nach wie vor für die meisten Menschen der wichtigste Referenzpunkt sozialer Selbst- und Fremdverortungen – weshalb auch die klassische Ungleichheitsforschung in der Tradition des methodologischen Nationalismus weiterhin von

sehr großer Bedeutung ist. Es entstehen aber gleichzeitig auch vermehrt transnationale Sozialräume, und die darin lebenden Menschen sind in drei oder mehr
verschiedene *Bezugseinheiten* eingebunden: in die der Herkunftsgesellschaft, in
die der Ankunftsgesellschaft bzw. mehrerer Ankunftsgesellschaften und in die
transnationalen Sozialraumbezüge.

Internationale Migration ist ein wichtiges Feld, in dem sich transnationale
Sozialräume herausbilden und stabilisieren. Transnationale Migration trägt zur
Vervielfältigung der Bezugseinheiten von sozialer Ungleichheit, von Selbst- und
Fremdverortungen, Verteilungs- und Chancengerechtigkeit bei, indem sich Migranten an den Referenzsystemen der Herkunfts- und Ankunftsländer sowie dem
des genuinen transnationalen Sozialraums orientieren. Transnationale Migration
trägt damit zu einer neuen Unübersichtlichkeit und zu neuen räumlichen, zeitlichen
und dimensionalen Ausdifferenzierungen sozialer Ungleichheit bei. Sie verviel-
fältigt einerseits – in Anlehnung an die Migrationstheorie Hoffmann-Nowotnys –
die Quellen struktureller und anomischer Spannungen. Denn die Bezugseinheit
bzw. das Referenzsystem für Macht- und Prestige, welches zunächst die Herkunftsgesellschaft war, wird nicht einfach sukzessive durch Akkulturation und
Assimilation durch das Ankunftsland-Referenzsystem ersetzt. Vielmehr existieren für transnationale Migranten beide Bezugseinheiten fort, und diese werden
außerdem durch ein neues transnationales Referenzsystem ergänzt. Gerade durch
diese Vervielfältigung von Macht- und Prestige-Verhältnissen werden dauerhaft
neue Mechanismen für den Aufbau *und* den Abbau entsprechender struktureller
Spannungsverhältnisse geschaffen.

Eine bereits im Kapitel 1 angesprochene epistemologisch wichtige Frage soll
abschließend wieder aufgegriffen werden: Wie eigentlich gelangt man zur Identifikation bzw. Konstruktion transnationaler *Bezugseinheiten*? Ungleichheitsforschung
in der Tradition des methodologischen Nationalismus steht *scheinbar* nicht vor dem
Problem, die Bezugseinheit (Nationalstaat und Nationalgesellschaft) der eigenen
Forschungen explizit legitimieren zu müssen. Ungleichheitsforschung im Rahmen
eines systemtheoretischen Weltgesellschaftsparadigmas entzieht sich ebenfalls
scheinbar der Begründungsnotwendigkeit für die Ausdehnung der Bezugseinheit
auf den gesamten Globus, indem der Gesellschaftsbegriff entsprechend ‚gren-
zenlos‘ bzw. losgelöst von jeglichen flächenräumlichen Bezügen konzipiert wird.
Letztlich gelten *für alle drei* Typen von Bezugseinheiten sozialer Ungleichheitsforschung (Nationalgesellschaft, Weltgesellschaft, transnationaler Sozialraum) die
gleichen Grundanforderungen, die bereits im Zusammenhang der vergleichenden Methode als methodologischem Erkenntnisprinzip formuliert wurden (Abschnitt 1.3). Bezugseinheiten für wissenschaftliche Analysen und Vergleiche sind
so zu wählen, dass (1) die Gemeinsamkeiten der Erhebungseinheiten in Bezug auf
die Analyseeinheiten *innerhalb* gleicher Bezugseinheiten beträchtlich bzw. größer
sein als *zwischen* alternativen Bezugseinheiten und dass (2) die Unterschiede der

Erhebungseinheiten in Bezug auf die Analyseeinheiten *zwischen* verschiedenen Bezugseinheiten beträchtlich bzw. größer sind als die entsprechenden Unterschiede innerhalb gleicher Bezugseinheiten. Diese allgemeinen Regeln lassen sich für den hier behandelten Fall der angemessenen Bezugseinheiten für Ungleichheitsforschung konkretisieren.

Wenn Wissenschaftler im Rahmen der klassischen, auf Nationalgesellschaften orientierten Ungleichheitsforschung z. B. das Thema ‚Die Bildungsbeteiligung (Analyseeinheit) von Migrantenjugendlichen (Erhebungseinheit) in Deutschland und Frankreich in den 1990er Jahren (Bezugseinheit) im Vergleich' bearbeiteten, gingen sie davon aus, dass nicht der *Typus Bezugseinheit* Nationalgesellschaft, sondern die Auswahl der konkreten Bezugseinheiten (also Deutschland und Frankreich und der Betrachtungszeitraum) begründungspflichtig seien. Sie gingen – nicht ganz zu Unrecht – davon aus, dass die Gemeinsamkeiten der Migrantenjugendlichen in Bezug auf Klassen- und Milieupositionierungen *innerhalb* Frankreichs und *innerhalb* Deutschlands beträchtlich bzw. größer seien als *zwischen* alternativen Bezugseinheiten, z. B. ländlichen Gemeinden und Großstädten *unabhängig* von ihrer nationalgesellschaftlichen Verortung.[13] Dies ist verständlich, denn gerade in Bezug auf Bildungssysteme haben die jeweiligen nationalen Institutionensysteme ein sehr starkes Gewicht. Aber bereits bei dem Untersuchungsgegenstand (und entsprechenden zu konkretisierenden Analyseeinheiten) subjektiver raumbezogener Identitäten von Menschen ist es sinnvoll, explizit den Einfluss unterschiedlicher *Typen* von Bezugseinheiten – z. B. lokal-regionale Bezugseinheit, nationale Bezugseinheit und europäische Bezugseinheit – auf die Ausprägungen und Varianzen der Analyseeinheiten bei den Erhebungseinheiten gegeneinander zu testen (vgl. z. B. Gerhards/Rössel 1999).

Neben diesen Typen von Bezugseinheiten (lokal, national, supranational und global) kann nun auch wie im Falle transnationaler Migranten ein pluri-lokaler und über unterschiedliche Nationalgesellschaften verteilter Sozialraum als Bezugseinheit für Phänomene wie z. B. Haushaltsökonomien oder Ausbildungsstrategien von ausschlaggebender Bedeutung sein. Hierdurch wird Ungleichheitsforschung, die am methodologischen Nationalismus und am internationalen Vergleich orientiert ist, grundsätzlich genauso wenig abgewertet wie Ungleichheitsforschung, die sich am Weltgesellschaftsparadigma orientiert. Unter den Bedingungen einer vielfältigen Internationalisierung von Vergesellschaftungsprozessen sind vielmehr *alle drei* Ansätze internationaler Ungleichheitsforschung begründungspflichtig im Hinblick auf die Bezugseinheiten der eigenen Forschung. Gerade die transnationale Dimension sozialer Ungleichheit bedarf weiterer theoretischer wie empirischer Untersuchungen.

---

[13] Als interessante Studien in diesem weiteren Themenbereich vgl. z. B. European Commission (2002) sowie Schiffauer et al. (2002).

E Schlussfolgerungen

Die soziale Welt, in der wir leben, differenziert sich nicht nur hinsichtlich der Lebensstile, der erlebten Zugehörigkeitserfahrungen oder der sozialen Ungleichheitsstrukturen weiter aus. Neben diesen sozialräumlichen Aspekten werden auch die geographisch-räumlichen Bezugsebenen vielfältiger. Dies liegt nicht zuletzt an neuen bzw. verbesserten Informations-, Kommunikations- und Transporttechnologien, sondern auch an erweiterten Mobilitätsspielräumen. Menschen können an Ereignissen auf der lokalen, regionalen, nationalen, supranationalen, transnationalen und globalen Ebene interessiert sein und diese verfolgen. Sie können auch auf vielfältigen flächenräumlichen Bezugsebenen selbst aktiv sein, z. B. in der Form von internationaler Arbeitsmobilität, transnationalem bürgerschaftlichem Engagement oder dem Einsatz für globale Menschenrechte.

Im ersten Kapitel wurde argumentiert, dass der Methodologische Nationalismus nicht mehr ausreicht, diese komplexen mehrdimensionalen und Mehrebenenaspekte des sozialen Lebens angemessen zu erfassen. Der Methodologische Nationalismus entspricht dem Projekt von Vergemeinschaftung und Vergesellschaftung im Rahmen nationalstaatlicher Container. Dieses Projekt dominierte über zwei Jahrhunderte lang die Programme von politischen Parteien und Bewegungen, aber auch das Grundverständnis der Sozialwissenschaften, die sich mit dem Sozialen und der Gesellschaft beschäftigen. Nun wäre es allerdings fatal, aus der Kritik am Methodologischen Nationalismus abzuleiten, dass sich die Menschen im 21. Jahrhundert mehrheitlich als ‚souveräne Kosmopoliten' oder ‚vaterlandslose Gesellen' aus den nationalgesellschaftlichen Verflechtungen ihrer Lebensvollzüge herauslösen wollten oder könnten. Die Entwicklungen wirtschaftlicher Krisen, ethnischer Konflikte, gewaltsamer Grenzkonflikte, der Forderungen nach nationalstaatlicher Unabhängigkeit und der Renaissance nationalistischer, separatistischer und regionalistischer Strömungen unterstreichen vielmehr, dass eine Grundidee des Methodologischen Nationalismus nach wie vor sehr stark ist: die Idee von doppelt exklusiv ineinander verschachtelten Flächen- und Sozialräumen. Dieser Traum von einer territorial exklusiven Organisation von Vergemeinschaftung und Vergesellschaftung mag immer schon von der Wirklichkeit Lügen gestraft worden sein – er ist gleichwohl auch im 21. Jahrhundert eine der nach wie vor attraktivsten Formen der Komplexitätsreduktion und der Mobilisierung von Zugehörigkeitserfahrungen und Interessen.

Dass die Welt im 21. Jahrhundert allerdings immer stärker durch grenzüberschreitende und pluri-lokale Verflechtungszusammenhänge bestimmt wird, wurde in den Kapiteln zwei bis neun gezeigt. Auf der Ebene der alltäglichen Lebenswelten spannen sich die soziale Praxis sowie der Symbol- und Artefaktegebrauch von immer mehr Menschen zunehmend stärker über die Grenzen von Nationalgesellschaften hinweg auf. Familiennetze bestehen über Grenzen hinweg über viele Generationen, sie dünnen nicht zwangsläufig aus, sondern können sich sogar noch oder wieder weiter transnational verdichten. Auch das Altern von Menschen kann aus unterschiedlichsten Gründen pluri-lokal und pluri-national organisiert sein. Mit solchen transnationalen alltäglichen Lebenswelten geht häufig eine sozial- und flächenräumliche Ausdifferenzierung der Zugehörigkeitserfahrungen und -zuschreibungen einher. Immer mehr Menschen fühlen sich durch eine ‚entweder-oder'-Zuordnung zu einer Nationalgesellschaft nicht angemessen behandelt und plädieren für ‚sowohl-als auch'-Zugehörigkeiten zu unterschiedlichen Nationalcontainern und/oder zu einer Mehrebenenzuordnung (z. B. als Weltbürger, Europäer und Deutschtürke).

Diese transnationalen alltäglichen Lebenswelten finden ihren Niederschlag und gleichzeitig eine starke Förderung durch transnationale Organisationen. Wie in den Kapiteln fünf bis sieben erläutert können sich bestehende grenzüberschreitend tätige Profit- und Non-Profit-Organisationen transnationalisieren. Dies geschieht, wenn die Koordination zwischen den auf verschiedene Länder verteilten Einheiten immer stärker ausgebaut wird und gleichzeitig eine dezentrale Verteilung der Ressourcenausstattung eine mehr oder weniger gleichberechtigte Beteiligung aller Teilorganisationen ermöglicht. Eine solche Transnationalisierung von Organisationen ist zwar keine notwendige Entwicklungsrichtung aller grenzüberschreitenden Aktivitäten – sie lässt sich als relevanter Trend aber für Migrantenorganisationen und Euro-Betriebsräte ebenso zeigen wie für die komplexen und Mehrebenengeflechte der Vereinten Nationen.

Die transnationalen Vergesellschaftungsprozesse führen schließlich auch zu einer Institutionalisierung komplexer Handlungsprogramme, die grenzüberschreitend und pluri-lokal in verschiedenen Nationalgesellschaften verankert ist. An den Beispielen von Arbeitsmobilität und sozialer Ungleichheitsmuster wurde in den Kapiteln acht und neun gezeigt, wie nationalgesellschaftliche Institutionen der Strukturierung durch transnationale Institutionen ergänzt – nicht ersetzt! – werden. Arbeitsmärkte sind nach wie vor sehr stark durch nationale Gesetzes- und Normensysteme, Arbeitsmarktpolitiken, Berufskulturen und festgefügte soziale Erwartungsstrukturen geprägt. Gleichzeitig zeigen sich aber auch für verschiedene Länderzusammenhänge und Qualifikationsgruppen immer stärker grenzüberschreitende Mobilitätsmuster und Erwartungsstrukturen. Ähnlich lässt sich für die soziale Ungleichheitsforschung belegen, dass diese zunehmend in ein Mehrebenen-Bezugssystem aus nationaler, transnationaler und weltgesellschaftlicher Strukturierung eingebettet werden sollte, wenn sie die realen gesellschaftlichen Veränderungsprozesse angemessen untersuchen und erklären will. Die in den vorausgehenden Kapiteln beschriebenen Phänomene einer Transnationalisierung von Vergemeinschaftung und Vergesellschaftung laden zu einer Reflektion über die Konzepte von Gesellschaft und Sozialräumen ein.

10   Für eine differenzierte Sozialraumtheorie

Der Gesellschafts-Begriff ist für die Sozialwissenschaften und speziell für die Soziologie ein zentraler Bezugspunkt. Es dürfte kein soziologisches Einführungswerk geben, in dem diese Wissenschaftsdisziplin nicht auch als die ‚Wissenschaft von der Gesellschaft' bezeichnet wird. Teilweise wird der Terminus Gesellschaft dabei ganz allgemein als zeitdiagnostische Qualifizierung benutzt (z. B. ‚die bürgerliche Gesellschaft' oder ‚die kapitalistische Gesellschaft'). Wie bereits im Kapitel eins dargelegt wurde, wird darunter aber in der Regel „die umfassende Ganzheit eines dauerhaft geordneten, strukturierten Zusammenlebens von Menschen *innerhalb eines bestimmten räumlichen Bereichs*" (Reinhold 2000: 215; Hervorhebung L. P.) verstanden. In seiner üblichen Verwendung wird der Gesellschaftsbegriff sehr stark auf die Nationalgesellschaft bezogen, seine Verwendung steht also meistens in der Tradition des Methodologischen Nationalismus.

Es wäre nun verfehlt, den Begriff deshalb entweder gänzlich abzulehnen oder aber von seiner üblichen Flächenraumbindung an den Nationalstaat zu lösen. Im Folgenden wird vielmehr argumentiert, dass der Begriff Sozialraum eine angemessene *umfassendere* Bezeichnung für soziale Verflechtungsbezüge ist und dass der *Gesellschaftsbegriff* in einer solchen weiter gehenden Sozialraum-Konzeption *zur Bezeichnung nationalgesellschaftlicher Verflechtungen* verwendet werden sollte. Zunächst wird vor dem Hintergrund der in den Kapiteln 2 bis 9 dargestellten empirischen Befunde auf die Unzulänglichkeiten des traditionellen – und in der Regel nationalstaatlich eingefassten – Gesellschaftsbegriffs hingewiesen. So wertvoll und weiterhin wichtig dieser Terminus für die Analyse ist, so wenig kann er doch alle Muster dauerhafter und institutionalisierter Verflechtungsbeziehungen erfassen (Abschnitt 10.1). Daran anschließend wird der Vorschlag unterbreitet, das Konzept von Sozialräumen als allgemeinen Bezugsrahmen menschlicher Lebenszusammenhänge zu entwickeln (Abschnitt 10.2) und drei Idealtypen von Sozialräumen – alltägliche Lebenswelten, Organisationen und Institutionen – zu unterscheiden (Abschnitt 10.3). Dies führt zu kurzen abschließenden Erörterungen zur zukünftigen Erforschung der Transnationalisierung von Sozialräumen (Abschnitt 10.4).

10.1 International vergleichende und Weltgesellschafts-Perspektive

Im Vergleich zu den Naturwissenschaften besteht für die Soziologie wie für die Sozial- und Geisteswissenschaften insgesamt ein zentrales Problem darin, dass die zu untersuchenden Forschungsgegenstände sich nicht gleichsam ‚naturgegeben' darbieten, sondern im Erkenntnisprozess selbst konstruiert werden müssen. Nun haben auch die angeblich ‚exakten Wissenschaften' seit der Relativitäts- und Chaostheorie die etwas einfache Vorstellung relativiert, Atome und Elektronen existierten tatsächlich und seien nicht nur begrifflich-anschauliche Modelle, die wir Menschen uns von der Wirklichkeit machen. Dennoch bleibt für die Sozialwissenschaften die Besonderheit bestehen, dass die Erkenntnis suchenden Akteure auf eine sehr direkte Art und Weise selbst Teil der zu erforschenden, konstruierten sozialen Wirklichkeit sind (Schütz 1954).

Die modernen Sozialwissenschaften sind in Europa mit den sich herausbildenden und festigenden nationalstaatlich verfassten Nationalgesellschaften entstanden. Deshalb war auch der nationalstaatlich gedachte Gesellschaftsbegriff der wesentliche Ankerpunkt für sozialwissenschaftliche Theoriebildung im 20. Jahrhundert. Der Übergang von der mechanischen zur organischen Solidarität war bei Emile Durkheim (1930) auch als Befestigung der bürgerlichen Gesellschaften in der Form moderner Nationalstaaten gedacht. Gegen die liberale Antinomie von Gesellschaft und Staat betonte Ferdinand Tönnies das Spannungsverhältnis von Gemeinschaft und Gesellschaft, wobei er den Staat zum Garanten der modernen Gesellschaft machte. Der moderne nationale Staat war für ihn die „allgemeine gesellschaftliche Verbindung, bestehend und gleichsam errichtet zu dem Zwecke, Freiheit und Eigenthum seiner Subjecte zu beschützen […]" (Tönnies 1887: 264). Dass Gesellschaft als territorial-nationalstaatlich verfasste gedacht wird, manifestiert sich auch bei Vilfredo Pareto in seinem grundlegenden Werk „System der Allgemeinen Soziologie" (hier zum Beispiel direkt in dem ersten Punkt und indirekt in dem zweiten Punkt des folgenden Zitats):

„§ 2060. Die Elemente: – Die Form der Gesellschaft wird durch ihre Elemente determiniert, die auf sie einwirken, und wirkt ihrerseits wiederum auf diese Elemente ein. […] Unter diesen Elementen können wir die folgenden Kategorien unterscheiden: 1. Boden, Klima, Flora, Fauna, geologische und mineralogische Bedingungen usw. 2. Andere für eine Gesellschaft zu einem gegebenen Zeitpunkt externe Elemente, d. h. die hinsichtlich des Raumes externen Einwirkungen anderer Gesellschaften auf sie, hinsichtlich der Zeit die externen Konsequenzen des vorausgegangenen Zustands dieser Gesellschaft. 3. Interne Elemente, zu denen hauptsächlich die Rasse, die Residuen (oder besser: die durch sie manifestierten Gefühle), die Neigungen, die Interessen, die Haltungen gegenüber rationalem Denken und Beobachtung, der Wissenstand usw. gehören." (zit. nach Jonas (1981: 421).

Dieses Grundverständnis von Gesellschaft als mehr oder weniger einheitlichem und kohärentem Sozialzusammenhang, der an einen zusammenhängenden spezifischen Flächenraum gebunden ist und den sie wiederum exklusiv für sich beansprucht und okkupiert, durchzieht die gesamten Sozialwissenschaften. Freiherr v. d. Heydte formulierte dies im frühen Handbuch der Soziologie: „Die ‚Gesellschaft' umfaßt in einem geschichtlichen Augenblick jeweils die Fülle aller in diesem Augenblick vorhandenen geistig-körperlichen Beziehungen sämtlicher Menschen in einem bestimmten Raum zueinander" (1956: 816). In seiner Besprechung des Gesellschaftsbegriffs verweist Bülow (1969: 356) auf die „das soziale Ganze dialektisch als These (Familie), Antithese (bürgerliche Gesellschaft) und Synthese (Staat) begreifenden" Hegelschen „Grundlinien der Philosophie des Rechts", die später von Marx aufgegriffen wurden. Interessant ist bei Bülow für unseren Zusammenhang auch der Hinweis auf die Diskussion der Frage, ob es neben der „Staatswissenschaft" überhaupt eine eigenständige „Gesellschaftswissenschaft" geben müsse – Gesellschaft wurde jenseits der flächenräumlichen Begrenzungen von Staaten nur noch als emphatischer Begriff von der ‚menschlichen Gesellschaft' oder der ‚bürgerlichen Gesellschaft' schlechthin gedacht. Die konkreten Gesellschaften aber wurden in den Sozialwissenschaften mehrheitlich als nationalstaatlich in jeweils zusammenhängende Territorien eingefasste und relativ dichte und dauerhafte Sozialverbände konzipiert.

Dieser *Methodologische Nationalismus* (Wimmer/Glick Schiller 2002) prägte auch die Ungleichheitsforschung des 20. Jahrhunderts. Soziale Klassen und Schichten wurden fast ausschließlich im Bezugsrahmen von Nationalgesellschaften untersucht und miteinander verglichen. Dies gilt unabhängig vom jeweiligen paradigmatischen Standpunkt für marxistische, systemtheoretische oder handlungstheoretische Ansätze. Zwar hat Luhmann einen allgemein weitergehenden systemtheoretischen Vorschlag mit seiner Definition der Weltgesellschaft gemacht, aber dies um den Preis der Entterritorialisierung von Gesellschaft schlechthin. Denn für Luhmann ist die Gesellschaft ein „System in einer Umwelt. Sie ist ein System mit Grenzen. Diese Grenzen sind durch die Gesellschaft selbst konstituiert. Sie trennen Kommunikation von allen nichtkommunikativen Sachverhalten und Ereignissen, sind also weder territorial noch an Personengruppen fixierbar. [...] und als Resultat von Evolution gibt es dann schließlich nur noch eine Gesellschaft: die Weltgesellschaft, die alle Kommunikationen und nichts anderes in sich einschließt und dadurch völlig eindeutige Grenzen hat" (1984: 557).

Luhmann kann den Gesellschaftsbegriff in seinen flächenextensionalen Aspekten nur so weit (auf den gesamten Globus) ausdehnen, weil er ihn gleichzeitig inhaltlich extrem stark einschränkt, nämlich auf ‚alle Kommunikationen'. Würde man – etwa im Sinne von Hans Lindes „Sachdominanz in Sozialstrukturen" (1972 und 1982) oder von Hans Blumenbergs „Theorie der Lebenswelt" (2010) – den Bereich des Gesellschaftlichen als den Gegenstand soziologisch relevanter Reflektionen auf sozial relevante nichtkommunikative Sachverhalte und Ereignisse ausweiten, so wären auch Artefakte in ihren Gebrauchs-, Tausch- und Kommunikationsaspekten einzubeziehen. Schließt man umgekehrt Artefakte (z. B. Gebäude und Werkzeuge), einen Teil der sozialen Praxis (z. B. die Auseinandersetzung des Menschen mit seiner natürlichen Umwelt etwa in der Arbeit) und einen Teil der Symbolsysteme (z. B. Kleidung und Autos) aus dem Kommunikationsbegriff aus, so ergibt sich eine recht sonderbare ‚vergeistigte' Gesellschaft ohne jeglichen Bezug zu flächenräumlichen Extensionen.

Was in der Systemtheorie zunächst wie eine elegante Lösung des Problems aussieht, das Verhältnis von Sozialräumen zu Flächenräumen zu bestimmen, erweist sich letztlich als eine völlige Enträumlichung des Sozialen. In diesem Zusammenhang haben Gregory/Urry (1985: 2) bestimmte Denktraditionen in der Soziologie einerseits und in der Humangeographie andererseits kritisiert, den Gegenstand der eigenen Wissenschaftsdisziplin durch den isolierenden Bezug auf ‚das Soziale' bzw. ‚das Räumliche' hervorzuheben: „The ‚social' was separated from the ‚spatial' – a profoundly Kantian dualism – and in much the same way that Durkheim had tried to secure a niche for sociology by treating its object as the explanation of social structures by intrinsically social processes, so human geography came to be defined in equally exclusive notations: as the explanation of spatial structures by intrinsically spatial processes."

Will man die disziplinäre Arbeitsteilung der Beschäftigung *entweder* mit dem Sozialen (Soziologie) *oder* mit dem Räumlichen (Humangeographie) aufgeben, so muss der Gesellschaftsbegriff in Beziehung zu – geographisch-territorialen – Raumaspekten gesetzt werden. Dies kann aber nicht zufriedenstellend erreicht werden, indem man ihn durch eine enträumlichte Weltgesellschaftskonzeption von seiner traditionell und implizit vorherrschenden Bindung an die nationalstaatlich verfasste Gesellschaft löst. Sinnvoller erscheint es, den Gesellschaftsbegriff weiterhin und auch explizit auf nationalstaatlich verfasste Verflechtungszusammenhänge zu beziehen und einen anderen Begriff für die allgemeine Thematisierung des Verhältnisses von Räumlichem und Sozialem zu verwenden. Hier bietet sich der Terminus Sozialraum an.

10.2 Die Raumbindung des Sozialen: Sozialräume

Ein soziologisches Sozialraum-Verständnis lässt sich in Anlehnung an die Traditionen der Phänomenologie und Formalen Soziologie (Georg Simmel), der konstruktivistischen Soziologie (Alfred Schütz) und der Konfigurationssoziologie (Norbert Elias) entwickeln. Für die zu untersuchenden geographisch-räumlichen Formen und Dynamiken von Vergesellschaftung sei an die bereits in Kapitel 1 dargelegten Überlegungen zum Verhältnis von Flächenräumen und Sozialräumen erinnert. Sozialräume sind im Sinne von Georg Simmel die spezifischen *Formen* der Vergesellschaftung der Menschen, im Sinne von Norbert Elias die spezifischen Verflechtungszusammenhänge der Menschen und im Sinne von Alfred Schütz die spezifischen wahrgenommenen und konstruierten Sozialwelten der Menschen.

Als Sozialräume werden die zeitlich als relativ dauerhaft und flächenräumlich als Ausdehnung und Anordnungsbeziehung *wahr-genommenen* sozialen Lebensbezüge von Menschen verstanden. Der Begriff wahr-genommen verweist dabei auf die doppelte und dialektische Beziehung von wahrnehmen. *Wahr*-nehmen meint einerseits ‚ein Signal oder eine Situation wahrnehmen', aufnehmen, registrieren, beobachten von Umwelt und Handlungsbedingungen und wahr-*nehmen* meint andererseits ‚ein Amt oder eine Rolle wahrnehmen', Handlungsgelegenheiten realisieren, eine Situation ausnutzen, etwas innerhalb eines gegebenen Rahmens tun. *Wahr-Nehmen* in diesem Sinne integriert den interpretativen, im Extremfall passiv-kontemplativen und den intervenierenden, aktiv-strategischen Aspekt allen menschlichen Handelns. *Wahr-Nehmen* bezieht sich einerseits auf das Aufnehmen, Realisieren, Registrieren und Interpretieren von Raum-Zeit-Bezügen und andererseits auf das aktive Sich-Verhalten in und das Mit-Formen von Raum-Zeit-Bezügen. Im so verstandenen Wahrnehmungs-Begriff ist das seltsame Changieren und die Verflüssigung der Grenzen zwischen ‚objektiven' Bedingungen und ‚subjektiven' Orientierungen aufgehoben im Sinne des sozialkonstruktivistischen Verständnisses: Wenn Menschen Situationen als real definieren, dann sind sie auch real in ihren sozialen Folgewirkungen (Thomas/Thomas 1928: 572).

Sozialräume als so verstandene wahr-genommene raum-zeitliche soziale Lebensbezüge der Menschen lassen sich grundsätzlich immer unter drei verschiedenen *analytischen Perspektiven*, gleichsam den x-, y- und z-Achsen des sozialen Lebens, betrachten: Artefakten, Symbolsystemen und sozialer Praxis. Als Beispiel mag die soziologische Forschungsarbeit z. B. in einem völlig unbekannten Sozialzusammenhang, etwa in einer fremden Stadt oder bei einer relativ isoliert lebenden sozialen Gruppe im Amazonasgebiet, dienen. Man stelle sich vor, der Forschende träfe die zu untersuchende Stadt oder den zu untersuchenden ‚Lebensraum' der ethnischen oder Stammesgruppe völlig menschenleer an (etwa wegen einer vorhergegangenen Naturkatastrophe oder einer kompletten Vertreibung aller, die dort vorher gelebt haben). Der Soziologe (ähnlich dem Paläontologen oder Archäologen) könnte sich aus der Anordnung und ‚Natur' der *Artefakte* einen Teil des Sozialraumes der dort lebenden Menschen erschließen. Er sähe z. B., mit welchen Techniken und Hilfsmitteln die Menschen ihren Lebensunterhalt produzieren (angeln, jagen, Fallen stellen oder hocharbeitsteilig marktgängige Güter produzieren). Er fände in den Artefaktesystemen auch viele Anhaltspunkte dafür, wie die Sozialordnung in dieser Stadt bzw. Amazonasgruppe ausgestaltet ist (z. B. an der Größe und Anordnung der Behausungen, den vorfindlichen Kleidern und Essensvorräten).

Neben der Untersuchung der Artefakte gibt die Suche nach den relevanten *Symbolsystemen* und deren Verstehen einen weiteren und tiefer gehenden Eindruck von den zu untersuchenden Sozialräumen. So dürften viele der Jagdinstrumente der Amazonasmenschengruppe Zeichen enthalten, die z. B. für bestimmte Götter oder für Kraft oder als Auszeichnung für besondere Heldentaten stehen. In der neu zu entdeckenden Stadt stehen Verkehrszeichen, Plakate mit halbnackten oder mit verschleierten Frauen, Stretchlimousinen und imposante Bauten sowie die in Schriftzeichen angebrachten Informationen für komplexe Symbolsysteme, die die Stadtbürger für ihre eigene Orientierung und für Mitteilungen an Andere (die diese Symbole zu deuten wissen) benutzen. Artefakte und Symbolsysteme sind insofern eng miteinander verbunden, als Artefakte in aller Regel immer auch Symbolcharakter haben (der den Menschen in ihrer alltäglichen Lebenswelt nicht immer bewusst sein muss) und als umgekehrt Symbolsysteme zu ihrer Verstetigung immer auch der Fixierung durch Artefakte bedürfen (z. B. Bücher für Schriften, Stelen für abstrakte Zeichen, das Internet und Computer für die Benutzung von Smilies).

Hat der Soziologe durch die genaue Untersuchung der Artefakte und der Symbolsysteme bereits recht viel über den Sozialraum der in Frage stehenden Menschen gelernt, so erschließt sich dieser wesentlich besser und tiefer, wenn er die *soziale Praxis* der Menschen selbst beobachten und analysieren kann. An Begrüßungsritualen, dem Anstehen an der Busstation oder der Einkaufskasse, an den Vorbereitungen für die Jagd im Amazonas, an der Art der Essenszubereitung und des Einnehmens von Mahlzeiten erschließen sich dem Betrachter soziale Rollenverteilungen, soziale Differenzierungen nach Geschlecht und Alter, Machtpositionen und das Wirken komplexer Institutionen wie den Familienformen, der Sozialisation der Kinder oder der Versorgung alter Menschen. Womit auch immer der soziologische Forscher beginnt, ein einigermaßen vollständiges Bild der Sozialräume, in denen die Menschen leben, ergibt sich erst in der Zusammenschau von Artefakten, Symbolsystemen und sozialer Praxis.

Sozialräume beinhalten erstens immer den Aspekt der *sozialen Praxis* als tätiger Auseinandersetzung der Menschen mit anderen Menschen, mit der Natur und reflektierend mit sich selbst. Alle drei Verhältnisse (Mensch-Natur, Mensch-Mensch und Ich-Mich) sind konstitutiv und unverzichtbar für jede Form menschlicher Lebenspraxis. Sie beinhalten *per definitionem* eine Ausdehnung in Flächenraum und Zeit, sie verweisen auf die aktiv-intervenierende Seite von *wahrnehmen* und zugleich auf die beobachtend-interpretierende-diskursive Seite von *wahr*-nehmen menschlicher Lebensbezüge.[1] Arbeiten war über Jahrmillionen (als

---

[1] Extreme Ausnahmesituationen der so verstandenen sozialen Praxis, in denen das Bewusstsein für die Ausdehnung alles Lebens in Raum und Zeit tendenziell aufgehoben ist, sind z. B. das wahrgenommene Verschmelzen von Außen und Innen der erfahrenen Körperwelt, von Ich und Du und von Ich und Mich, wie sie etwa in körperlichen, spirituellen oder sexuellen Grenzerfahrungen möglich sind.

Jagen, Häuser errichten, Getreide säen und ernten, Brot backen, Maschinen bauen, Essen zubereiten etc.) die wichtigste soziale Praxis im Mensch-Natur-Verhältnis, es beinhaltete aber immer auch das Mensch-Mensch und das Ich-Mich-Verhältnis. Im Übergang zur Wissens- und Informationsgesellschaft entwickelt sich Arbeit immer stärker in eine Vermittlungsposition zwischen Mensch-Natur-, Mensch-Mensch- und Ich-Mich-Verhältnissen. Aber auch das Informieren, Erzählen, Lieben, Repräsentieren und Denken sind seit der Menschwerdung des Affen genuine Bestandteile sozialer Praxis und schließen alle drei Verhältnisse des menschlichen Tätigseins in der Welt ein.[2]

Zweitens beinhalten Sozialräume immer die analytische Perspektive der Anwesenheit und Wirksamkeit von *Symbolsystemen*, also von komplexeren Gefügen von signifikanten Symbolen. Symbole werden hierbei nicht einfach nur als Sinnesreize im Sinne von Zeichen verstanden wie z. B. bestimmte auf der Augennetzhaut registrierte Lichtwellen als Zeichen für die Farbe rot oder grün *wahr*genommen werden oder die auf der Haut registrierte Temperatur einer Flüssigkeit oder eines Gegenstandes als warm oder kalt *wahr*genommen wird. Ein Symbol ist vielmehr ein komplexes Zeichen für einen Sinnzusammenhang, es steht stellvertretend für eine Interpretationsweise von und Handlungsabsicht in der sozialen Praxis. Ein Symbol ist nicht in erster Linie situations-, sondern kulturabhängig. *Signifikante Symbole* lösen bei unterschiedlichen Handelnden im selben Kulturzusammenhang die gleiche oder doch zumindest eine sehr ähnliche Bedeutungsvorstellung aus. Ein Ehering z. B. repräsentiert in nordwesteuropäischen Sozialräumen einen sehr komplexen Sinnzusammenhang einer dauerhaften und auf gegenseitiger Zuneigung und Freiwilligkeit beruhenden, staatlich und/oder religiös sanktionierten, bis zum Ende des 20. Jahrhunderts ausschließlich verschiedengeschlechtlichen Paarbeziehung. Die relative Bedeutung bestimmter Symbolsysteme (z. B. Schriftzeichen, Kinofilme, Bestattungsrituale, Mobilitätssysteme) kann nach Sozialräumen sehr stark variieren, Sprache dagegen ist ein sehr komplexes und universelles, für alle Sozialräume geradezu konstitutives Symbolsystem.

Schließlich ist drittens die Produktion und der Gebrauch von *Artefakten* eine für alle menschliche Praxis und Sozialräume relevante und diese betreffende Perspektive. Unter Artefakten werden allgemein alle vergegenständlichten Ergebnisse menschlichen Tuns, vor allem menschlicher Kreativität, Kultur und Arbeit verstanden. Als vom Menschen geformte Dinge sind Artefakte immer auch das Ergebnis des tätigen Mensch-Natur-Verhältnisses; allerdings lassen sich die beiden anderen menschlichen Aneignungsverhältnisse der Welt – das Mensch-Mensch- und das Ich-Mich-Verhältnis – nicht trennen. Denn der Bau eines Speeres für die Jagd, das

---

[2] Vgl. auch Peggy Levitts Begriff der „systems of practice" als „actions shaped by normative structures" (2001: 61), den sie im Zusammenhang der ‚social remittances' als der aus der transnationalen Migration erfolgenden Veränderungsimpulse für die Herkunftsregionen verwendet.

Schmieden eines Eheringes und die Vorbereitung einer Mahlzeit sind Ergebnis von und zielen auf alle drei Weltverhältnisse der Menschen. In einigen Sozialtheorien, wie z. B. der Systemtheorie, wurde die Bedeutung von Artefakten aus der Sozialwelt und aus den zu untersuchenden sozialen Systemen weitgehend ausgeblendet. Deshalb sei hier betont, dass sich die beiden anderen analytischen Perspektiven auf Sozialräume, die soziale Praxis und die Symbolsysteme, ohne den systematischen Bezug auf Artefakte überhaupt nicht erschließen lassen. Der Gebrauch von Werkzeugen und Technik als eines wesentlichen Bereiches der Artefakte kann gar nicht überschätzt werden, er ist geradezu konstitutiv für die Menschwerdung des Affen. Denn der Übergang vom Tier zum Homo sapiens sapiens kann an diesem differenzierten Gebrauch zugerichteter Dinge, die durch diese ‚Bearbeitung‘ zu Artefakten werden, und an der kulturellen Weitergabe des hierauf bezogenen Wissens festgemacht. Tiere können vorgefundene Dinge benutzen, wie z. B. der Affe einen Stock, um Früchte vom Baum zu holen oder der Vogel einen langen Dornenstachel, um Würmer aufzuspießen. Es ist aber – nach unserem heutigen Kenntnisstand – dem Menschen vorbehalten, systematisch Artefakte zum Gebrauch und zur kulturellen Erbauung herstellen zu können.

Grundsätzlich ist die Unterscheidung der drei Aspekte bzw. Perspektiven (soziale Praxis, Symbolsysteme und Artefakte) analytischer Natur. In dem Welterleben und im In-der-Welt-Sein der Menschen sind alle drei Aspekte phylo- und ontogenetisch genuin und unverzichtbar ineinander verwoben und integriert.[3] Soziale Praxis als menschliche Praxis ist ohne komplexe Symbolsysteme wie dem der Sprache und ohne den systematischen Gebrauch von Artefakten nicht denkbar. Symbolsysteme wiederum existieren nur und entfalten ihre Wirksamkeit ausschließlich, insofern sie in sozialer Praxis mobilisiert, wahr-genommen und verändert werden; im übrigen bedürfen sie immer irgendwelcher Formen der Fixierung und Weitergabe durch und über Artefakte (wie z. B. Schnitzereien in Holzpfeilen von Jägervölkern oder in Stein gehauenen Bildergeschichten der Mayas in Mexiko). Schließlich ist es ein Bestimmungsmerkmal aller Artefakte, dass sie zu spezifischen Zwecken und in tätiger Auseinandersetzung des Menschen mit sich selbst, mit anderen Menschen und mit der übrigen Natur, also in sozialer Praxis entstanden sind und Verwendung finden; alle Artefakte transportieren immer auch einen Symbolwert, sind Teil komplexerer Symbolsysteme – dies gilt für den verzierten Jagdpfeil genauso wie für das weit über seinen unmittelbaren Gebrauchswert hinaus bedeutsame Artefakt und ‚Statussymbol‘ des Automobils.[4]

---

[3] Während sich die Phylogenese mit der Entstehung von Arten von Lebewesen über viele Generationen beschäftigt, betrachtet die Ontogenese die ‚Geburt‘ und den Lebensverlauf von Lebewesen bis zu deren Tod.

[4] Auf die generelle Problematik des z. B. von Bruno Latour (1998) problematisierten Verhältnisses zwischen Natur und Gesellschaft bzw. von „Natur als sozialer Akteur" (Holzinger 2004) kann hier

Abbildung 3 Typen, Dimensionen und Ebenen von Sozialräumen

Typen / Dimension	Lebens-welten	Organi-sationen	Institu-tionen
Soziale Praxis	+ Arbeit + Freizeit + Nahrung	+ Unter-nehmen	+ Familie + Beruf
Symbole	+ Nachr.-, Musik- konsum	+ NGOs + Parteien + Kegel- verein	+ Markt + Bürger- schaft
Arte-fakte	+ Kleidg. + ‚mental maps'	+ Euro-Be- triebsrat	+ Schule + Eigen- tum
	mikro	meso	makro

Typen, Dimensionen und Ebenen von Sozialräumen

(Ebenen: glokal, Diaspora, transnational, lokal, mikro-regional, national, makro-regional, global — Sozialraum-Ebenen)

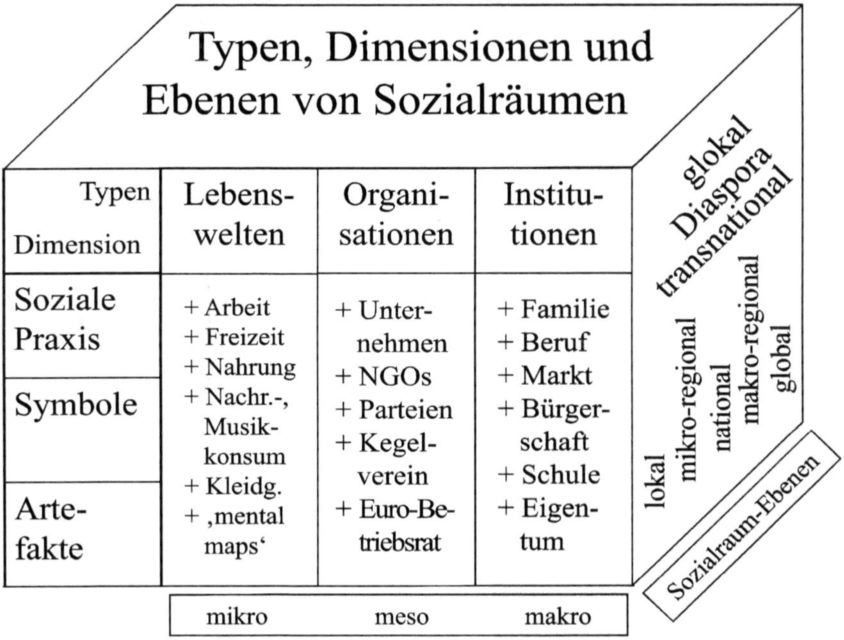

Sozialräume im hier verstandenen Sinn grenzen sich von anderen Sozialgebilden wie z. B. vorübergehenden sozialen Beziehungen, losen sozialen Netzwerken oder partiellen Sozialgruppen (wie z. B. Kegelvereinen) dadurch ab, dass sie eigenständige, relativ dichte und dauerhafte Konfigurationen von sozialer Praxis, Symbolsystemen und Artefakten bilden. Gleichzeitig stehen Sozialräume immer in einem spezifischen Verhältnis zu flächenräumlichen Extensionen und Konfigurationen. Diesbezüglich lassen sich – in einem substantiellen Raumverständnis – die Ebenen des Lokalen, des Mikro-Regionalen, des Nationalen, des Makro-Regionalen und des Globalen unterscheiden (vgl. Abbildung 3). Auf der Grundlage eines relationalen Raumkonzeptes ergeben sich die Flächenraumebenen des Glokalen, der Diaspora und des Transnationalen. Neben ihrer jeweiligen Konfiguration sozialer Praxis, Symbolsysteme und Artefakte sind Sozialräume auch durch ihre je spezifi-

---

nicht näher eingegangen werden. Vgl. auch etwa die Beschreibungen von Saskia Sassen (2002) über die Zusammenhänge zwischen der digital-materiellen Welt, der mediatisierenden Kultur und der (De-) Stabilisierung bestehender Hierarchien.

schen flächenräumlichen Extensionen charakterisiert. Der Sozialraum einer Großfamilie oder eines Betriebes kann z. B. lokal oder mikro-regional klar begrenzt sein,
er kann sich aber auch pluri-lokal und transnational über Nationalgrenzen hinweg
erstrecken. Die Abbildung 3 soll die Zusammenhänge zwischen Typen, Aspekten
und Ebenen von Sozialräumen veranschaulichen. Zwar lassen sich theoretisch alle
denkbaren Kombinationen von Sozialraum-Typen, Sozialraumaspekten und So-
zialraumebenen erörtern, aber empirisch lassen sich typische ‚Klumpungen' bzw.
‚Clusterungen' von Sozialräumen nach wahlverwandtschaftlichen Verhältnissen
zwischen ihren jeweiligen Aspekten, Typen und Ebenen beobachten. Dies lässt
sich an einigen Beispielen gut erläutern.

Der alltagsweltliche Lebenszusammenhang eines peruanischen Bauern,
der in einem kleinen *rancho* in den Anden lebt, mag z. B. in dessen subjektiver
Wahrnehmung und Konstruktion weitgehend lokal geprägt sein und in der relativen Intensität und Profilierung von dort aus in konzentrischen Kreisen über
die mikro-regionale, nationale und makro-regionale Ebene bis hin zur globalen
flächenräumlichen Bezugsebene reichen. Dieser Bauer verbringt wahrscheinlich
den allergrößten Teil seiner Lebenszeit in seinem lokal-räumlichen Bezugsfeld. Die
mikro-regionale Ebene ist für ihn von Belang, weil er einerseits das Saatgut und
andererseits seine Ernteüberschüsse – soweit er überhaupt welche erwirtschaften
kann – auf dem Provinzwochenmarkt gegen Geld tauscht. Die ‚große Politik' in
der Hauptstadt kennt er nur aus dem Radio oder Fernseher. Von dort weiß er vielleicht auch, dass es einen (makro-regionalen) sogenannten Andenpakt gibt, dem
auch sein Land Peru angehört, und dass es in seiner lateinamerikanischen Welt
Staatsmänner wie Hugo Chavez in Venezuela oder gar einen ehemaligen Koka-
bauern wie Evo Morales in Bolivien, aber auch ehemalige Coca-Cola-Manager
als Staatschefs wie Vicente Fox in Mexiko gibt. Neben dieser makro-regionalen
Bezugsebene hat er schließlich auch von globalen Veränderungen wie dem Internet
und der Erderwärmung gehört, die etwa in Zentralamerika sogar zu vermehrten
Wirbelstürmen geführt haben. Trotz all dieser Informationen, die ihm über moderne Kommunikationsmittel und die Erzählungen von Verwandten und anderen
Dorfbewohnern zukommen, ist für den alltagsweltlichen Lebenszusammenhang
dieses Bauern die lokale Flächenraumebene der entscheidende Ankerpunkt, um
den herum sich die Welt gruppiert.

Wesentlich anders als für den peruanischen Bauern stellt sich der alltagsweltliche Lebenszusammenhang eines Einkaufsmanagers in einem internationalen Unternehmen dar. Er mag in einem beschaulichen kleinen Dorf in der Eifel
in Deutschland, in der Großstadt Tokio oder in der Nähe der boomenden Wirt-
schaftsmetropole Bangalore in Indien mit seiner Familie leben und täglich in
die in der räumlichen Nähe (Köln, Tokyo, Bangalore) ansässige Zentrale seines
Unternehmens pendeln. Wenn er für den globalen Einkauf des Unternehmens
fast wöchentlich in viele Teile der Welt reisen muss, so hat seine Alltagswelt

einen Diaspora-globalen flächenräumlichen Bezugsrahmen. Seine Alltagswelt ist eindeutig diasporisch gegliedert, wenn für ihn sein Lebensmittelpunkt und der Tätigkeits- und Identifikationsmittelpunkt seiner Erwerbsarbeit fraglos in der Eifel/Köln, in Tokio bzw. in Bangalore liegen. Gleichzeitig ist aber sein alltagsweltlicher Erfahrungshorizont sehr stark durch makro-regionale und globale Ereignisse und Impulse strukturiert. Er orientiert sich schon frühmorgens beim Zeitunglesen an den Weltnachrichten und interessiert sich z. B. besonders für die Rohstoffpreise, die für seine Einkaufswaren relevant werden können. Teil seiner alltäglichen Arbeitsverrichtungen sind Telefongespräche und -konferenzen mit ihm persönlich bekannten Arbeitskollegen, Zulieferern und Kunden in zehn oder zwanzig Ländern. Aufgrund früherer längerer Auslandsaufenthalte haben er und seine Familie enge emotionale und Freundschaftsverbindungen in ein oder zwei überseeische Länder – entsprechend ist die Urlaubsplanung diasporisch-global.

Ein weiteres Beispiel könnte der organisationale Sozialraum einer großen international tätigen Nicht-Regierungsorganisation wie z. B. *Ärzte ohne Grenzen* sein. Ursprünglich als französische Medizinerorganisation (und als Protest gegen das Wirken des Internationalen Roten Kreuzes) entstanden hat sie inzwischen vielfältige Subzentren in verschiedenen Ländern ausgebildet, die mit ihrer jeweils eigenen Mischung aus Landeskultur und Organisationskultur ausgestattet sind. Deshalb nimmt der ehemalige diasporische Charakter dieses organisationalen Sozialraums immer mehr zugunsten eines multizentrischen transnationalen Sozialraums ab. Dieser könnte sich z. B. darin äußern, dass in den jeweiligen ‚reichen Geberländern‘, aus denen vorwiegend die Ressourcenflüsse (Geld, Medikamente, Spezialisten, Wissen) organisiert werden, sehr unterschiedliche und den spezifischen Besonderheiten angepasste Strategien verfolgt werden. So könnte in einem Land mit Ärzteknappheit und Medikamentenüberproduktion eine andere Politik der Ressourcenmobilisierung verfolgt werden als in einem Land mit einem Überangebot an ausgebildeten Medizinern und einer langen Entwicklungshilfetradition. Auch die Arbeit in den Regionen und Ländern, in die hauptsächlich die Ressourcenflüsse kanalisiert werden, wie z. B. in Afrika oder im Nahen Osten, dürfte sich sehr stark an die jeweiligen lokalen Bedingungen anpassen. Die Organisation von Hilfsmaßnahmen muss z. B. in einer Region, in der Nationalstaaten als ‚Gewaltmonopolisten‘ fast nicht mehr existieren (wie z. B. im Kongo oder in der Ostsahara), anders strukturiert sein als in einem Land mit starker öffentlicher Verwaltung wie z. B. Kuwait oder Costa Rica. Eine Kombination aus starker dezentraler pluri-lokaler Anpassung an die Gegebenheiten einerseits und starker Aktivitätenkoordination andererseits könnte als Anhaltspunkt für einen transnationalen organisationalen Sozialraum angesehen werden.

10.3 Mikro-, meso- und makroanalytische Sozialraumtypen

Wie in dem vorhergehenden Abschnitt verdeutlicht wurde, lassen sich nach ihrem
hauptsächlichen mikro-, meso- oder makro-soziologischen Bezug idealtypisch die
Sozialräume der alltäglichen Lebenswelten, der Organisationen und der Institutionen unterscheiden. Diese werden im Folgenden besonders im Hinblick auf die
zunehmende Bedeutung transnationaler Sozialräume erläutert.

Mikro-analytischer Sozialraumtyp: alltägliche Lebenswelten
Die alltäglichen Lebenswelten hatte Alfred Schütz konzeptionell sehr stark an
die Vorstellung der physischen Kopräsenz gebunden. Er unterschied idealtypisch
zwischen der sozialen Umwelt und der sozialen Mitwelt der Menschen. Als *soziale
Umwelt* bezeichnet Schütz (1993) die unmittelbar in raum-zeitlicher Koexistenz
und in einer Dueinstellung erlebte und wahrgenommene Welt. Es ist die Welt, in
der „ich fremde Bewußtseinserlebnisse *in der Selbsthabe lebendiger Intentionalität*
in den Blick bringe." (ebd.: 202, Hervorhebung im Original). Die soziale Umwelt ist
also auf das *alter ego*, auf die Mitmenschen orientiert. Den Unterschied zwischen
sozialer Umwelt und sozialer Mitwelt kennzeichnet Schütz folgendermaßen: „Jenseits dieser sozialen Umwelt, mit der mich Zeit- und Raumgemeinschaft verknüpft,
gibt es noch andere soziale Sphären, solche, von denen ich aktuell Erfahrung
habe, weil sie ehedem meine Umwelt waren und ich sie immer wieder (zumindest
prinzipiell) zu meiner Umwelt machen *kann*, ferner solche, die zwar niemals zu
meiner Umwelt gehört haben, von denen ich daher keine Erfahrung habe, die aber
Gegenstand meiner möglichen Erfahrung sind. Wir wollen diese soziale Region
die *soziale Mitwelt* nennen." (ebd.: 202, Hervorhebung im Original).
    Immer wieder betont Schütz die Bedeutung der raum-zeitlichen Kopräsenz
für die soziale Umwelt: „Die räumliche und zeitliche Unmittelbarkeit ist für die
umweltliche Situation wesentlich." (ebd.: 228). Genau hier ergeben sich am Anfang
des 21. Jahrhunderts jedoch grundlegend neue Entwicklungen. Moderne, großen
Bevölkerungsgruppen zugängliche Transport- und Kommunikationsmedien ermöglichen es heute, „fremde Bewußtseinserlebnisse *in der Selbsthabe lebendiger
Intentionalität*" auch über große flächenräumliche Entfernungen hinweg „in den
Blick" zu bringen.[5] Auf diese Weise können sich soziale Umwelten heute wesentlich *einfacher* als noch vor einem Jahrhundert pluri-lokal und transnational über

---

[5] Auf die Selektivität moderner Informations- und Kommunikationstechnologien kann hier nicht
näher eingegangen werden; sie zieht neue Ungleichheitsgräben – vereinfacht ausgedrückt – zwischen
dem Norden und dem Süden des Globus (vgl. z. B. Sam Paltridge/OECD: http://www.isoc.org/oti/
articles/1000/paltridge.html Abruf:15.6.10). Gleichwohl nutzen gerade internationale Arbeitsmigranten aus dem Süden die modernen Formen der Kommunikation (über Telefon, Internet oder per aufge-
zeichneten Videofilmen) und des Transports (Flugzeug, elektronische Geldanweisung etc.).

mehrere Flächenräume erstrecken. Mit dem Wort „einfacher" soll hier angedeutet sein, dass plurilokale grenzüberschreitende Sozialräume auch früher schon in einem gewissen Umfang existierten – so etwa in Form der viele Jahrhunderte alten Kirchen- und Klostertradition und in der noch älteren jüdischen Diaspora.[6]

Nach Alfred Schütz umfasst die intersubjektiv geteilte und als fraglos gegeben vorausgesetzte alltägliche Lebenswelt die soziale Umwelt und die soziale Mitwelt. Alle Menschen erwerben im Rahmen ihrer ontogenetischen Entwicklung und Sozialisation die notwendigen Wissensvorräte, um sich in dieser alltäglichen Lebenswelt zu orientieren und sie zu meistern. Für den hier interessierenden Zusammenhang erscheint es als ein brauchbarer Ansatz soziologischer Reflexion, diese alltäglichen Lebenswelten mit ihren Wissensvorräten als Ausgangsbasis der Analyse menschlicher Verflechtungszusammenhänge insgesamt zu nehmen. Denn nach dem gegenwärtigen Stand der anthropologischen und biologischen Erforschung der Menschwerdung des Affen waren Artefaktegebrauch und Sprache als genuin auf soziale Verflechtungszusammenhänge aufbauende und nur in solchen zu entwickelnde Medien ursächlich notwendig. Menschen ohne Verflechtungszusammenhänge sind ebenso undenkbar, wie soziale Verflechtungszusammenhänge ohne Menschen.

Mit der Internationalisierung und besonders der Transnationalisierung der sozialen Welt verändern und erweitern sich die Raumbezüge der alltäglichen Lebenswelt. Bis zum massenhaften Aufkommen von Eisenbahn, dem Fahrrad und den Automobilen seit dem zweiten Viertel des 19. Jahrhunderts, besonders aber ab dem Beginn des 20. Jahrhunderts war diese fraglos gegebene Alltagswelt als soziale Umwelt für die meisten Menschen auf einen sehr engen flächenräumlichen Radius von vielleicht zehn Kilometern beschränkt – letzlich die Wegstrecke, die die Menschen zu Fuß regelmäßig und als Teil ihrer Alltagspraxis bewältigen konnten. Mit den neuen Transport- und Kommunikationstechnologien (Fahrrad, Auto, Telegraphie) trat nun seit dem 20. Jahrhundert eine enorme geographische Erweiterung der sozialen Umwelt ein. Diese flächenräumlichen Erweiterungen erhielten in den letzten zwei Jahrzehnten wiederum einen qualitativ neuen Schub, unter anderem durch vergleichsweise preiswerte Flugreisen und die auf Satelliten und dem Internet basierenden Kommunikationstechnologien.

Wie im Vorhergehenden in verschiedenen Kapiteln ausdrücklich betont wurde, verliert die Flächenraumbindung des Sozialen keineswegs ihre Bedeutung. Der Mensch löst sich nicht im *Cyberspace* auf, und die Gesellschaft mutiert nicht einfach zu einem gleichförmigen *space of flows*. Durch die hier skizzierten Tendenzen

---

[6] Es kann freilich bezweifelt werden, inwieweit die katholische Kirche mit ihrer weltweiten Organisation tatsächlich als transnationale Organisation bezeichnet werden kann, da sie in vielerlei Hinsicht und während mehrer Jahrhunderte nicht losgelöst und unabhängig von den staatlich-öffentlichen Einrichtungen existierte.

nimmt allerdings die Reichweite der möglichen flächenräumlichen alltagswelt-
lichen Beziehungen enorm zu. Die soziale Umwelt eines Menschen kann sich heute
über fast beliebig weit voneinander entfernte Orte auf diesem Globus erstrecken.
Pluri-lokale transnationale Alltagswelten sind heute für Millionen von Menschen
bereits eine Lebenswirklichkeit – für den vielreisenden Geschäftsmann mit einem
über viele Orte auf der Welt verteilten Freundkreis ebenso wie für die ekuadoria-
nische Familie, deren Angehörige über mehrere Plätze in den USA und in Ekuador
verteilt sind, aber gleichwohl einen intensiven wöchentlichen Austausch von Gütern, Geld und Informationen als Teil ihrer alltäglichen Lebenswelt organisieren.

Meso-analytischer Sozialraumtyp: Organisation
Transnationale Sozialräume konstituieren sich nicht nur auf der mikro-analytischen
Ebene der alltäglichen Lebenswelt, wie dies vor allem durch migrationssoziologi-
sche Studien nahegelegt wird. Transnationale Sozialräume emergieren und festigen
sich auch auf der meso-analytischen Ebene als transnationale Organisationen. Wie
bereits erwähnt handelt es sich bei *Organisationen* allgemein um relativ beständige
konkrete Kooperationsgebilde mit mehr oder weniger expliziten Mitgliedschaftsregeln und Zielen sowie gestalteten Strukturen und Prozessen von Arbeitsteilung,
Regeln und Macht. Ähnlich wie die alltagsweltlichen Lebenszusammenhänge existierten auch die Organisationen über einen langen Zeitraum vor allem als an einem
Ort konzentrierte Kooperationsgebilde mit physischer Kopräsenz ihrer Mitglieder,
so z. B. als Manufakturbetriebe und Fabriken, Lehranstalten und öffentliche Ver-
waltungen.[7] Allerdings sind Organisationen im modernen Sinne ein im Vergleich
zu Alltagswelten und zu Institutionen recht junger Typus von Sozialräumen (Türk
1989). Denn sie setzen die Möglichkeit der freien Mitgliedschaft voraus – ein
Kriterium, welches z. B. weder im mittelalterlichen Europa der Hörigkeit oder
Leibeigenschaft noch in den Sklaven-, Kasten- oder Kolonialgesellschaften in
breiterem Umfang gegeben war.

   Organisationen entstanden vor allem mit der bürgerlich-kapitalistischen Gesellschaft als Ausdifferenzierung wirtschaftlicher Aktivitäten aus der ‚Hauswirt-
schaft' in den modernen Betrieb und in die Fabrik. Auf diese Weise wurden vor
allem das Arbeitsleben und die Erwerbsarbeit der Menschen immer stärker von
dem organisationalen Sozialraum der Unternehmen geprägt. Mit dem Aufkommen
des modernen Fabrikwesens entwickelten sich spezifische, jetzt organisations- und

---

[7] Das sogenannte ‚Verlagssystem' als Produktionsweise der frühen Neuzeit im Übergang zur kapita-
listisch-marktlichen Fabrikproduktion konstituierte keine neuen pluri-lokalen dichten Sozialräume,
sondern basierte auf haushaltlichen Sozialräumen, in denen das Wirtschaften, Arbeiten und Wohnen
alltagsweltlich integriert waren. Die Hanse sowie die frühen europäischen Bankhäuser (man beachte
die flächenräumliche Konnotation: Bank*häuser*) können als Früh- und Vorformen pluri-lokaler sozialer Netzwerke und Sozialräume auf der meso-analytischen Ebene von Organisationen angesehen
werden, vgl. Eggebrecht et al. (1980) und Bracker et al. (2006).

nicht mehr vorrangig durch Berufe und deren Zünfte definierte Anforderungen an Arbeitsplätze, Mechanismen der Qualifizierung, der Entlohnung sowie der horizontalen und vertikalen Mobilität von Menschen. Gerade weil die meisten Erwerbstätigen einen Großteil ihres Lebens in Unternehmen und anderen Leistungsorganisationen verbringen, sind Letztere wesentlich mehr als nur Funktionsmechanismen zur Erstellung bestimmter Güter und Dienstleistungen. Sie sind ein Typus von Sozialraum, in dem Menschen sich selbst ‚positionieren‘, aus dem sie einen nicht unerheblichen Teil ihrer Identität, ihrer Selbst- und Fremdzuschreibungen beziehen und über den sie in einem erheblichen Ausmaß überhaupt in gesellschaftliche Verflechtungszusammenhänge eingewoben sind.

Götz Briefs, der Inhaber des ersten betriebssoziologischen Lehrstuhls in Deutschland und Leiter des 1928 gegründeten Berliner „Institut für Betriebssoziologie und soziale Betriebslehre" definierte den Betrieb aus soziologischer Sicht folgendermaßen: „Er ist räumlich gebundene, zeitlich normierte, mit technischer Apparatur ausgestattete derartige Kooperation von Menschen, dass spezifische soziale Beziehungen, soziale Prozesse und Beziehungsgebilde aus ihr entstehen. Oder: Der Betrieb ist gleichzeitig Flamm- und Schnittpunkt solcher sozialen Beziehungen, sozialen Gebilde und Prozesse, die bei der Kooperation von Menschen an der technischen Apparatur, dem organisierten Werksvorgang und unter der raum-zeitlichen Einheit des Betriebs entstehen" (Briefs 1931: 34). Alle wesentlichen Elemente einer grundlegenden Bestimmung von Organisationen als eines spezifischen Typus von Sozialraum sind hier gegeben: Der Betrieb bzw. die Organisation ist „Flamm- und Schnittpunkt sozialer Beziehungen, sozialer Gebilde und Prozesse". Organisationsmitglieder handeln nicht wie Roboter, die nur eindeutige Markt- und andere Umweltsignale in Ziele, Zwecke, Funktionen und Tätigkeiten umsetzen. Als Personen haben sie ihre eigene individuelle Geschichte und sind gleichzeitig Teil der kollektiven Organisationsgeschichte. Die Organisation gerinnt zum Sozialraum durch das soziale Handeln ihrer Mitglieder. Gleichzeitig wird sie durch eben dieses soziale Handeln reproduziert.

Die Menschen erwarten von ‚ihrer‘ Organisation als Sozialraum nicht nur materielle Gratifikationen in Form von Einkommen. Sie sind auf Anerkennung und Bestätigung angewiesen und wollen beteiligt sein. Seit den bekannten Untersuchungen in den Hawthorne-Werken in den USA während der 1930er und 1940er Jahre wissen wir um die Bedeutung der informellen Gruppenstrukturen in Organisationen.[8] Organisationale Sozialzusammenhänge – und das gilt nicht

---

[8] Vgl. http://de.wikipedia.org/wiki/Hawthorne-Effekt; in längeren Versuchsreihen seit den 1920er Jahren entdeckten Sozialwissenschaftler, dass die Arbeitsleistung von Montagearbeiterinnen und -arbeitern nicht nur und sogar nicht in erster Linie von ‚objektiven‘ Umgebungsfaktoren wie etwa der Lichtstärke am Arbeitsplatz, abhängig war, sondern von subjektiv wahrgenommenen Beachtungs- und Anerkennungsfaktoren und allgemein von sozialen Beziehungsfaktoren.

nur für Profit-, sondern auch für Non-Profit-Organisationen – sind immer auch
konkrete Formen und Erlebniswelten von sozialer Ungleichheit, von Macht- und
Prestigegefügen. Organisationen existieren für ihre Mitglieder nicht nur und häufig
nicht einmal in erster Linie als formalisierte Strukturen funktionaler Leistungserstellung. Vielmehr entwickeln die Organisationsmitglieder ihre eigenen imagi-
nierten Landkarten sozialer Verflechtungen und Einflussgefüge (Ortmann 1995
und Ortmann et al. 1997).

Während Organisationen historisch also vergleichsweise junge sozialräumliche Gebilde sind und als auf einen Ort konzentrierte Kooperationsgebilde mit
physischer Kopräsenz entstanden, haben sich während des gesamten 20. Jahrhunderts pluri-lokale und auch grenzüberschreitende Organisationen mit Dependancen
in vielen Ländern entwickelt. Seit mehr als drei Jahrzehnten hat sich eine breite,
theoretisch wie empirisch interessante Diskussion über die Natur internationaler
Unternehmen als multinationale, globale, fokale und transnationale Organisationen
entwickelt. Diese Diskussion hat internationale Leistungsorganisationen vor allem
als Funktionalräume und weniger als Sozialräume thematisiert. Entsprechend
wurde der Charakter des jeweiligen Internationalisierungstyps an den Formen
und dem Grad der Ressourcenverteilung und den Mechanismen der Koordination
zwischen den raumverteilten Einheiten festgemacht. Solche internationalen Unternehmen als Funktionalräume bilden aber in aller Regel auch das ‚Gerüst‘, innerhalb
dessen sich transnationale organisationale Sozialräume dichter Interaktions- und
Vertrauensbeziehungen entwickeln.

Ähnliches gilt auch für gouvernementale und Nicht-Regierungsorganisationen.
Bestimmte soziale Gruppen innerhalb solcher Organisationen wie z. B. Greenpeace,
Fair Trade, Internationaler Handelskammern oder diplomatischer Korps bilden
relativ dauerhafte und dichte soziale Praxen der Kommunikation und Meetings, der
Nutzung eigener Symbole (z. B. bestimmter Begriffe, Sprüche oder ‚Helden‘) und
der Bezugnahme auf bestimmte Artefakte (gemeinsam erlebte Plätze oder gleiche
Anstecknadeln) aus. Solche organisationsbezogenen Sozialräume können z. B. aus
dem gemeinsamen Absolvieren bestimmter Qualifizierungsmaßnahmen oder aus
der Teilnahme an einer bestimmten Kampagne hervorgegangen sein; sie können
sich auch aus der gleichen Aufgabenstellung innerhalb der Organisation ergeben
(z. B. technische Entwicklungsarbeit an einem neuen Produkt oder Verantwortung
für die externe Kommunikationsarbeit). Obwohl die Forschung zu transnationalen
organisationsbezogenen Sozialräumen bisher noch recht wenig entwickelt ist, sprechen insgesamt viele Anzeichen dafür, dass diese von zunehmender Bedeutung
sind.[9] Grenzüberschreitend aktive Organisationen können immer weniger in ihren

---

[9] Zu Sozialen-Bewegungs-Organisationen vgl. z. B. Keck/Sikkink (1998) und Tarrow (2005); zu
grenzüberschreitenden Migrantenorganisationen vgl. Pries/Sezgin (2010); zu Euro-Betriebsräten
vgl. Hauser-Ditz et al. (2010). Transnationale ‚epistemic communities‘ und können als eine Art oder

Strategien und Entwicklungsdynamiken verstanden werden, ohne diese meistens informellen, aber sehr wirkungsmächtigen pluri-lokalen und transnationalen Sozialräume in und angelehnt an Organisationen zu berücksichtigen.

Makro-analytischer Sozialraumtyp: Institution
Institutionen sind entwicklungsgeschichtlich betrachtet wesentlich älter als Organisationen. Institutionen werden hier ganz allgemein verstanden als vererbte (also relativ dauerhafte, Generationen übergreifende) Gebilde von Routinen, Regeln, Normen und wechselseitigen Erwartungen, die für große Verflechtungszusammenhänge wie zum Beispiel Ethnien oder nationale Gesellschaften bestimmte Bereiche des sozialen Lebens und die dazu gehörigen Handlungsprogramme strukturieren und die gleichzeitig Identität, Integration, Stabilität und Berechenbarkeit stiften. Dieser Institutionen-Begriff ist vor allem an einer entwicklungsgeschichtlich-soziologischen und phänomenologischen Betrachtungsweise und weniger an einer funktionalistischen oder systemtheoretischen Perspektive orientiert. Historisch betrachtet bildeten sich spezifische Kulturmuster als nicht genetisch, sondern durch Lernprozesse von einer Generation an die nächste weitergegebene, spezifische Konfigurationen des menschlichen Zusammenlebens, als komplexe Handlungsprogrammierungen heraus.

Insofern diese Kulturmuster eine gewisse Komplexität (unterschiedlicher Normen, Symbole, sozialer Praktiken), Dichte (im Sinne der allgemeinen Gültigkeit für bestimmte Lebensbereiche abgrenzbarer Menschengruppen) und Dauerhaftigkeit (über mehrere Generationen hinweg) entwickeln, kann man vom Entstehen einer sozialen Institution sprechen. Soziale Institutionen emergierten demzufolge mit dem Entstehen ausdifferenzierter dauerhafter menschlicher Verflechtungszusammenhänge schlechthin. Sie entstehen als komplexe Handlungsprogramme durch die Habitualisierung, Explizierung und symbolische Verfestigung von komplexen zwischenmenschlichen Handlungsabläufen und -orientierungen.

Der Institutionen-Begriff spielte schon bei Spencer eine große Rolle. Spencer ging in Anlehnung an biologische und entwicklungstheoretische Arbeiten davon aus, auch für menschliche Lebenszusammenhänge gelte das grundlegende Evolutionsgesetz, wonach sich „an indefinite, incoherent homogeneity to a definite, cohe-

---

Vorstufe transnationaler Sozialräume angesehen werden. Erfolgreiche indischstämmige Unternehmer aus dem Silicon Valley haben z. B. im letzten Jahrzehnt direkte organisatorische Brückenbeziehungen mit IT-Unternehmen in verschiedenen Teilen Indiens aufgebaut (Saxenian 2004:182). Es entstanden transnationale organisationale Netzwerke, die wesentlich auf den transnationalen Kompetenzen von Schlüsselpersonen als Experten basieren. Saxenian meint, die „technical communities that span national borders and boast as shared assets technical information, trust and contacts" seien lange Zeit zu wenig beachtet worden, und sie vermutet „that transnational communities may become as important as more commonly recognized actors – states and multinational corporations – in the growth of new centres of technology entrepreneurship" (ebd.: 164).

rent heterogeneity" entwickle (Spencer 1862: 396). Er betrachtete ‚Gesellschaften'
als ‚natürliche Systeme' oder ‚Organismen', in denen die Institutionen gleichsam
die ‚Organe' sind und entsprechend über ihre jeweilige Funktion für das Überleben
und die Stabilität des Ganzen analysiert werden müssen. In seinem Spätwerk „The
Principles of Sociology" (Spencer 1882–1898) behandelte Spencer ausführlich
zeremonielle, politische, kirchliche, professionelle und industrielle Institutionen.
      Auch bei Durkheim haben Institutionen einen prominenten Platz. Aufbauend
auf sein Konzept der ‚soziologischen Tatbestände' als vom Willen und Bewusstsein
Einzelner unabhängig bestehender und geradezu einen sozialen Zwang ausübender
kollektiver Handlungs- und Denkweisen betont Durkheim: „Damit aber ein soziologischer Tatbestand vorliege, müssen mindestens einige Individuen ihre Tätigkeit
vereint haben, und aus dieser Verbindung muss ein neues Produkt hervorgegangen sein. Und da diese Synthese außerhalb eines jeden von uns (weil zwischen
einer Mehrheit von Psychen) stattfindet, so führt sie notwendig zu dem Ergebnis,
außerhalb unseres Bewusstseins gewisse Arten des Handelns und gewisse Urteile
auszulösen und zu fixieren, die von jedem Einzelwillen für sich genommen unabhängig sind. Es gibt, worauf schon verwiesen wurde, ein Wort, das in geringer
Erweiterung seiner gewöhnlichen Bedeutung diese ganz besondere Art des Seins
ziemlich gut zum Ausdruck bringt, nämlich das Wort Institution. Tatsächlich kann
man, ohne den Sinn dieses Ausdrucks zu entstellen, alle Glaubensvorstellungen
und durch die Gesellschaft festgesetzten Verhaltensweisen Institution nennen; die
Soziologie kann also definiert werden als die Wissenschaft von den Institutionen,
deren Entstehung und Wirkungsart" (Durkheim 1999: 99 f.).
      Für den Kulturanthropologen Malinowski begründen sich Institutionen vor
allem durch ihre stabilisierenden und ordnenden Funktionen in sozialen Gruppen;
er schreibt ihnen vier Basiselemente zu, über die jede Institution verfügt bzw. verfügen muss, um als solche wirksam zu werden: (1) es muss eine angebbare Gruppe
von Menschen geben, auf die sich die Institution bezieht, die sich in ihrem Handeln
dadurch leiten bzw. beeinflussen lassen und die bestimmte durch die Institution
vorgesehene Rollen übernehmen, (2) es muss eine geteilte generelle Leitidee der Institution geben, (3) es muss handlungsleitende Normen und Regeln und schließlich
(4) einen materiellen Apparat, also Artefakte und physische Räume geben, durch
die sich die Institution ‚materialisieren' und stabilisieren kann (Malinowski 1975).
      Ähnlich wie bei den bisher genannten Sozialwissenschaftlern steht auch bei
Parsons eine auf ihre jeweiligen Funktionen bezogene bzw. funktionalistische
Betrachtungsweise und Begründung von Institutionen im Mittelpunkt. In der
struktur-funktionalen Theorie haben Institutionen für die Einzelnen wie die sozialen Systeme als Ganze vor allem ordnende Funktionen: „Institutionen oder
institutionelle Muster […] sind die normativen Muster, durch die definiert wird,
welche Formen des Handelns oder welche sozialen Beziehungen in einer gegebenen Gesellschaft als angemessen, rechtmäßig oder erwartet betrachtet werden"

(Parsons 1940: 140 f.). Sie sind komplexer als einfache Rollen: „An institution will be said to be a complex of institutionalized role integrates which is of strategic significance in the social system in question. The institution should be considered to be a higher order unit of social structure then the role and indeed it is made up of a plurality of interdependent role-patterns or components of them" (Parsons 1951: 39). Als Beispiele für Institutionen werden häufig das Eigentum und die Ehe angeführt: In beiden Fällen handelt es sich um relativ komplexe Handlungsprogramme, die sich in beobachtbaren Verhaltensregelmäßigkeiten, in fixierten (Rechts-) Normen und in subjektiven Deutungsmustern und Orientierungen niederschlagen.

Die Parsons-Zitate machen deutlich, dass Institutionen aus einem Prozess der Institutionalisierung menschlicher Handlungs- und Lebensvollzüge hervorgehen. Dieser Gedanke steht im Mittelpunkt einer weniger funktionalistisch, sondern in der Tradition der Husserlschen Phänomenologie und der Schützschen Theorie alltagsweltlicher Lebenszusammenhänge stehenden Institutionen-Begründung bei Berger/Luckmann (1980). Danach ist menschliches Handeln immer dem Prozess der Gewöhnung und Routinisierung unterworfen. „Habitualisierte Tätigkeiten behalten natürlich ihren sinnhaften Charakter für jeden von uns, auch wenn ihr jeweiliger Sinn als Routine zum allgemeinen Wissensvorrat gehört […] Institutionalisierung findet statt, sobald habitualisierte Handlungen durch Typen von Handelnden reziprok typisiert werden. Jede Typisierung, die auf diese Weise vorgenommen wird, ist eine Institution. Für ihr Zustandekommen wichtig sind die Reziprozität der Typisierung und die Typisierung nicht nur der Akte, sondern auch der Akteure" (ebd.: 57 f.).

Die Vielfalt der neueren Beiträge zu einer sozialwissenschaftlichen und soziologischen Institutionen-Theorie kann hier nicht einmal skizziert werden (vgl. Schelsky 1970; Lepsius 1990 und 1995; Czada/Schimank 2000; Brinton/Nee 2001). Gegen allzu weit gefasste und in der Tendenz inflationär verwendete Institutionen-Konzepte, in denen jedes verfestigte Normengeflecht schon eine Institution begründet, wird hier ein eher spezifisches, entwicklungsgeschichtlich orientiertes Verständnis vorgeschlagen: Die Institutionalisierung menschlicher Handlungsvollzüge ist wahrscheinlich genau so alt wie die Menschheit selbst; nachdem wir heute wissen, dass auch Tiergruppen ontogenetisch erlernte soziale Verhaltensweisen, Normen und Symbolsysteme (wie z. B. Sprachlaute) entwickeln, muss vielleicht die ‚Menschwerdung des Affen' spezifischer an der Herausbildung relativ komplexer Normen-, Rollen- und Symbolgefüge als den Anfängen sozialer Institutionen festgemacht werden. Soziale Institutionen haben sich diesem Verständnis zufolge im Laufe der menschlichen Entwicklung ausdifferenziert und ihren relativen Stellenwert verändert. Einige Institutionen sind neu entstanden, andere haben ihre Wirkungskraft eingebüßt. In verschiedenen Vergesellschaftungszusammenhängen sind verschiedene Kombinationen von Institutionen wirksam. Man kann sogar behaupten, dass sich Vergesellschaftungszusammenhänge vor allem durch jeweils differente, spezifische Institutionenkonfigurationen voneinander abgrenzen.

In genau dieser Tradition wurden Institutionen in der Soziologie bisher vorwiegend auf Nationalgesellschaften bezogen. Dies zeigt sich explizit auch bei den oben angeführten Definitionen des Institutionen-Begriffs z. B. bei Emile Durkheim und Talcott Parsons. Die Kapitel 8 und 9 haben gezeigt, dass Institutionen im Sinne von verfestigten und vererbten, Generationen übergreifenden Gebilden von Routinen, Regeln, Normen und wechselseitigen Erwartungen, die für größere Verflechtungszusammenhänge bestimmte Bereiche des sozialen Lebens strukturieren, auch grenzüberschreitend wirksam sein können. Dies war und ist schon immer der Fall, wenn etwa bei entsandten Diplomaten oder Fach- und Führungskräften internationaler Unternehmen bestimmte Institutionen wie Ehe, Begrüßungsrituale, Sozialisationsformen oder Feierlichkeiten aus einem nationalkulturellen Kontext von den Entsandten gleichsam ‚mitgenommen' werden. Bei diesen Beispielen handelt es sich um diasporische Institutionen, weil ein klarer Bezug zu einem definierenden ‚Mutterland' auszumachen ist. Vielleicht lässt sich der 10. Dezember als der ‚Tag der Menschenrechte' in diesem Sinne als eine globale Institution bezeichnen unter der Voraussetzung, dass dieser Tag tatsächlich in sehr vielen Regionen der Welt zu einem Identität und Integration stiftenden ‚Handlungsprogramm' wird.

Transnationale Institutionen können entstehen, wenn sich etwa im Rahmen von transnationalen Migrationsprozessen qualitativ neue Formen von transnational organisierten Dorffesten entwickeln. Hierfür geben die Arbeiten von Besserer (2002) und Herrera (2002) eindrückliche Beispiele. So werden in einigen Dörfern die Feste der Dorfheiligen – als die eigentlichen Höhepunkte der traditionellen lokalen Gemeinden – um mehrere Wochen verschoben, um die Teilnahme der aus den USA anreisenden Familienmitglieder zu ermöglichen. Diese Feierlichkeiten ändern ihren Charakter und ihre Funktion auch sehr stark von einer lokalen zu einer transnationalen Selbstvergewisserung als Gemeinschaft. Zentral relevante Symbolsysteme wie z. B. die Figur des Dorfheiligen verändern sich von der traditionellen Heiligenfigur des ‚Santo Thomás' zum ‚Santo Thomás de los migrantes', also zum Schutzpatron der Migranten. In ähnlicher Weise lassen sich neue Institutionen sportlicher Wettkämpfe, von Essenszubereitungen oder Musikveranstaltungen beobachten, die genuine Neuschöpfungen aus althergebrachten Traditionen einerseits und den Einflüssen aus Migrationserfahrungen jüngerer Generationen andererseits sind. Zur Transnationalisierung sozialer Institutionen liegen bisher erst vergleichsweise wenige Forschungen vor. Dies dürfte und sollte sich in Zukunft ändern. Denn mit den sozialen Verflechtungszusammenhängen transnationalisieren sich auch deren ‚institutionellen Gerüste'.

10.4 Transnationalisierung von Sozialräumen

Alltagswelten, Organisationen und Institutionen wurden hier als drei Idealtypen von Sozialräumen vorgestellt, die sich jeweils durch spezifische Kombinationen von sozialen Praktiken, Symbolsystemen und Artefakten auszeichnen. Diese Sozialräume können sich in Bezug auf ihr flächenräumliches Ausdehnungsmuster entsprechend einem substantiellen Raumverständnis lokal, mikro-regional, national, makro-regional oder global erstrecken. Sie können aber auch – im Sinne eines relationalen Raumkonzeptes – die Konfiguration glokaler, diasporischer oder transnationaler Sozialräume aufweisen.

In einer solchen Perspektivenerweiterung lassen sich alltagsweltliche, organisationale und institutionelle transnationale Phänomene und Sozialräume untersuchen. In klassischen soziologischen Konzepten werden alltägliche Lebenswelten und Organisationen in der Regel in konzentrischen Kreisen in die institutionellen Strukturen von ‚Gesamtgesellschaften' eingelassen. Alltägliche Lebenswelten und Organisationen können dann nur in nationalgesellschaftlichen Containern betrachtet werden, oder die ‚Gesamtgesellschaft' wird flugs zur Weltgesellschaft erklärt, damit die konzentrischen Kreise mit erweitertem Radius beibehalten werden können.

Mit dem hier vorgeschlagenen Sozialraumkonzept dagegen können die unterschiedlichen flächenräumlichen Bezugsebenen mit den mikro-, meso- und makro-analytischen Ebenen von Sozialräumen als alltäglichen Lebenswelten, als Organisationen und als Institutionen in den jeweiligen Dimensionen von sozialer Praxis, Symbolsystemen und Artefakten untersucht werden. Welcher Typus von Sozialraum dabei in welcher Gewichtung seiner sozialen Praxis-, Symbol- und Artefakte-Dimension und in welchen flächenräumlichen Bezugsebenen in den Blick gerät, hängt von den erkenntnisleitenden Fragestellungen und den empirischen Befunden ab.

Wer sich z. B. auf die allgemeine Suche nach pluri-lokalen und grenzüberschreitenden Sozialräumen machen will, kann eine (oder mehrere) der sechs Leitsätze von Marcus (1995) anwenden: folge den Menschen, folge den Dingen/der Wertschöpfungskette, folge den Metaphern, folge den Geschichten/der Allegorie, folge den Lebensläufen/Biographien, folge dem Konflikt. Auf diese Weise lassen sich die flächen- und sozialräumlichen Verteilungs- und Anordnungsmuster von Sozialräumen analysieren. Ebenso ist ein Forschungsbeginn über die alltäglichen Lebenswelten etwa von Migrantenfamilien zwischen den USA und der Dominikanischen Republik denkbar, der zu transnationalen Netzwerken und ‚communities' führen kann (Grasmuck/Pessar 1991; Levitt 2001).

Vielfältige Formen der Erforschung transnationaler – und anderer Typen grenzüberschreitender – Sozialräume sind bereits erprobt. Mannigfaltige Fragen und Probleme sind noch offen. In dem Maße, wie sich die Formen der Vergesellschaftung ausdifferenzieren und komplexer werden, müssen auch die Instrumentarien ihrer wissenschaftlichen Untersuchung weiterentwickelt werden. Dieses Buch versteht sich als Versuch und Einladung, an dieser Herausforderung und spannenden Aufgabe mitzuwirken.

11 Literatur

Agrela, Belén/Dietz, Gunther (2005): ¿Oposición entre actores gubernamentales y no gubernamentales? Emergencia de regímenes de multinivel y diversificación público-privada de la política de inmigración en España, en Migración y Desarrollo. Zacatecas (México). Fundación Ford

Albrow, Martin (1999): Die Weltgesellschaft. „Willkommen im Globalen Zeitalter". In: Pongs, Armin (Hrsg,): In welcher Gesellschaft leben wir eigentlich? München: Dilemma, 27–45

Alt, Jörg, 2003: Leben in der Schattenwelt. Karlsruhe: von Loeper

Amelina, Anna/Faist, Thomas (2008): Turkish Migrant Associations in Germany: Between Integration Pressure and Transnational Linkages. In: Revue européenne des migrations internationals, 24 (2), 67–90

Andersson, Johanna (2002): Retirement Migration: Motives for Migration to Warmer Climate and Housing Needs. A Study of Scandinavians in Costa Blanca. Göteborg: Chalmers University of Technology

Aneesh, Aneesh (2006): Virtual Migration. The Programming of Globalization. Durham/London: Duke University Press

Ausländerberichte (2000, 2002, 2005, 2007): (4., 5., 6., 7.) Bericht der Beauftragten der Bundesregierung für Migration, Flüchtlinge und Integration über die Lage der Ausländerinnen und Ausländer in Deutschland. Berlin: Bundesregierung

Axelrod, Robert (2000) : Die Evolution der Kooperation. Wien/München: Oldenbourg

Babcock, Elizabeth C. (2006): The Transformative Potential of Belizean Migrant Voluntary Associations in Chicago. In: International Migration, Vol. 44(1), 31–54

Bade, Klaus J. (2000): Europa in Bewegung. Migration vom späten 18. Jahrhundert bis zur Gegenwart. München: C. H. Beck

Bandelow, Nils C./Bleek, Wilhelm (Hrsg.) (2007): Einzelinteressen und kollektives Handeln in modernen Demokratien. Festschrift für Ulrich Widmaier. Wiesbaden: VS Verlag

Banyuls, J./Haipeter, T./Neumann, L. (2008): European Works Council at General Motors Europe: Bargaining Efficiency in Regime Competition? In: Industrial Relations Journal. 39 (6), 532–547

Barajas, Adolfo/Chami, Ralph/Fullenkamp, Connel/Garg, Anjali (2010): The Global Financial Crisis and Workers' Remittances to Africa: What's the Damage? IMF Working Paper WP/10/24

Bartlett, Christopher/Ghoshal, Sumantra. (1989): Managing across borders: The Transnational Solution: London. Harvard Business

Bartmann, Martin/Dehnen,Veronika. (2009): Cooperation versus competition: union and works council strategies in the Delta site-selection process at General Motors Europe. In: Hertwig, Markus et al. (Hrsg.): European Works Councils in complementary perspectives: Brussels: ETUI

Basch, Linda et al. (1997): Nations Unbound. Transnational Projects, Postcolonial Predicaments and territorialized Nation-States. Amsterdam: Gordon and Breach

Bauer, Thomas K./von Loeffelholz, Hans-Dietrich/Schmidt, Christoph M. (2004): Wirtschaftsfaktor ältere Migrantinnen und Migranten in Deutschland – Stand und Perspektiven. Expertise im Auftrag des Deutschen Zentrums für Altersfragen für den 5. Altenbericht der Bundesregierung. Essen: Rheinisch-Westfälisches Institut für Wirtschaftsforschung

Bauer, Thomas K./von Loeffelholz, Hans-Dietrich/Schmidt, Christoph M. (2006): Wirtschaftsfaktor ältere Migrantinnen und Migranten in Deutschland. In: Deutsches Zentrum für Altersfragen (Hrsg.): Lebenssituation und Gesundheit älterer Migranten in Deutschland. Expertisen zum Fünften Altenbericht der Bundesregierung. Münster: LIT-Verlag, 77–128

Bicknell, H. (2007): Ethno-, poly-, and Eurocentric European Works Councils. In: Whittall, M./Knudsen, H./Huijgen, F. (Eds.), Towards a European Labour Identity: The Case of the European Works Council (Milton Park and N. Y.: Routledge, 111–31

Beauftragte der Bundesregierung (2007): 7. Bericht der Beauftragten der Bundesregierung für Migration, Flüchtlinge und Integration über die Lage der Ausländerinnen und Ausländer in Deutschland. Dezember 2007. Berlin: Bundesregierung

Becerill Ortiz, B. (2009): Strategien zur Integration von ecuadorianischen Jugendlichen in die spanische Gesellschaft am Beispiel der „Asociación Cultural de Reyes y Reinas Latinos de Cataluña". Bochum: Ruhr-Universität Bochum (Diplomarbeit)

Bell, Daniel (1987): The World and the United States in 2013. In: Daedalus. Journal of the American Academy of Arts and Sciences, 16 (3), 1–31

Bell, Daniel (1999): Die postindustrielle Gesellschaft. „Zeit ist Geld". In: Pongs, Armin (Hrsg.):): In welcher Gesellschaft leben wir eigentlich? München: Dilemma, 67–86

Berger, Peter L./Luckmann, Thomas (1980): Die gesellschaftliche Konstruktion der Wirklichkeit. Eine Theorie der Wissenssoziologie. Frankfurt: Fischer

Bertram, Hans (2002): Die multilokale Mehrgenerationenfamilie. Von der neolokalen Gattenfamilie zur multilokalen Mehrgenerationenfamilie. Berliner Journal für Soziologie 12(4), 2002, S. 517–529

Besserer, Federico (2002): Contesting Community. Cultural Struggles of a Mixtec Transnational Community. (PhD-Thesis Stanford University)

Blumenberg, Hans (2010): Theorie der Lebenswelt. Frankfurt: Suhrkamp

Bommes, Michael/Krüger-Potratz, Marianne (Hrsg.) (2008): Migrationsreport 2008: Fakten – Analysen – Perspektiven. Frankfurt/New York: Campus

Borjas, George J. (1989): Economic Theory and International Migration. In: International Migration Review, 28 (3), 457–485

Bourdieu, Pierre (1983): Ökonomisches Kapital, kulturelles Kapital, soziales Kapital, in: Kreckel, Reinhard (Hrsg.): Soziale Ungleichheiten. Soziale Welt, Sonderband 2, Göttingen: Schwartz, 183 – 198

Boswell, Christina (2007): Theorizing Migration Policy: Is There a Third Way? In: International Migration Review, 41 (1), 75–100

Boyd, Monica (1989): Family and personal networks in international migration. In: International Migration Review, 23 (3), 638–670

Bracker, Jörgen/Henn, Volker/Postel, Rainer (Hrsg.) (2006): Die Hanse. Lebenswirklichkeit und Mythos. Lübeck: Schmidt-Römhild

Brauch, Hans Günter (1997): Migration von Nordafrika nach Europa. In: Spektrum der Wissenschaft, 8, 56–61

Braudel, Fernand (1986): Sozialgeschichte des 15. bis 18. Jahrhunderts. Aufbruch zur Weltwirtschaft. München: Kindler

Breton, Raymond (1964): Institutional Completeness of Ethnic Communities and the Personal Relations of Immigrants. In: The American Journal of Sociology. 70 (2) 193–205

Breuer, Toni (2004): Successful Aging auf den Kanarischen Inseln? Versuch einer Typologie von Alterns-Strategien deutscher Altersmigranten. In: Europa Regional. Zeitschrift des Leibniz-Instituts für Länderkunde, 12 (3), 122–131

Brinton, Mary C./Nee, Victor (Hrsg.) (2001): The new institutionalism in sociology. Stanford: Stanford University Press

Briefs, Gctz (1931): Betriebssoziologie. In: Vierkandt, Alfred (Hrsg.): Handwörterbuch der Soziologie. Stuttgart/Tübingen/Gcttingen: G. Fischer/J.C.B. Mohr/Vandenhoeck & Ruprecht, 31–52

Brubaker, Roger (1994): Citizenship and Nationhood in France and Germany. Cambridge/London: Harvard University Press

Bülow, Friedrich (1969): Stichwort Gesellschaft. In: Bernsdorf, Wilhelm (Hrsg.):Wörterbuch der Soziologie. Stuttgart: Enke, 355–358

Bundesministerium für Familie, Senioren, Frauen und Jugend (Hrsg.) (2000): Familien ausländischer Herkunft in Deutschland. Leistungen, Belastungen, Herausforderungen. Sechster Familienbericht. Berlin: Bundesministerium für Familie, Senioren, Frauen und Jugend

Bundesministerium für Familie, Senioren, Frauen und Jugend (Hrsg.) (2004): Die Lebenssituation älterer alleinstehender Migrantinnen. Ausgewählte Ergebnisse einer empirischen Untersuchung. Berlin: Bundesministerium für Familie, Senioren, Frauen und Jugend

Caglar, Ayse (2006): Hometown associations, the rescaling of state spatiality and migrant grassroots transnationalism. In: Global Networks, 6 (1), 1–22

Camacho, Zambrano/Hernández Bastante, Kattya (2005): Cambio mi vida. Migración femenina: percepciones e impactos. Quito

Cappai, Gabriele (2005): Im migratorischen Dreieck. Eine empirische Untersuchung über Migrantenorganisationen und ihre Stellung zwischen Herkunfts- und Aufnahmegesellschaft. Stuttgart: Lucius & Lucius

Castles, Stephen (1995): How Nations-States Respond to Immigration and Ethnic Diversity. In: New Community, 21(3), 43–71

Castles, Stephen/Miller, Mark J. (1993): The Age of Migration. International Population Movements in the Modern World. Hampshire London: Macmillan

Center for Future Studies (2003): The New Age of Retirement Migration. The Future of the British Retiree Abroad. Canterbury: Center for Future Studies

Child, John/Loveridge, Ray/Warner, Malcolm (1973): Towards an organizational study of trade unions, In: Sociology, 7, 71–91

Cohen, Jeffrey H. (2001): Transnational Migration in Rural Oaxaca, Mexico: Dependency, Development, and the Household. In: American Anthropologist, 103 (4), 954–967

Collinson, Sarah (1994): Europe and International Migration. New York/London: Pinter Publishers

Cyrus, Norbert (2001): Wie vor Hundert Jahren? Zirkuläre Arbeitsmigration aus Polen in der Bundesrepublik Deutschland. In: Pallaske, Christoph (Hrsg.): Die Migration von Polen nach Deutschland. Zu Geschichte und Gegenwart eines europäischen Migrationssystems. Baden-Baden: Nomos, 185–203

Czada, Roland/Schimank,Uwe (2000): Institutionendynamik und politische Institutionengestaltung. In: Werle, R./Schimank, U. (Hrsg.): Gesellschaftliche Komplexität und kollektive Handlungsfähigkeit. Frankfurt, 23–43

Dahinden, Janine (2009): Are we all transnationals now? Network transnationalism and transnational subjectivity: the differing impacts of globalization on the inhabitants of a small Swiss city. In: Ethnic and Racial Studies, Vol. 32(8), 1365–1386

Deutsche Rentenversicherung (2007): Rentenbestand am 31.12.2006 (Statistik-Band 162 der Deutschen Rentenversicherung). Berlin: Deutsche Rentenversicherung

Deutsches Zentrum für Altersfragen (Hsrg.)(2006): Lebenssituation und Gesundheit älterer Migranten in Deutschland. Expertisen zum Fünften Altenbericht der Bundesregierung. Münster: LIT-Verlag

Diaz, Tom (2009): No Boundaries: Transnational Latino Gangs and American Law Enforcement. Ann Arbor: University of Michigan Press

Diekmann, Andreas, 2007: Empirische Sozialforschung. Grundlagen, Methoden, Anwendungen. Reinbek: Rowohlt

Dietz, Hella (2004): Unbeabsichtigte Folgen – Hauptbegriff der Soziologie oder verzichtbares Konzept?. In: Zeitschrift für Soziologie 33 (1), 48–61

Dietzel-Papakyriakou, Maria (1987): Krankheit und Rückkehr. Frühinvalidität ausländischer Arbeiter am Beispiel griechischer Rückkehrer. Berlin: EXpress Edition

Dietzel-Papakyriakou, Maria (1993): Altern in der Migration. Die Arbeitsmigranten vor dem Dilemma: zurückkehren oder bleiben. Stuttgart: Enke

Dietzel-Papakyriakou, Maria (2005): Potentiale älterer Migranten und Migrantinnen. In: Zeitschrift für Gerontologie und Geriatrie, 38 (6), 396–406

Doz, Jose S./Williamson, Peter (2001), From global to metanational. How companies win in the knowledge economy. Boston

Doyle, Michael W. (2004): The challenge of worldwide migration. In: Journal of International Affairs, 57 (2), 1–5

Durkheim, Emile (1930): De la division du travail social. Paris: Presses Universitaires de France

Durkheim, Emile, 1999: Die Regeln der soziologischen Methode. Frankfurt: Suhrkamp (4. Aufl., Original: 1895)

Düvell, Frank (2002): Die Globalisierung des Migrationsregimes. Berlin/Göttingen: Assoziation A

Ebbinghaus, Bernhard (1996): Spiegelwelten. Vergleich und Mehrebenenanalyse in der Europaforschung. In: König et al. (1996): 405–428

Eggebrecht, Arne/Flemming, Jens./Meyer, Gert/von Müller, A./Oppolzer, A./Paulinyi, A./ Schneider, H. (1980): Geschichte der Arbeit. Frankfurt/Wien

Elias, Norbert (1986): Was ist Soziologie? Weinheim/München: Juventa

Eller-Braatz, Elke; Klebe, Thomas (1998): Benchmarking in der Automobilindustrie – Folgen für Betriebs- und Tarifpolitik am Beispiel General Motors Europe. In: WSI-Mitteilungen. 51 (7), 442–450

Elwert, Georg (1982): Probleme der Ausländerintegration. Gesellschaftliche Integration durch Binnenintegration. In: Kölner Zeitschrift für Soziologie und Sozialpsychologie, 34, 717–731

Emmerich, Gustavo E./Peraza Torres, Xiomara (2010): Political Participation Beyond Borders: Compared Experiences on External and Alien Voting in Latin America (forthcoming)

Esser, Hartmut (1986): Ethnische Kolonien: ,Binnenintegration‘ oder gesellschaftliche Isolation? In: Hoffmeyer-Zlotnik, J. H. (Hrsg.): Segregation und Integration. Die Situation von Arbeitsmigranten im Aufnahmeland. Mannheim: Forschung, Raum und Gesellschaft, 106–117

Esser, Josef (2003): Funktionen und Funktionswandel der Gewerkschaften in Deutschland. In: Schroeder, Wolfgang/Wessels, Bernd (Hrsg.), Die Gewerkschaften in Politik und Gesellschaft der Bundesrepublik Deutschland Ein Handbuch. 1. Aufl. Wiesbaden: Westdeutscher Verlag, 65–85

Eurostat (2007): Europe in figures. Eurostat Yearbook 2006–07. Luxemburg: Office for Official Publications of the European Communities

Faist, Thomas (1995): Social Citizenship for Whom? Young Turks in Germany and Mexican Americans in the United States. Aldershot: Avebury

Faist, Thomas (1998): Immigration, Integration und Wohlfahrtsstaaten. In: Bommes, Michael/Halfmann, Jost (Hrsg.), Migration in nationalen Wohlfahrtsstaaten. Osnabrück: Rasch, 147–170

Faist, Thomas (1999): Developing Transnational Social Spaces: The Turkish-German Example. In: Pries, Ludger (Ed.), Migration and Transnational Social Spaces. Aldershot: Ashgate, 36–72

Faist, Thomas (2000): The Volume and Dynamics of International Migration and Transnational Social Spaces. Oxford: Oxford University Press

Fawcett, James T. (1989): Networks, linkages and migration systems. In: International Migration Review 23 (3), 671–680

Favell, Adrian (1998): Applied Political Philosophy at the Rubicon: Will Kymlica's Multicultural Citizenship. In: Ethical Theory and Moral Practice, 1(2), 255–278

Fijalkowski, Jürgen (Hrsg.) (1990): Transnationale Migranten in der Arbeitswelt. Berlin: sigma

Feixa, Carles (2006) : Jóvenes ,Latinos‘ en Barcelona, Espacio Público y Cultura Urbana. Barcelona

Feixa, Carles/Canelles, Noemi (2006) : De bandas latinas a organizaciones juveniles. La experiencia en Barcelona. In: Revista de Estudios sobre juventud, No. 24, 40–55

Fijalkowski, Jürgen/Gillmeister, Helmut (1997): Ausländervereine – ein Forschungsbericht. Berlin: Hitit

Forum für eine kultursensible Altenpflege (2009): Memorandum für eine kultursensible Altenpflege. Ein Beitrag zur Interkulturellen Öffnung am Beispiel der Altenhilfe. (http://www.kultursensiblealtenhilfe.de/download/materialien_kultursensibel/memorandum2002.pdf (Letzter Zugriff: 7. Juni 2010)

Frank, André G. (1969): Kapitalismus und Unterentwicklung in Lateinamerika. Frankfurt: Suhrkamp

Franzen, Axel/Freitag, Markus (Hrsg.) (2007): Sozialkapital. Grundlagen und Anwendungen. Sonderheft 47 der Kölner Zeitschrift für Soziologie und Sozialpsychologie. Wiesbaden: VS-Verlag

Freeman, Gary P. (1995): Modes of Immigration Politics in Liberal Democratic States. In: International Migration Review, 29(4), 881–902

Freie und Hansestadt Hamburg (Hsrg.) (1998): Älter werden in der Fremde. Wohn- und Lebenssituation älterer ausländischer Hamburgerinnen und Hamburger. Sozialempirische Studie. Hamburg: Behörde für Arbeit, Gesundheit und Soziales

Freiherr von der Heydte, August (1956): Stichwort Staat. In: Ziegenfuss (1956): 938–969

Fröhlich, Manuel (Hg.) (2008): UN Studies: Umrisse eines Lehr- und Forschungsfeldes. Baden-Baden: Nomos

Fuchs, Werner/Klima, Rolf/Lautmann, Rüdiger/Rammstedt, Otthein/Wienold, Hanns (Hrsg.) (1988): Lexikon zur Soziologie. Opladen: Westdeutscher Verlag (2., verbesserte u. erw. Aufl.)

Gaitanides, Stefan (2003): Partizipation von Migranten/innen und ihren Selbstorganisationen. (Manuskript: E&C-Zielgruppenkonferenz „Interkulturelle Stadt(teil)politik". Dokumentation der Veranstaltung vom 8. und 9. Dezember 2003 Berlin, Download unter www.eundc.de/pdf/63004.pdf) (letzter Zugriff 7. Juni 2010)

Gareis, Sven-Bernhard/Varwick, Johannes (2006): Die Vereinten Nationen: Aufgaben, Instrumente und Reformen. Konstanz: UTB

Gerhards, Jürgen/Rössel, Jcrg (1999): Zur Transnationalisierung der Gesellschaft der Bundesrepublik. Entwicklungen, Ursachen und mcgliche Folgen für die europ_ische Integration. In: Zeitschrift für Soziologie, 28 (5), 325–344

Gesundheitsamt Bremen (Hsrg.)(2004): Ältere Migrantinnen und Migranten in Bremen. Lebenssituation, potenzielle Versorgungsbedarfe und gesundheitspolitische Perspektiven. Bremen: Eigenverlag

Global Commission on International Migration (2005): Migration in an interconnected world: New directions for action. Download unter http://www.gcim.org/en/ (letzter Zugriff 2. Juli 2010)

Goebel, Dorothea/Pries, Ludger, 2003: Transnationale Migration und die Inkorporation von Migranten. In: Swiaczny, Frank/Haug, Sonja (Hrsg.): Migration – Integration – Minderheiten. Neuere interdisziplinäre Forschungsergebnisse. Wiesbaden: Bundesinstitut für Bevölkerungsforschung, 35–48

Goldring, Luin (2001): Dissagregating Transnational Social Spaces: Gender, Place and Citizenship in Mexico-U.S. Transnational Spaces. In: Pries, Ludger (Hrsg.): New Transnational Social Spaces: International migration and transnational companies in the early twenty-first century. London/New York: Routledge, 59–76

Gordon, Jennifer (2005): Suburban Sweatshops. The Fight for Immigrant Rights. Cambridge, Massachusetts: Belknap

Grasmuck, Sherri/Pessar, Patricia B. (1991): Between two Islands: Dominican International Migration. Berkeley

Greer, Ian/Hauptmeier, Marco (2007): Political Entrepreneurship and Co-Managers: Labour Transnationalism at Four Multinational Auto Companies. In: British Journal of Industrial Relations, 46 (1), 76–97

Gregory, Derek/Urry, John (1985): Introduction. In: Dies. (Hrsg.): Social relations and spatial structures. Basingstoke and London: Macmillan, 1–8

Guarnizo, Luis E./Smith, Michael P. (2002): The location of transnationalism. Transnationalism From Below. New Jersey: Transaction Publishers

Güngör, Kenan (1999): Das integrative bzw. desintegrative Potential türkischer Selbstorganisationen unter besonderer Berücksichtigung des stadtteilspezifischen Umfelds. (Diplomarbeit Fachbereich Gesellschaftswissenschaften der Bergischen Universität – Gesamthochschule Wuppertal)

Giugni, Marco; Passy,Florence (Hrsg.) (2001): Political Altruism? Solidarity Movements in International Perspective. Lanham: Rowman and Littlefield

Goldthorpe, John H. (1997): Current Issues in Comparative Macrosociology: A Debate on Methodological Issues. In: Comparative Social Research 16, 1–26

Halm, Dirk/Sauer, Martina (2005): Freiwilliges Engagement von Türkinnen und Türken in Deutschland. Stiftung Zentrum für Türkeistudien (Hrsg.); im Auftrag des Bundesministeriums für Familie, Senioren, Frauen und Jugend). Essen. Stiftung Zentrum für Türkeistudien.

Hamburger, Franz/Hummrich, Merle. (2007): Familie und Migration. In: Ecarius, J./ Merten, R. (Hrsg.), Handbuch der erziehungswissenschaftlichen Familienforschung. Wiesbaden, 112–136

Hammar, Tomas (1990): Democracy and the Nation-State: Aliens, Denizens and Citizens in a World of International Migration. Aldershot: Avebury

Han, Petrus (2005): Soziologie der Migration. Stuttgart: UTB

Hancké, Bob (1998): Industrial Restructuring and Industrial Relations in the European Car Industry – Instruments and strategies for employment. Discussion Paper FS I 98-305. Berlin: Wissenschaftszentrum für Sozialforschung

Harbach, Heinz (1976): Internationale Schichtung und Arbeitsmigration. Reinbek: Rowohlt

Hardill, Irene et al. (2004): Retirement migration: the other story. Issues facing English speaking migrants who retire to Spain. Paper presented at RSA Conference, Europe at the Margins: EU Regional Policy, Peripherality and Rurality. University of Angers, April 16th 2004

Haug, Sonja/Pointner, Sonja (2007): Soziale Netzwerke, Migration und Integration. In: Franzen, Axel/Freitag, Markus (Hrsg.), Sozialkapital. Grundlagen und Anwendungen. Sonderheft 47 der Kölner Zeitschrift für Soziologie und Sozialpsychologie. Wiesbaden: VS-Verlag, 367–396

Hauser-Ditz, Axel/Hertwig, Markus/Pries, Ludger/Rampeltshammer, Luitpold (2010): Auf dem Weg zu einem europäischen Verhandlungssystem? Euro-Betriebsräte in der Automobilindustrie. Frankfurt: Campus

Heckmann, Friedrich (1981): Die Bundesrepublik: Ein Einwanderungsland? Zur Soziologie der Gastarbeiterbevölkerung als Einwandererminorität. Stuttgart: Enke

Heckmann, Friedrich. (1992): Ethnische Minderheiten, Volk und Nation. Soziologie interethnischer Beziehungen. Stuttgart: Enke

Heckmann, Friedrich/Schnapper, Dominique (2003): The Integration of Immigrants in European Societies. National Differences and Trends of Convergence. Stuttgart: Lucius & Lucius

Held, David, (1999): Global Transformations. Politics, Economics and Culture. Stanford/CA: Stanford University Press

Herrera, Fernando (2002): Trayectorias y Biografias Laborales en la Migracion de Puebla y tlaxcala y la Zona Metropolitana de la Ciudad de Nueva York. PhD Thesis, Department of Anthropology, Universidad Autónoma Metropolitana: Mexico

Hertwig, Markus/Pries, Ludger/Rampeltshammer, Luitpold (2010a): European Works Councils as international non-profit-organisations: an organizational research approach to a crucial element of Europeanisation. In: (same), European Works Councils in complementary perspectives. Brussels: ETUI, 13–46

Hielen, Manfred/Kreis Offenbach (2005): Handlungsempfehlungen für die Einbindung älterer MigrantInnen in das Altenhilfesystem im Kreis Offenbach. Dietzenbach: Kreis Offenbach

Hillmann, Felicitas/Rudolph, Hedwig (1997): S(Z)eitenwechsel – Internationale Mobilität Hochqualifizierter am Beispiel Polen. In: Pries, Ludger (1997): Transnationale Migration. Soziale Welt, Sonderband 12, 245–263

Hoffmann-Nowotny, Hans-Jürgen (1970): Migration. Ein Beitrag zu einer soziologischen Erklärung. Stuttgart: Enke

Hoffmann, Aline/Hall, Mark/Marginson, Paul./Müller, Torsten (2001): If the shoe fits: The effects of European Works Councils on industrial relations at national level in eight US- and UK-based Multinationals. Paper presented at IREC Conference on ‚Globalisation, competition and governance of employment and working conditions‘, Madrid, 26–28 April 2001

Hofstede, Geert (1997): Cultures and Organizations. Software of the Mind. New York: McGraw-Hill

Holert, Tom/Terkessidis (2006): Fliehkraft. Gesellschaft in Bewegung – von Migranten und Touristen. Köln: Kiepenheuer und Witsch

Hollifield, James F. (2004): The Emerging Migration State. In: International Migration Review 38 (3): 885–912

Holms, Colin (1996): Migration in European History. Volume I and II. Cheltenham/Brookfield: Elgar

Holzinger, Markus (2004): Natur als sozialer Akteur. Realismus und Konstruktivismus in der Wissenschafts- und Gesellschaftstheorie. Opladen: Leske + Budrich

Honegger, Claudia/Hradil, Stefan/Traxler, Franz (Hrsg.)(1999): Grenzenlose Gesellschaft? Verhandlungen des 29. Kongresses der Deutschen Gesellschaft für Soziologie, des 16. Kongresses der Österreichischen Gesellschaft für Soziologie, des 11. Kongresses der Schweizerischen Gesellschaft für Soziologie in Freiburg i. Br. 1998. Opladen: Leske+Budrich, Teil 2, 437–452

Hunger, Uwe (2002): Von der Betreuung zur Eigenverantwortung. Neuere Entwicklungstendenzen bei Migrantenvereinen in Deutschland. Working Paper Nr. 22 der Arbeitsstelle Aktive Bürgerschaft am Institut für Politikwissenschaft der WWU Münster

Hunger, Uwe (2005): Ausländervereine in Deutschland: Eine Gesamterfassung auf der Basis des Bundesausländervereinsregisters. In: Weiss, Karin/Thränhardt, Dietrich (Hrsg.): SelbstHilfe. Wie Migranten Netzwerke knüpfen und soziales Kapital schaffen, Freiburg i. Br., 221–244

Huth, Susanne (2002): Ergebnisse der Literaturrecherche. In: Bundesministerium für Familie, Senioren, Frauen und Jugend (Hrsg.): Recherche zum freiwilligen Engagement von Migrantinnen und Migranten – Konzept, Recherche und Ausarbeitung der Dokumentation. Frankfurt, 6–32

Integrationsplan (2008): Nationaler Integrationsplan. Erster Fortschrittsbericht. Berlin: Bundesregierung

IOM (International Organisation for Migration), 2008: World Migration 2008. Managing Labour Mobility in the Evolving Global Economy. Geneva: IOM

Itzigsohn, Jose (2000): Immigration and the Boundaries of Citizenship: The Institutions of Immigrant's Political Transnationalism. In: International Migration Review, 34 (4), 1126–1153

Itzigsohn, Jose et al. (1999): Mapping Dominican transnationalism. Narrow and borad transnational practices. In: Ethnic & Racial Studie , 22, pp. 633–657.

Jachtenfuchs, Markus/Kohler-Koch, Beate (1996): Einleitung: Regieren im dynamischen Mehrebenensystem, in: Dies. (Hrsg.): Europäische Integration. Opladen: Westdeutscher Verlag,15–45

Jacobs, Dirk/Tillie, Jean. (2004): Introduction: Social capital and political integration of migrants. In: Journal of Ethnic and Migration Studies, Vol. 30(3), 419–427

Jandl, Michael (Hsrg.) (2007): Innovative Concepts for Alternative Migration Policies. Ten Innovative Approaches to the Challenges of Migration in the 21st Century. Amsterdam: Amsterdam University Press

Joas, Hans (1992): Die Kreativität des Handelns. Frankfurt/M.: Suhrkamp

Joas, Hans (1996): Die Entstehung der Werte. Frankfurt/M.: Suhrkamp

Jonas, Friedrich, 1981: Geschichte der Soziologie 1. Opladen: Westdeutscher Verlag

Joppke, Christian (1998): Immigration and the Nation-State: The United States, Germany, and Great Britain. Oxford and New York: Oxford University Press

Jørgensen, Martin B. (2008): National and Transnational Identities: Turkish Organising Processes and Identity Construction in Denmark, Sweden and Germany. (PhD Thesis Aalborg 2008)

Jungk, Sabine (2000): Selbstorganisationen von Migrantinnen und Migranten – Instanzen gelingender politischer Partizipation, in: iza – Zeitschrift für Migration und Soziale Arbeit, H. 3+4/2000

Kabki, Mirjam (2007): Transnationalism, Local Development and Social Security. The Functioning of Support Networks in Rural Ghana. Enschede: African Studies Center

Kaewnetara, Eva/Uske, Hans (2001): Migration und Alter. In: DISS-Journal. Zeitung des Duisburger Instituts für Sprach- und Sozialforschung (DISS), 8, 19–21

Kalačeva, Olga/Karpenko, Oksana (1997): Leben im ,Zustand der Wahl'? Die Ambivalenz der ethnischen Identitätsbildung bei russischen Juden. In Oswald, Ingrid/Voronkov, Viktor (Hrsg.): Post-sowjetische Ethnizitäten. Ethnische Gemeinden in St. Petersburg und Berlin/Potsdam, Berlin: Berliner Debatte Wissenschaftsverlag, 38–54

Kalter, Frank (Hrsg.) (2008): Migration und Integration. Sonderheft 48 der Kölner Zeitschrift für Soziologie und Sozialpsychologie. Wiesbaden: VS Verlag für Sozialwissenschaften

Kearney, Michael/Nagengast, Carole (1989): Anthropological Perspectives on Transnational Communities in Rural California. Davis/CA: California Institute for Rural Studies,Working Group on Farm Labor and Rural Poverty (Working Paper Nr. 3)

Keck, Margaret E./Sikkink, Kathryn (1998): Activists beyond Borders. Advocacy Networks in International Politics. Cornell: Cornell University Press

Keller, Bernd (2001): Europäische Arbeits- und Sozialpolitik,München-Wien: Oldenbourg Verlag

Kerckhofs, Peter (2003): Europäische Betriebsräte. Fakten und Zahlen, Brüssel: Europäisches Gwerkschaftsinstitut

Kerr, Clark (1954): The Balkanization of Labor Markets. In: Bakke, E. W. et al. (Hrsg.): Labor Mobility and Economic Opportunity. Cambridge, MA, 92–110

Khagram, Sanjeev/Levitt, Peggy (Hrsg.) (2008): The transnational studies reader: intersections and innovations. London: Routledge

Kieser, Alfred (Hrsg.) (2001): Organisationstheorien. Stuttgart: Kohlhammer

Köster, Gerrit/Sundermann, Gabriele (Stadt Aachen) (2002): Gesundheit und Pflege älterer Migranten. Siebzehnter Bericht zur Altenplanung. Stadt Aachen

Kohls, Martin (2008a): Healthy-Migrant-Effect, Erfassungsfehler und andere Schwierigkeiten bei der Analyse der Mortalität von Migranten. Eine Bestandsaufnahme. Working Paper 15 der Forschungsgruppe des Bundesamtes für Migration und Flüchtlinge. Nürnberg: Bundesamt für Migration und Flüchtlinge

Kohls, Martin (2008b): Leben Migranten wirklich länger? Eine empirisches Analyse der Mortalität von Migranten in Deutschland. Working Paper 16 der Forschungsgruppe des Bundesamtes für Migration und Flüchtlinge. Nürnberg: Bundesamt für Migration und Flüchtlinge

Kohn, Melvin L. (1987): Cross-National Research as an Analytic Strategy. In: American Sociological Review 52. 713–731

Koopmans, Ruud/Statham, Paul (2000): „Migration, Ethnic Relations, and Xenophobia as a Field of Political Contention: An Opportunity Structure Approach", in Ruud Koopmans and Paul Statham (Hrsg.): Challenging Immigration and Ethnic Relations Politics: Comparative European Perspectives. Oxford: Oxford University Press, 13–5

Kotthoff, Hermann (2006), Lehrjahre des Europäischen Betriebsrats: Zehn Jahre transnationale Arbeitnehmervertretung, Berlin: Edition Sigma

Kotthoff, Hermann (2007), Ten years General Motors European Employee Forum (EEF), Abschlussbericht.- Darmstadt, November 2007

Krasner, Stephen D. (1983): Structural Causes and Regime Consequences: Regimes as Intervening Variables. In: Krasner, Stephen D. (Ed.), *International Regimes*. Ithaca, NY [u. a.]: Cornell University Press, 391–430

Kritz , Mary M./Lim, Lin Lean/Zlotnik, Hania (Hrsg.) (1992): International Migration Systems. A Global Approach. Oxford: Clarendon Press

Kron, Thomas (2004): General Theory of Action? Inkonsistenzen in der Handlungstheorie von Hartmut Esser. In: Zeitschrift für Soziologie 33 (3), 186–205

Kron, Thomas (2006): Integrale Akteurtheorie – zur Modellierung eines Bezugsrahmens für komplexe Akteure. In: Zeitschrift für Soziologie 35 (3), 170–192

Krüger, Dorothea/Potts, Lydia (1997): Zwischen Isolation und transnationaler Familie: Soziale Netzwerke von Migrantinnen der ersten Generation aus der Türkei. In: Migration und soziale Arbeit, Heft 2, 36–41

Krumme, Helen (2004): Fortwährende Remigration: Das transnationale Pendeln türkischer Arbeitsmigrantinnen und Arbeitsmigranten im Ruhestand. In: Zeitschrift für Soziologie,33 (2), 138–153

Landeshauptstadt München (Hrsg.) (1997): Lebenssituation ausländischer Bürgerinnen und Bürger in München. München: Referat für Stadtplanung und Bauordnung

Laubenthal, Barbara (2007): Der Kampf um Legalisierung: Soziale Bewegungen illegaler Migranten in Frankreich, Spanien und der Schweiz. Frankfurt/M.: Campus

Latour, Bruno (1998): Über technische Vermittlung. In: Rammert, Werner (Hrsg.): Technik und Sozialtheorie. Frankfurt: Suhrkamp, 28–81

Lecher, Wolfgang/Platzer, Hans-Wolfgang./Rüb, Stefan/Weiner , Klaus-Peter (2001) Verhandelte Europäisierung – Die Einrichtung Europäischer Betriebsräte – Zwischen gesetzlichem Rahmen und sozialer Dynamik, Baden-Baden: Nomos

Lefringhausen, Klaus (Hrsg.) (2005): Integration mit aufrechtem Gang. Wege zum interkulturellen Dialog. Wuppertal: Peter Hammer Verlag

Lepsius, M. Rainer (1990): Interessen, Ideen und Institutionen. Opladen: Westdeutscher Verlag

Lepsius, M. Rainer (1995): Institutionenanalyse und Institutionenpolitik. In: Nedelmann, B. (Hrsg.), Politische Institutionen im Wandel (Kölner Zeitschrift für Soziologie und Sozialpsychologie Sonderheft 35. Opladen, Westdeutscher Verlag: 392–403.

Levitt, Peggy (2001). The Transnational Villagers. Berkeley: Univ. of Calif. Press

Lewis, Gareth J. (1982): Human Migration. A Geographical Perspective. New York: St. Martin's Press

Linde, Hans (1972): Sachdominanz in Sozialstrukturen. Tübingen: Mohr

Linde, Hans (1982): Soziale Implikationen technischer Geräte, ihrer Entstehung und Verwendung. In: Jokisch, Rodrigo (Hrsg.): Techniksoziologie. Frankfurt/M.: Suhrkamp, 1–31.

Luhmann, Niklas (1984): Soziale Systeme. Grundris einer allgemeinen Theorie. Frankfurt: Suhrkamp

Lutz, Helma/Schwalgin, Susanne (2006): Vom Weltmarkt in den Privathaushalt. Die neuen Dienstmädchen im Zeitalter der Globalisierung. Opladen: Buderich

Lutz, Helma (2007): Vom Weltmarkt in den Privathaushalt: Die neuen Dienstmädchen im Zeitalter der Globalisierung. Leverkusen: Budrich (2. Aufl.)

Malinowski, Bronislaw (1975): Eine wissenschaftliche Theorie der Kultur und andere Aufsätze. Frankfurt: Suhrkamp

Marcus, George E. (1995): Ethnography in/of the World System: The Emergence of Multi-Sited Ethnography. In: Annual Revue of Anthropology, Vol. 24, p. 95–117

Massey, Douglas S./Arango, Joaquín/Hugo, Graeme/Kouaouci, Ali/Pellegrino, Adela/ Taylor, Edward P. (1998): Worlds in Motion. Understanding International Migration at the End of the Millennium. Oxford: Clarendon Press

Mau, Steffen (2007): Transnationale Vergesellschaftung. Die Entgrenzung sozialer Lebenswelten. Frankfurt/New York: Campus

Mayer, Ruth (2005): Diaspora. Eine kritische Begriffsbestimmung. Bielefeld: Transcript

Mayntz, Renate (1992): Interessenverbände und Gemeinwohl – Die Verbändestudie der Bertelsmann Stiftung. In: Mayntz, R. (Hrsg.): Verbände zwischen Mitgliederinteressen und Gemeinwohl, Gütersloh, 11–35

Mecheril, Paul (2003): Prekäre Verhältnisse. Über natio-ethno-kulturelle (Mehrfach-Zugehörigkeit. Münster/New York/München/Berlin: Waxmann

Mecheril, Paul/Teo, Thomas (Hrsg.) (1994): Andere Deutsche. Zur Lebenssituation von Menschen multiethnischer und multikultureller Herkunft. Berlin: Dietz Verlag

Meier-Braun, Karl-Heinz (2002): Deutschland, Einwanderungsland. Frankfurt am Main: Suhrkamp

Michels, Robert (1911): Zur Soziologie des Parteiwesens in der modernen Demokratie. Untersuchungen über die oligarchischen Tendenzen des Gruppenlebens. Leipzig: Klinkhardt

Miera, Frauke (2001): Transnationalisierung sozialer Räume? Migration aus Polen nach Berlin in den 80er und 90er Jahren. In: Pallaske, Christoph (Hrsg.): Die Migration von Polen nach Deutschland. Zu Geschichte und Gegenwart eines europäischen Migrationssystems, Baden-Baden: Nomos, 141–161

Mill, John Stuart (1843): A System of Logic. Ratiocinative and Inductive, Being a Connected View of the Principles of Evidence, and the Methods of Scientific Investigation. London: Parker (2 Volumes)

Minssen, H. (2009): Bindung und Entgrenzung. Eine Soziologie international tätiger Manager. München/Mering

Moraes, Natalia (2004): Entre el transnacionalismo y la relocalización: un estudio del movimiento asociativo de uruguayos en España. Actas del 4° Congreso sobre la inmigración en España: Ciudadanía y Participación. Girona: Universidad de Girona

Morales, Laura/Jorba, Laia (2009): The transnational links and practices of migrants' organisations in Spain (Manuscript)

Morawska, Ewa (1998): The New-Old Transmigrants, Their Transnational Lives, and Ethnicization: A Comparison of 19th/20th and 20th/21st Century Situations. In: Mollenkopf, John (Hrsg), Immigrants, Civic Culture, and Modes of Political Incorporation: SSRC

Müller-Jentsch, Walther (1982): Gewerkschaften als intermediäre Organisationen. In: Schmidt, G./Braczyk, H. J./Knesebeck, J., (Hsrg.), Materialien zur Industriesoziologie, Sonderband der Kölner Zeitschrift für Soziologie und Sozialpsychologie. Opladen: Westdeutscher Verlag, 408-431

Nagel, Bernhard (1999): Euro-Betriebsräte: Struktur und Entwicklungspotentiale. In: Nutzinger, Hans G. (Hrsg.): Perspektiven der Mitbestimmung. Historische Erfahrungen und moderne Entwicklungen vor europäischem und globalem Hintergrund., Marburg, 347–360

Nauck, Bernhard (1985): Arbeitsmigration und Familienstruktur. Frankfurt/M.

Nauck, Bernhard/Settles, Barbara H., 2001: Immigrant and ethnic minority families: An introduction. In: Journal of Comparative Family Studies, 32(4) 461–464

Nauck, Bernhard (2005): Intergenerational relations in Turkish families in Germany. In: Pflegerl, J./Trnka, S. (Hrsg.), Migration and the Family in the European Union, 99–127, Wien. Österreichisches Institut für Familienforschung

Nell, Liza M. (2004): Conceptualising the Emergence of Immigrants' Transnational Communities. In: Migration Letters, 1 (1), 50–56

Nuscheler, Franz (2004): Internationale Migration: Flucht und Asyl. Wiesbaden: VS Verlag für Sozialwissenschaften

Nutini, H. G./Bell, B. (1989): Parentesco ritual. Estructura y evolución histórica del sistema de compadrazgo en la Tlaxcala rural. Mexiko

OECD (2008): International Migration Outlook: SOPEMI – 2008. Paris: OECD

Offe, Claus/Wiesenthal, Helmuth (1980): Two Logics of Collective Action: Theoretical Notes on Social Class and Organizational Form, in: Political Power and Social Theory, Vol. 1

Offe, Claus (1972): Politische Herrschaft und Klassenstrukturen. Zur Analyse spätkapitalistischer Gesellschaftssysteme. In: Kress, Gisela/Senghaas, Dieter (Hrsg.), Politikwissenschaft. Eine Einführung in ihre Probleme. Frankfurt: Fischer

Ogulman, N. (2003): Documenting and Explaining the Persistence of Homeland Politics Among Germany's Turks. In: International Migration Review, 37 (1), 163–193

Olbermann, Elke (2003): Soziale Netzwerke, Alter und Migration: Theoretische und empirische Explorationen zur sozialen Unterstützung älterer Migranten. Dortmund (Dissertation)

Olbermann, Elke (2008): Kultursensible Altenhilfe. In: Aner, Kirsten/Karl, Ute (Hsrg.): Lebensalter und Soziale Arbeit. Ältere und alte Menschen. Baltmannsweiler: Schneider Verlag Hohengehren, 138–150

Olson, Mancur (1992): Die Logik kollektiven Handelns – Kollektivgüter und die Theorie der Gruppen, Die Einheit der Gesellschaftswissenschaften Bd. 10, Tübingen. Verlag J. C. B. Mohr

O'Reilly, Karen (2000): The British on the Costa del Sol. Transnational Identities and Local Communities. London: Routledge

Orozco, Manuel (2003): Hometown Associations and their Present and Future Partnerships: New Development Opportunities? Washington D. C.: Report commissioned by the U. S. Agency for International Development

Orozco, Manuel, 2004: Mexican Hometown Associations and Development Opportunities, in: Journal of International Affairs, 57, (2), 31–49

Ortmann, Günther (1995): Formen der Produktion. Organisation und Rekursivität. Opladen: Westdeutscher Verlag

Ortmann, Günther/Sydow, Jörg/Türk, Klaus (Hrsg.) (1997): Theorien der Organisation. Die Rückkehr der Gesellschaft. Opladen:Westdeutscher Verlag

Ostergaard-Nielsen, Eva K. (2001): Transnational political practices and the receiving state: Turks and Kurds in Germany and the Netherlands, in: Global Networks, 1 (3), 261–281

Ostergaard-Nielsen, Eva K. (2003): Transnational Politics. Turks and Kurds in Germany. London: Routledge

Oswald, Ingrid/Voronkov, Viktor (1997): Introduction. In: Oswald, Ingrid/Voronkov, Viktor (Hrsg.): Post-sowjetische Ethnizitäten. Ethnische Gemeinden in St. Petersburg und Berlin/Potsdam, Berlin: Berliner Debatte Wissenschaftsverlag, 7–36

Özcan, Ertekin (1989): Türkische Immigrantenorganisationen in der Bundesrepublik Deutschland. Die Entwicklung politischer Organisationen und politischer Orientierung unter türkischen Migranten in der BRD und Berlin West. Berlin: Hitit Verlag

Özcan, Veysel/Seifert, Wolfgang (2006): Lebenslage älterer Migrantinnen und Migranten in Deutschland. In: Deutsches Zentrum für Altersfragen (Hsrg.): Lebenssituation und Gesundheit älterer Migranten in Deutschland. Expertisen zum Fünften Altenbericht der Bundesregierung. Münster: LIT-Verlag, 7–75

Palenga-Möllenbeck, Ewa (2005): „Von Zuhause nach Zuhause" – Transnationale Sozial-räume zwischen Oberschlesien und dem Ruhrgebiet. In: Pries, Ludger (Hrsg.), 2005: Zwischen den Welten und amtlichen Zuschreibungen. Neue Formen und Herausfor-derungen der Arbeitsmigration im 21. Jahrhundert. Essen, 227–250

Pallaske, Christoph (Hrsg.): Die Migration von Polen nach Deutschland. Zu Geschichte und Gegenwart eines europäischen Migrationssystems. Baden-Baden: Nomos

Park, Robert E. (1928): Human Migration and the Marginal Man. In: The American Journal of Sociology, 33 (6), 881-89

Parsons, Talcott (1940): Beiträge zur soziologischen Theorie. Neuwied am Rhein

Parsons, Talcott (1951): The social system. Toronto

Perlmutter, Howard V. (1969): The Tortuous Evolution of the Multinational Corporation. Columbia Journal of World Business, 1 (2), 9–18

Pfaff, Steven/Gill, Anthony J. (2006): Will a Million Muslims March? Muslim Interest Organizations and Political Integration in Europe. In: Comparative Political Studies, Vol. 39(7), 803–828

Pflegerl, Johannes/Trnka, Sylvia (Hrsg.) (2005): Migration and the Family in the European Union. Wien

Pielage, Patricia/Pries, Ludger (2010): Altern und Migration in transnationalen Netzwerken. Neue Formen der Vergeminschaftung? In: Heinze, Rolf/Naegele, Gerhard (Hrsg.): Ein Blick in die Zukunft des Alterns im Ruhrgebiet. Münster: Lit-Verlag (im Erscheinen)

Pielage, Patricia (2010): Migrantenorganisationen und die (transnationalen?) Inkorporations-muster ihrer Mitglieder. Eine Untersuchung am Beispiel der aktiven Mitglieder einer lokalen Moscheegemeinde der Islamischen Gemeinschaft Milli Görüs im Ruhrgebiet. Bochum (Diplomarbeit RUB)

Piore, Michael J. (1979): Birds of Passage: Migrant Labor in Industrial Societies. New York: Cambridge University Press

Pongs, Armin (Hrsg.) (1999): In welcher Gesellschaft leben wir eigentlich? München: Dilemma

Porter, M. E. (1986), Competititon in global industries, Boston

Portes, Alejandro (2009): Migration and development: reconciling opposite views. In: Ethnic and Racial Studies, Vol. 32 (1), 5–22

Portes, Alejandro/Escobar, Cristina/Radford, Alexandria Walton (2005): Immigrant Transnational Organizations and Development: A Comparative Study. The Center for Migration and Development, Working Paper Series. Princeton: Princeton University

Powell, Walter W./DiMaggio, Paul J. (Hrsg.) (1991). The New Institutionalism in Organi-zational Analysis, Chicago, IL/London, Chicago University Press

Preisendörfer, Peter (2008): Organisationssoziologie: Grundlagen, Theorien und Problem-stellungen. Wiesbaden: VS Verlag für Sozialwissenschaften (2. Aufl.)

Pries, Ludger (1996): Transnationale Soziale Räume. Theoretisch-empirische Skizze am Beispiel der Arbeitswanderungen Mexiko-USA. In: Zeitschrift für Soziologie, 25. Jg., 437–453

Pries, Ludger (1997a): Typenbildung in den Sozialwissenschaften – Eine Einladung zur Reflexion. In: Zeitschrift für Sozialisationsforschung und Erziehungssoziologie (Weinheim), 17. Jg., 437–441

Pries, Ludger (1997b): Neue Migration im transnationalen Raum. In: Ders. (1997): Transnationale Migration. Sonderband 12 der Zeitschrift SOZIALE WELT, 15–36

Pries, Ludger (Hrsg.) (1997c): Transnationale Migration. Sonderband 12 der Zeitschrift SOZIALE WELT. Baden-Baden: Nomos

Pries, Ludger (1998): „Arbeitsmarkt" oder „erwerbsstrukturierende Institutionen"? Theoretische Überlegungen zu einer Erwerbssoziologie. In: Kölner Zeitschrift für Soziologie und Sozialpsychologie, Jg. 50, 159–175

Pries, Ludger (1999a): Die Transnationalisierung der sozialen Welt und die deutsche Soziologie. In: Soziale Welt, Jg. 50/Heft 4, 383–394 (auch erschienen in: Beck, Ulrich/Kieserling, André (Hrsg.), Ortsbestimmungen der Soziologie: Wie die kommende Generation Gesellschaftswissenschaften betreiben will. Baden-Baden: Nomos (2000), 51–62

Pries, Ludger (1999b): Die Neuschneidung des Verhältnisses von Sozialraum und Flächenraum: Das Beispiel transnationaler Migrationsräume. In: Honegger, Claudia (1999): 437–452

Pries, Ludger (2001a): Soziologie Internationaler Migration. Einführung in Klassische Theorien und neue Ansätze. Bielefeld: Transcript

Pries, Ludger (Hrsg.) (2001b): New Transnational Social Spaces. International Migration and Transnational Companies. London: Routledge

Pries, Ludger (Hrsg.) (2005): Zwischen den Welten und amtlichen Zuschreibungen. Neue Formen und Herausforderungen der Arbeitsmigration im 21. Jahrhundert. Essen: Klartext

Pries, Ludger (2006): Verschiedene Formen der Migration – verschiedene Wege der Integration. In: neue praxis. Zeitschrift für Sozialarbeit, Sozialpädagogik und Sozialpolitik, Sonderheft 8 (Otto, Hans-Uwe/Schrödter, Mark (Hrsg.): Soziale Arbeit in der Migrationsgesellschaft. Multikulturalismus – Neo-Assimilation – Transnationalität.), 19–28

Pries, Ludger (2007a): Migration und transnationale Inkorporation in Europa. In: Nowicka, Magdalena (Hsrg.): Von Polen nach Deutschland und zurück. Die Arbeitsmigration und ihre Herausforderungen für Europa. Bielefeld, 109–132

Pries, Ludger (2007b): Migration und transnationale Inkorporation in Europa. In: Nowicka, Magdalena (Hrsg.): Von Polen nach Deutschland und zurück. Die Arbeitsmigration und ihre Herausforderungen für Europa. Bielefeld: Transcript, 109–132

Pries, Ludger (2008a): Transnationalisierung und soziale Ungleichheit. Konzeptionelle Überlegungen und empirische Befunde aus der Migrationsforschung. In: Berger, Peter A./Weiß, Anja (Hrsg.), Transnationalisierung sozialer Ungleichheit. Wiesbaden: VS Verlag, 2008, 41–64

Pries, Ludger (2008b): Die Transnationalisierung der sozialen Welt. Frankfurt: Suhrkamp

Pries, Ludger (Hrsg.) (2008c): Rethinking Transnationalism. The Meso-link of organisations. London: Routledge

Pries, Ludger (2008d): Die Transnationalisierung der sozialen Welt. Sozialräume jenseits von Nationalgesellschaften. Frankfurt

Pries, Ludger (2008e): Die Vereinten Nationen – Kern oder Rand einer internationalen Governance-Textur. Anmerkungen aus (organisations-) soziologischer Sicht. In: Fröhlich, Manuel (Hrsg.): UN Studies: Umrisse eines Lehr- und Forschungsfeldes. Baden-Baden: Nomos, 117–141

Pries, Ludger (2010a): Familiäre Migration in Zeiten der Globalisierung. In: Fischer, V./ Springer-Geldmacher, M. (Hrsg.): Migration und sozialpädagogische Arbeit mit Familien. Schwalbach (im Erscheinen)

Pries, Ludger (2010b): Der Transmigrant als Sozialtypus. In: Merz-Benz, Peter-Ulrich/Wagner, Gerhard (Hrsg.), Der Fremde als sozialer Typus. Konstanz: UTB. (im Erscheinen)

Pries, Ludger (2010c): (Grenzüberschreitende) Migrantenorganisationen als Gegenstand der sozialwissenschaftlichen Forschung: Klassische Problemstellungen und neuere Forschungsbefunde. In: Pries, Ludger/Sezgin, Zeynep (Hrsg.),15–60

Pries, Ludger (2010d): Internationalisierung von Arbeitsmobilität durch Arbeitsmigration. In: Böhle, Fritz/Voß, Günter G./Wachtler, Günther: Handbuch Arbeitssoziologie. Wiesbaden: VS Verlag, 729–747

Pries, Ludger (2010e): Erwerbsregulierung in einer globalisierten Welt. Wiesbaden: VS-Verlag

Pries, Ludger/Sezgin, Zeynep (2010): Jenseits von ‚Identität oder Integration‘. Wiesbaden: VS Verlag

Ravenstein, Ernest George (1972) : Die Gesetze der Wanderung I und II. In: Szell, György (Hrsg.), Regionale Mobilität. Elf Aufsätze. München, 41–94 (engl. Original 1885 und 1889)

Reinhold, Gerd (Hrsg.) (2000): Soziologie-Lexikon. München: Oldenbourg

Rerrich, Maria S. (2006): Die ganze Welt zu Hause. Cosmobile Putzfrauen in privaten Haushalten. Hamburg: Hamburger Edition

Reuter, Julia (2002): Ordnungen des Anderen. Zum Problem des Eigenen in der Soziologie des Fremden. Bielefeld: Transcript

Reynolds, Lloyd G. (1949): Labor Economics and Labor Relations. Englewood Cliffs: Prentice-Hall

Rittberger, Volker (1995): Research on International Regimes in Germany. The Adaptive Internationalization of an American Social Science Concept. In: Rittberger, Volker (Ed.), *Regime Theory and International Relations*. Oxford [u. a.]: Clarendon, 5–22

Ritzer, George (2005): Die Globalisierung des Nichts. Konstanz: UVK

Robertson, Roland (1994): Globalisation or Glocalisation? In: Journal of International Communication 1 (1), 33–52.

Rott, Veronika (2008): Europäische Kooperation und Solidarität. Berlin: Lit Verlag

Salzbrunn, Monika (2002): La campagne présidentielle sénégalaise en France. In: Hommes et Migrations, No. 1239, septembre-octobre, 49–53

Sassen, Saskia (1988): The Mobility of Capital and Labour. Cambridge: Cambridge University Press

Sassen, Saskia (2002): Towards a Sociology of Information Technology. In: Current Sociology. Vol. 50 (3), 365–388

Saxenian, AnnaLee (2004): The Silicon Valley Connection: Transnational Networks and Regional Development in Taiwan, China and India. In: D'Costa, Anthony P. (Hrsg.): India in the Global Software Industry. Innovation, Firm Strategies and Development. Houndmills/New York: Palgrave,164–192

Scharpf, Fritz W. (2000), Interaktionsformen. Akteurzentrierter Institutionalismus in der Politikforschung, Opladen. Leske + Budrich

Schelsky, Helmut (Hrsg.) (1970): Zur Theorie der Institutionen. Düsseldorf: Bertelsmann

Schiffauer, Werner (2003): Muslimische Organisationen und ihr Anspruch auf Repräsentativität: Dogmatisch bedingte Konkurrenz und Streit um Institutionalisierung. In: Alexandre Escudier (Hrsg.): Der Islam in Europa. Der Umgang mit dem Islam in Deutschland und Frankreich. Göttingen: Wallenstein Verlag, 143–158

Schimany, Peter (2007): Migration und demographischer Wandel. Nürnberg: Bundesamt für Migration und Flüchtlinge

Schirm, Stefan (2007): Internationale Politische Ökonomie. Baden-Baden: Nomos

Schöneberg, Ulrike (1982): Bestimmungsgründe der Integration und Assimilation ausländischer Arbeitnehmer in der Bundesrepublik Deutschland und in der Schweiz. In: Hoffmann-Nowotny Hans- Joachim/Hondrich, Karl Otto (Hrsg.), Ausländer in der Bundesrepublik Deutschland und in der Schweiz. Segregation und Integration. Eine vergleichende Untersuchung. Frankfurt: Campus, 449–568

Schopf, Christine/Naegele, Gerhard (2005): Alter und Migration – ein Überblick. In: Zeitschrift für Gerontologie und Geriatrie, 38 (6), 384–395

Schroeder, Wolfgang/Weßels, Bernhard (2003): Das deutsche Gewerkschaftsmodell im Transformationsprozess: Die neue deutsche Gewerkschaftslandschaft. In: Schroeder, Wolfgang/Wessels, Bernd (Hrsg.), Die Gewerkschaften in Politik und Gesellschaft der Bundesrepublik Deutschland Ein Handbuch. 1. Aufl. Wiesbaden: Westdeutscher Verlag, 11–39

Schroeder, Wolfgang/Weßels, Bernhard (Hrsg.) (2003): Die Gewerkschaften in Politik und Gesellschaft der Bundesrepublik Deutschland. Opladen: Westdeutscher Verlag

Schröer, Wolfgang/Schweppe, Cornelia (2008): Alte Migrantinnen und Migranten: Vom Kulturträger zum transnationalen Akteur? In: Aner, Kirsten/Karl, Ute (Hrsg.): Lebensalter und Soziale Arbeit. Ältere und alte Menschen. Baltmannsweiler: Schneider Verlag Hohengehren, 151–160

Schulz-Schaeffer, Ingo (2008): Die drei Logiken der Selektion. Handlungstheorie als Theorie der Situationsdefinition. In: Zeitschrift für Soziologie 37 (5), 362–379

Schütz, Alfred (1954): Concept and theory formation in the social science. In: Delanty, G.; Strydom, P. (Hrsg.): Philosophies of Social Science. Berkley, UK: Open University Press, 134–141

Schütz, Alfred (1993): Der sinnhafte Aufbau der sozialen Welt. Eine Einleitung in die verstehende Soziologie. Frankfurt: Suhrkamp

Sebaldt, Martin/Straßner, Alexander (2004): Verbände in der Bundesrepublik Deutschland. Eine Einführung. Wiesbaden: VS Verlag für Sozialwissenschaften

Sengenberger, Werner (1987): Struktur und Funktionsweise von Arbeitsmärkten. Frankfurt/ New York: Campus

Sezgin, Zeynep (2008): Turkish Migrants' Organizations: Promoting Tolerance Toward the Diversity of Turkish Migrants in Germany. In: International Journal of Sociology,/ vol. 38, no. 2, 80–97

Simmel, Georg (1908 [1992]): Soziologie. Untersuchungen über die Formen der Vergesellschaftung (Gesamtausgabe Band 11). Frankfurt.: Suhrkamp

Sklair, Leslie (1995): Sociology of the global system. Baltimore: Johns Hopkins University Press

Smith, Michael P./Guarnizo Eduardo Luis (Hrsg.) (1998): Transnationalism from below. Comparative Urban & Community Research. New Brunswick [u. a.]: Transaction Publ.

Smith, Lothar (2007): Tied to Migrants. Transnational Influences on the Economy of Accra, Ghana. Enschede: African Studies Center

Smith, Robert (1997): Reflections on Migration, the State and the Construction, Durability and Newness of Transnational Life. In: Pries, Ludger (Hrsg.), Transnationale Migration. Sonderband 12 der Zeitschrift SOZIALE WELT. Baden-Baden: Nomos, 197–220

Smith, Robert (2005): Mexican New York: Transnational Worlds of New Immigrants. California: University of California Press

Spencer, Herbert (1862): First Principles. London

Spencer, Herbert (1882–1898): The Principles of Sociology. 3 Volumes. London

Stalker, Peter (2000): Workers without Frontiers. The Impact of Globalization on International Migration. Boulder/London/Geneve: Lynne Rienner/ILO

Stark, Oded, 1991: The Migration of Labor. Oxford: Blackwell

Statistisches Bundesamt (2006): Bevölkerung Deutschlands bis 2050. 11. koordinierte Bevölkerungsvorausberechnung. Wiesbaden: Statistisches Bundesamt

Statistisches Bundesamt Deutschland (2008): Bevölkerung und Erwerbstätigkeit. Bevölkerung mit Migrationshintergrund – Ergebnisse des Mikrozensus 2005. Erschienen am 4. Mai 2007. Wiesbaden: Statistisches Bundesamt

Streeck, Wolfgang (1997): Neither European Nor Works Councils: A Reply to Paul Knutsen. In: Economic and Industrial Democracy. 18 (2), 325–337

Stuckey, Barbara/Fay, Margaret (1980): Produktion, Reproduktion und Zerstörung billiger Arbeitskraft: Ländlicher Subsistenz, Migration und Urbanisierung. In: Max-Planck-Institut zur Erforschung der Lebensbedingungen der wissenschaftlich-technischen Welt. Frankfurt.: Suhrkamp, 126–168

Taft, Ronald, (1953): The Shared Frame of Reference Concept Applied to the Assimilation of Immigrants. In: Human Relations 6, 45–55

Tarrow, Sidney (2005): The New Transnatiomal Activism. New York: Cambridge University Press

Thomas, William I./Thomas, Dorothy Swaine (1928): The Child in America. Behavior Problems and Programs. New York: Alfred A. Knopf Inc.

Thomas, William I./Znaniecki, Florian (1958): The Polish Peasant in Europe and America. New York, 2 Vol. (Originalausgabe 1918-1921)

Tönnies, Ferdinand (1887[2005]): Gemeinschaft und Gesellschaft. Grundbegriffe der reinen Soziologie. Darmstadt: Wissenschaftliche Buchgesellschaft

Torpey, John (2000): The Invention of the Passport. Cambridge: Cambridge University Press

Thränhardt, Dietrich (1999): Closed Doors, Back Doors, Side Doors. Japan's Non-Immigration Policy in Comparative Perspective. In: Journal of Comparative Policy Analysis: Research and Practice, 1, 203–223

Thränhardt, Dietrich/Hunger, Uwe. (Hrsg.) (2000): Einwanderer-Netzwerke und ihre Integrationsqualität in Deutschland und Israel. Studien zu Migration und Minderheiten, Bd. 11. Münster, Hamburg, Berlin, London: Lit-Verlag)/Freiburg i. Br.: Lambertus

Traxler, F. (1999): Gewerkschaften und Arbeitgeberverbände: Probleme der Verbandsbildung und Interessenvereinheitlichung, in: Müller-Jentsch, W. (Hrsg.): Konfliktpartnerschaft – Akteure und Institutionen der industriellen Beziehungen, München/Mering, 57–77

Treibel, Anette (2008): Migration in modernen Gesellschaften: Soziale Folgen von Einwanderung, Gastarbeit und Flucht. (4. Auflage). Weinheim/München: Juventa

Türk, Klaus (1989): Organisationssoziologie. In: Endruweit, Günter/Trommsdorff, Gisela (Hrsg.): Wörterbuch der Soziologie, Stuttgart, 474–481

UN (United Nations, Department of Economic and Social Affairs) (2005a): Trends in Total Migrant Stock: The 2005 Revision. New York: UN

UN (United Nations, International Organisation for Migration) (2005b): World Migration 2005. New York: UN

Urry, John (2001): Sociology beyond societies: mobilities for the twenty-first century. London/New York: Routledge

Vahsen, Friedhelm G. et al. (2000): Altern in fremden Kulturen. Pädagogische Handlungsansätze und soziale Interventionen. Hildesheim/Holzminden/Göttingen: Fachbereich Sozialpädagogik/DIGESA

Vermeulen, Floris (2006): The Immigrant Organising Process. Turkish Organisations in Amsterdam and Berlin and Surinamese Organisations in Amsterdam 1960–2000. Amsterdam: Amsterdam University Press

Vermeulen, Floris/Berger, Maria (2008): Civic Networks and Political Behaviour: Turks in Amsterdam and Berlin. In: Ramakrishnan, S. K./Bloemraad, I. (eds.), Civic Hopes and Political Realities: Immigrants, Community Organizations, and Political Engagement. New York: Russel Sage Foundation

Vertovec, Steven, 1999: Conceiving and researching transnationalism. In: Ethnic and Racial Studies 22 (2), 447–462

Verwiebe, Roland (2004): Transnationale Mobilität innerhalb Europas. Eine Studie zu den sozialstrukturellen Effekten der Europäisierung. Berlin: edition sigma

Waddington, Jeremy (2003): What do Representatives think of the Practices of European Works Councils? Views from six countries. European Journal of Industrial Relations. 9(3), 303–325

Waldrauch, Harald/Sohler, Karin (2004): Migrantenorganisationen in der Großstadt. Entstehung, Strukturen und Aktivitäten am Beispiel Wien. Reihe Wohlfahrtspolitik und Sozialforschung Bd. 14. Frankfurt: Campus

Walgenbach, Peter/Meyer, Renate (2007): Neoinstitutionalistische Organisationstheorie. Stuttgart: Kohlhammer

Wallerstein, Immanuel (1974): The Modern World System: Capitalist Agriculture and the Origins of the European World Economy in the Sixteenth Century. New York/San Francisco/London: Academic Press

Wallerstein, Immanuel (1986): Das moderne Weltsystem – Die Anfänge kapitalistischer Landwirtschaft und die europäische Weltökonomie im 16. Jahrhundert. Frankfurt: Syndikat

Webb, Sidney/Webb, Beatrice (1897): Industrial Democracy, London: Longmans, Green, and Co

Weber, Max (1972): Wirtschaft und Gesellschaft. Tübingen: Mohr

Weiss, Thomas G.; Daws, Sam (2006): The Oxford Handbook on the United Nations. Oxford: University Press

Welge, Martin K./Holtbrügge, Dirk (2003): Internationales Management. Theorien, Funktionen, Fallstudien. Stuttgart: Schäffer-Poeschel

Weiss, Manfred (Hrsg.) (2001): Die Globalisierung arbeitsrechtlicher Mindeststandards. In: Abel, Jörg/Sperling, H. J. (Hrsg.): Umbrüche und Kontinuitäten, München/Mering, 369–382

Willems, Ulrich/Winter, Thomas von (Hrsg.) (2000): Politische Repräsentation schwacher Interessen. Opladen: Leske + Budrich

Winter, Thomas von (2000): Soziale Marginalität und kollektives Handeln. Bausteine einer Theorie schwacher Interessen. In: Willems, Ulrich/Winter, Thomas von (Hrsg.), Politische Repräsentation schwacher Interessen. Opladen: Leske + Budrich, 39–59

Wimmer, Andrea/Glick Schiller, Nina (2002): Methodological nationalism and beyond: nation-state building, migration and the social sciences. In: Global Networks, 2, 301–334

Winter, Thomas von/Willems, Ulrich (Hrsg.) (2007): Interessenverbände in Deutschland. Wiesbaden: VS

Wihtol de Wenden, Catherine (1993): »Political Participation as a Tool for Social Mobility: Migrants from Maghreb in France«. In: Rudolph, Hedwig/Morokvasic, Mirjana (Hrsg.), Bridging States and Markets International Migration in the Early 1990s. Berlin: Sigma, 49–64

World Bank, 2006: Global Economic Prospects. Economic Implications of Remittances and Migration. Washington

Woyke, Wichard (Hrsg.) (2004): Handwörterbuch Internationale Politik. Wiesbaden: VS Verlag

Yeung, Irene/Tung Rosalie L. (1996): Achieving Business Success in Confucian Societies: The Importance of Guanxi (Connections). In: Organizational Dynamics, 61, 54–65

Zeman, Peter/Senat Berlin (2002). Ältere Migrantinnen und Migranten in Berlin. Expertise im Auftrag der Senatsverwaltung für Gesundheit, Soziales und Verbraucherschutz. DZA: Beiträge zur sozialen Gerontologie, Sozialpolitik und Versorgungsforschung, Band 16. Regensburg: Transfer

Zeman, Peter (2005): Ältere Migranten in Deutschland. Befunde zur soziodemographischen, sozioökonomischen und psychosozialen Lage sowie zielgruppenbezogene Fragen der Politik- und Praxisfeldentwicklung. Expertise im Auftrag des Bundesamtes für Migration und Flüchtlinge. Berlin: Deutsches Zentrum für Altersfragen

Zentrum für Türkeistudien (1992): Zur Lebenssituation und spezifischen Problemlage älterer ausländischer Einwohner in der Bundesrepublik Deutschland. Bonn: Bundesministerium für Arbeit und Sozialordnung

Zentrum für Türkeistudien (1999): Ältere Migranten in Deutschland. (ZfT-aktuell Nr 76). Münster: LIT-Verlag

Zentrum für Türkeistudien (2006): Erschließung der Seniorenwirtschaft für ältere Migran-
   tinnen und Migranten. Expertise im Rahmen der Landesinitiative Seniorenwirtschaft.
   Essen: Zentrum für Türkeistudien
Zagelmeyer, Stefan (2001): Brothers in Arms in the European Car Wars: Employment Pacts
   in the EU Automobile Industry, Industrielle Beziehungen. 8 (2) 149–179
Zolberg, Aristide/Smith, Robert C. (1996): Migration Systems in Comparative Perspective.
   An Analysis of the Inter-American Migration System with Comparative Reference
   to the Mediterranean-European System. New York: New School for Social Research